光影人生

——纪念朱今明先生百年诞辰

朱晓明 主编

人民出版社

序 言

今年是家父朱今明先生百年诞辰。

"百年之后",是中国人对长辈谢世的委婉说法。1989年6月,父亲因病辞世,时年74岁,至今已26年了。现在,真的是"百年"了。

百年,是一个很大的整日子。孝敬先人,慎终追远,是中国人的传统观念和传统文化。作为家人,在这样的时刻,都想用一种适当的形式寄托亲朋好友对他的纪念与追忆。经过与年届九十的母亲和家人共同商量,决定编辑一本父亲百年诞辰纪念文集。

父亲是电影摄影艺术家,他留给世人的,主要是他拍摄的电影。说起来,他的电影作品并不算多。因为,新中国成立前他曾三次身陷囹圄,在新疆被军阀盛世才关进监狱长达四年之久,"文化大革命"中又被关"牛棚",耽误了最富创造力的宝贵时光。但是,他拍的电影佳作不少。纵观其电影生涯,可以说有"三个高峰"。第一个高峰,是20世纪40年代,在地下党领导的电影阵地"昆仑影业公司",拍摄现实主义题材的进步电影,代表作是《一江春水向东流》《万家灯火》和《三毛流浪记》。那时他刚刚三十出头,就在影坛崭露头角。第二个高峰,是新中国成立以后到"文化大革命"之前,代表作是《南征北战》《风暴》和《烈火中永生》,他消

化吸收了解放前美式摄影讲影调，新中国成立后苏式摄影讲构图的不同特点，形成了具有中国特色和气派的融光影、构图和运动于一体，与人物"同呼吸，共命运"的摄影艺术风格，成为新中国的第一代电影摄影大师。第三个高峰，是"文化大革命"以后，年事渐高，扛不动摄影机了，加之他对电影艺术丰富的经验积累，开始做导演，代表作是《蔡文姬》和《孔雀公主》，由于他有摄影技术和运用光影的艺术处理特长，拍摄出了美轮美奂的话剧和少数民族题材的电影艺术片。

电影摄影师是他的专长和本职工作。但他从不把摄影仅仅看成是一种单纯的技术性工作，而是把它作为电影这门综合性艺术中的技术手段。每拍一部影片，他都要与导演、演员、美工和其他主创人员多次讨论，反复沟通，殚精竭虑，细致入微，吃透主题，理顺情节和人物性格，设计分镜头剧本，细致地考虑场面调度、节奏掌控、光影处理，设计机位、灯光图，要做很多案头准备工作，体现了艺术与技术相结合，通过精湛的技术来达到更好的艺术效果。

少小时，家境不好，父母先后离世，尚未成年的他，就被迫离家，只身闯荡上海。他做过工人、当过学徒。没有条件继续求学，他就在电机厂边做工，边上夜校。他一生酷爱学习，肯于钻研。由于在新疆监狱中缺乏纸张，他的字都习惯性地写得很小。他留下的几十个笔记本，特别是在苏联学习一年的笔记，密密麻麻写满了娟秀的小字。

他是一个有品位、有追求的艺术家，同时也是一生追求光明、追求进步的革命者。1933 年，他在上海加入"左翼剧联"，参加业余实验剧团，从事进步文艺活动。抗战以后，参加上海救亡演剧队，新疆出狱后，回到上海，投入党领导下的进步电影的拍摄。新中国成立前夕，他化装隐蔽拍摄了国民党溃退的珍贵历史镜头。1949年7月，他作为国统区进步文艺工作者的代表，出席了在北京举行的第一届文代会，树立了文艺为人民服务的信念。在他的代表纪念册上，写满了来自"解放区""国统区"的革命文艺工作者胜利会师，迎接新中国的留言和寄语！真挚的热情，跃然纸上。1950年，他加入了中国共产党。他对工作充满热情，对艺术精益求精，对同志质朴真诚，对家人慈祥关爱。尽管一生历尽坎坷，不坠青云之志。他留给后人的，不只是他的作品，还有他的为人，始终给人以宠辱不惊、宽厚温润的韧性的力量。今天，电影已经进入了数字化时代，他们那个胶片年代的一些技术早就不用了，但是，他们作品里的精神力量，和他们对艺术的不懈追求，仍然是中国电影史上的宝贵财富和华彩篇章，并永远给人以向上、向善的力量。

这本纪念文集，以电影摄影艺术为主要视角，同时从时代、作品、艺术等多个维度，缅怀父亲跌宕起伏、深沉厚重的一生。文集相应地分为先生传略、电影作品、先生文稿、纪念与追忆、先生年谱五个部分。今年恰逢中国电影110周年，父亲的电影艺术生涯也在其中留下了他的奉献和足迹。

父亲一生都在给别人拍电影、拍照片，但是自己留下的影像、文字资料不多。和他同时代的同窗、同事、同志和好友，幸存于世者，凤毛麟角，且年事已高，不便打扰。感谢中国电影集团公司领导和有关部门的大力帮助，并通过亲朋好友，查阅和收集了一些影像和文字资料。父辈的一些老友还饱含深情专门为文集撰写了文稿。

在此，我受母亲赵元女士之托，代表家人，向各位前辈和亲朋

好友表示诚挚的谢意！今天，在实现中华民族伟大复兴的征程中，后辈影人们的新成绩、新作为，后辈家人们在不同岗位上的新成绩、新作为，都是对父亲那一辈中国电影事业先行者们的最好的纪念和告慰！

朱晓明[①]

2015 年清明

---

① 朱晓明，朱今明长子，中国藏学研究中心原党组书记、研究员。

目　录

朱今明先生文稿

纪念与追忆

超越与奉献

朱今明先生传略^①

　　朱今明这个名字，可能对于普通读者是陌生的。然而，他担纲摄影拍出的影片《一江春水向东流》《万家灯火》《三毛流浪记》《南征北战》《风暴》《烈火中永生》等几乎尽人皆知，而对他坎坷蹉跎的人生却鲜有知晓。

────────────

①本文曾以《历经苦难　痴心不改》为题,刊载于《电影创作》1997 年第 1 期,有所增删。

>> 出生地——南通市西南营

文 / 赵元 [1]

"以你的诚恳与天才，和人民一道创造新中国的大众电影艺术。"——曹禺

"有很多人嘴里说着'前进''前进'，可心里不是那么回事，而你并不这样，从未听见你说什么，只是看见你埋头工作，而且朝着正确的方向摸索、学习，你很好！"——蓝马

"你将是新时代摄影工作者的旗手，今天要向你欢呼，明天更要向你欢呼！"——蔡楚生

这是 1949 年 7 月在北京召开的全国第一届文代会上朋友与师长写给今明的留言和寄语。

作为曾在艺术道路上并肩精进的友人，这些肺腑之言勾勒出今明的品性与成就之点滴，而写有这些手迹的笔记本也成为今明珍藏一生的文物。翻阅已经发黄的笔记本，一页页质朴的文字扑面而来，那既是友人的鼓励与评价，也不期然成为今明一生的鞭策。

朱今明这个名字，可能对于普通读者是陌生的。然而，他担纲摄影拍出的影片《一江春水向东流》《万家灯火》《三毛流浪记》《南征北战》《风暴》《烈火中永生》等几乎尽人皆知，而对他坎坷蹉跎的人生却鲜有知晓。

---

① 赵元，朱今明夫人，北京电影制片厂导演。

童年坎坷，初识人生愁滋味

1915 年农历八月十四日，朱今明出生在长江之滨的古城南通。

南通，古称通州，别名静海、崇州、崇川、紫琅。这里东抵黄海，南毗长江，"据江海之会、扼南北之喉"，因与上海隔江相望且世风时尚，俗称"北上海"。

朱家是书香门第，朱府老宅在南通城中心濠河岸边。今明出生的时代，恰是南通在中国近代史上最辉煌的时代。清末有名的状元、南通籍实业家、教育家张謇开风气之先，在南通创办了"七个第一"：中国第一所师范学校——通州师范学校、中国第一座国人自办博物馆——南通博物苑、中国第一所纺织学校——南通纺织专门学校、中国第一所刺绣学校——女红传习所、中国第一所戏剧学校——伶工学社、中国第一所盲哑学校和中国第一所国人自办气象台——军山气象台。在张謇的推动下，南通也开始按照近代城市理念全面规划建设，据此南通史称中国近代第一城。

说起来，朱家与张謇多有交集。据老家亲人相传，1894 年，42 岁的张謇从海门乘船来南通参加科举，一上岸便听到濠河岸边书声朗朗，踏步寻音而去，张謇款款迈进朱府大门，由此与操办私学的今明祖父结识，关系甚好，今明妈妈还在张謇办的女红传习所学习。

今明的父亲叫朱子宾，清末时期投考科举，中榜为秀才。后来，他子承父业继续办学。可叹自古秀才均穷儒，朱子宾当然也逃不脱那个"穷"字。祖上无甚家产，仅有祖坟边上的几亩薄地，每年靠着佃户交来的八九斗米租子补贴家用。今明是朱子宾夫妇的独生子，本应贵子相待，但力有不逮。子宾乃书生淳朴，却无生财之道。面对爱子呱呱坠地，夫妻二人喜不自禁。朱家生活固然清贫，唯有天伦之乐让小儿幸福快乐，另有亲情与诗书的哺育。在家庭与社会环境的熏陶下，儿时的今明受到良好的教育与精神滋养。

为了家庭的生计，为了培养今明成才，父亲四处谋职，终于在衙门里找到份差事，勤勉尽职当上了科长，家里的日子过得平稳殷实。然而，天有不测风云。温文尔雅且带有名士风度的朱子宾，向来正直不阿，对官场的尔虞我诈一窍不通。有一次，上司要他作弊、行贿，他因婉拒而得罪了上司。孰料，与贪官的不相与谋竟招致凶险，反被诬告贪赃枉法而吃了官司，被莫名其妙地抓进了警察局。这飞来横祸如同五雷轰顶，使年少的今明和柔弱的母亲濒临绝境。今明的自尊心受到极大伤害，耻辱和悲愤压得他抬不起头来。整日躲在小屋里，不愿在公众面前露面，更不肯去学堂读书。憋得喘不过气来的时候，他就跑到郊外游荡，面对空旷的田野呐喊，借以宣泄心中的愤懑。

为了搭救丈夫，母亲四处托人，卖掉了仅有的几亩薄地和祖上留下的家具，来为丈夫申冤。经过多次起诉，父亲的冤案终于昭雪获得释放，可母亲却因精神受到极大的刺激，加之经年苦熬积劳成疾，终于一病不起，撒手人寰。可怜的今明不得不由在崇敬中学教书的堂姐带回家中抚养。接连不断的打击，使得本来活泼好动的今明，变成了寡言少语的少年。

母亲走后，孤寂的今明选择以书为伴。此时，"五四"新文化运动的春风也吹到了南通，今明借此接触到一批优秀的当代文学作品。这些文学作品滋润了他的心田。阅读完鲁迅的《呐喊》，他吐了一口长长的闷气，他也在心中呐喊着，渴望社会来个大变革。

创办剧社，学子植下文艺树

1927 年，12 岁的今明在崇敬小学毕业后直接升入崇敬中学。在他的班级里，有一批爱好文艺的小伙伴，其中，赵丹（原名赵凤

翱）、顾而已（原名顾而锜）、钱千里（原名钱骏）最为活跃，共同的志趣与爱好，使今明和他们结成难分难舍的好友。

古城南通，由于自然资源的优越和实业家张謇等人的超前理念，此时不仅经济繁荣，文化事业也蓬勃发达。早在 1919 年，张謇就聘请著名戏剧家欧阳予倩到其创办的伶工学社当主任，播下了现代戏剧的火种。20 世纪 20 年代初期，京剧表演艺术大师梅兰芳曾三赴南通献演，引导了新时期的戏剧风潮。在今明的中学时代，上海汪优游的文明戏、黎锦晖的歌舞团、张慧冲的魔术团，纷纷登上南通的舞台，遇到这样的时机，赵丹就会带着今明等小伙伴，去蹭戏。所谓蹭戏，就是不花钱看戏。这些小家伙很聪明，脑袋灵，别人看戏是消遣取乐，而他们却在快乐中揣摩戏中的奥秘，然后在学校的同乐会上和校庆的节日里大显身手。独角戏、双簧、魔术、京戏等等样样都会来一套。赵丹自编自演的独角戏《花子拾宝》已经具有一点崇善嫉恶的思想。他们排演的文明戏《骂街》，也含有辛辣的讽刺意味。今明和钱千里演出的双簧配合有方，让人忍俊不禁。今明不仅学会了几套魔术，还学会了吹笛子、拉二胡。赵丹很调皮，鬼点子特多，看了《荒江女侠》《三剑客》等武侠片，竟异想天开地学做蒙面大盗，玩起了恶作剧。他叫今明穿上黑衣，戴上用硬纸壳做成的假面具，扮演江洋大盗，温和老实却胆大如虎的今明就认认真真地听从小伙伴的安排。

当夜幕降临时，南通街心静悄悄的，商人阿罗家的门，突然急剧地响了起来，已经入睡的阿罗大惊失色："谁？"

门外没有人应，门仍然急剧地敲着。

阿罗起床，蹑手蹑脚地将门启开一条缝，忽见一个巨头黑面的怪物，狞笑着向他扑来，他忙关起门，吓得惊呼起来。

此时，赵丹、今明及伙伴们却躲在一边乐得笑弯了腰。

赵丹的模仿能力非常强，看了卓别林和勃斯特、基顿的滑稽片，会禁不住在电影院里大呼小叫，走出影院就比比画画表演起来，逗得人们捧腹大笑。在伙伴们的闹腾中，只有今明与众不同，他找来了一个四四方方的铁盒子，前面挖个小洞眼，两头捅进一根小木棍，权当是他想象中的摄影机，今明捧着它，飞快地旋转着木棍，把赵丹及小伙伴们的精彩表演——"摄入镜头"。冥冥之中似乎为他今后的发展定了调子。谁也未曾料到，儿时的戏耍竟成了他日后的终身职业。

日子长了，小伙伴们也长大了，对以往那些游戏式的表演，失去了兴趣，人大心大，他们想搞像样的节目，他们想有自己的剧社。

崇敬中学的校长，是顾而已的父亲顾敬基。顾先生曾在日本留学，见过世面，热爱戏剧，逢年过节的晚上，常常上台唱上几段昆曲。当他听说学生们要建立自己的剧社，很赞同并极力支持。听到

>>"小小剧社"（复原场景），位于南通市实验中学（原"崇敬中学"）

校长的认可，小伙伴们乐坏了，大家忙着给剧社起名字，你一言我一语，个个献计献策。最后，大伙儿从一个小歌剧《小小画家》的剧名中得到启发，一致同意给剧社命名为"小小剧社"。

剧社成立后，又吸引了不少爱好文艺的同学们参加，队伍不断充实壮大。他们第一次演出的剧目，是自编自导自演的话剧《阎瑞生》，那是根据 20 世纪 20 年代上海的一件耸人听闻的案件编写的。上海震旦大学青年学生阎瑞生，在烟花柳巷与妓女王莲英鬼混，后来又惨无人道地将王莲英杀害，谋财害命，激起公愤，后落入法网。此剧在学校礼堂上演，反响强烈。之后又接着排演了《艺术家》，剧情表现一个搞艺术的人生活无着落，被债主逼得只好装死躲债。还排演了反映北伐军英勇牺牲的《热血忠魂》等剧。在这些戏里，赵丹和顾而已都担任主要角色，今明在舞台上出现的场次很少，停留的时间短暂，他扮演的不是传令兵，就是学生甲、工人乙、群众丙。可在后台，他却忙得不可开交。台上要下雨了，他赶紧端起箩筐筛黄豆，制造出"沙、沙、沙"的雨声；台上要打雷了，他又忙着滚动铁皮煤油桶制造出雷声；有时还要拉起琴弦，拨动琴键为台上配乐。他爱动脑子，动手能力也很强，舞台上缺少什么道具或是装饰品，他能立即动手做出来；剧情所需的一切音响效果，他都能想出办法解决，他是剧社的骨干分子。

小小剧社，由于赵丹等人的精彩表演，一次又一次地获得成功，引起了校外的关注，不少人争着想看他们的演出。于是，小小剧社走出了校门，竟堂而皇之地登上了赵丹父亲在南通长桥东首环城南路大街开的"新新大戏院"的舞台举行公演并轰动全城，连邻近乡镇都纷纷邀请他们前去演出。小小剧社到百铺镇演出时，镇长穿着长袍马褂到码头迎接，小学生举着红绿纸旗夹道欢迎，这些小家伙还真出足了风头。

钟情"左联"，少小沐浴民主风

1930 年初春，上海"左翼"剧联领导的上海摩登剧社来到了南通。剧社的成员中，有一批新文艺青年，左明、保罗、赵铭彝、郑君里等，是剧社的演员和负责人，剧社要在"新新大戏院"演出新型的现代话剧《血衣》《小偷》《父归》《乱钟》等。他们听到这个消息后兴奋之极，由赵丹带着他们到自家的戏院里看戏。这是他们第一次接触进步的现代话剧，舞台的华丽和浪漫而又富有激情的演出，深深地感染着这些小青年，今明的心里也掀起了波澜。他悟到了小小剧社今后的方向。过去排演的节目大多是文明戏，虽说在学校和县城里也闹得沸沸扬扬，但自己和伙伴们更多的还是从兴趣出发，也可以说是闹着玩的，而"左联"剧社的演出令他们耳目一新，戏剧存在的真正意义拨动了他的心弦，戏剧要反映现实，要揭露社会的黑暗，要给百姓追求光明的启示。他记住了《小偷》剧中的台词："你们这些人都骑在我们背上，究竟骑在哪个部位，那不要紧，只要我狠一翻身，你就会倒下来！"

台词中蕴含的力量震撼着今明的心灵，它昭示了现代话剧的精神实质。

小小剧社的伙伴对进步戏剧的酷爱，引起赵铭彝和郑君里的重视，他们对赵丹、顾而已、朱今明、钱千里等倍加爱护，对小小剧社给予热情的指导和帮助。离开南通时，他们把演出的全套剧本都留给了这群年轻人。从此以后，小小剧社从演文明戏发展到演现代话剧，演出了大量田汉的剧作，在青年学生中产生巨大的影响，有时剧社也到乡村城镇演出，深受黎民百姓的欢迎。在此期间，他们还创办了新文艺刊物——《枫叶》，登载同学们写的反帝反封建的文章和田汉的剧本以及剧社各成员的介绍。1931 年 2 月，赵铭彝、郑君里又专程去南通指导成立剧联南通分盟，小小剧社在剧联的直

>《枫叶》刊物（影印件）

接领导下，进一步端正了方向，演出了反帝反封建反旧制度的进步话剧《山河泪》《铁蹄之石》《黑暗中的红光》《乱钟》等。1933年的夏天，小小剧社进行第七次公演，排练了剧作家洪深的著名话剧《五奎桥》。这部戏反映在干旱的日子里，地主周乡绅为了保存象征势力的五奎桥，蛮横地阻止农民拆桥救灾，引起了阶级之间的冲突，经过激烈的斗争，农民终于拆了桥，让打水的机器船开进来救灾，周乡绅以失败告终。

这出反封建的话剧，由赵丹导演并饰演周乡绅，今明担任布景，准备在新新戏院上演。

一切准备就绪，广告也登出了，南通的反动当局闻讯惊恐万状，妄称《五奎桥》是宣传共产党暴动，剧社里有共产党，预谋在演出时捕获之。在演出前的那天下午，南通保安队拦路搜劫了剧社送往"大生"纺织八厂的戏票，并逮捕了送票人。

一时间，南通城里笼罩着白色恐怖，人心惶惶，演出难以进行，只得拟了个《五奎桥》停演的启事："查本社第七次公演，定于 6 月 10 日、11 日两夜举行，兹因《五奎桥》一剧主演钱骏（钱千里），家庭急务与人涉讼，万难登台，又因时值戒严，为防范反动分子捣乱，决定改期举行。"

当时，南通日报记者梁腾（小小剧社成员），从南通警察局探听到，当局正密谋抓人，大家立即隐蔽。今明首先把赵丹、顾而已护送到天生港轮船码头，让他们第二天搭上轮船，先往上海，然后再考虑自己的出路。之后，小小剧社因赤色嫌疑被查禁，文艺刊物《枫叶》也被勒令停刊。

闯荡上海，确立人生大目标

小小剧社的夭折并没有挡住年轻人追求进步文艺的脚步。

赵丹和顾而已转而赴上海继续求学，同时仍继续参加文艺活动。今明虽面对生活窘境，眼看升学无望，便思忖着冲出小城，凭自己的双手在上海滩闯出一条生路。

经一位张姓友人的介绍，他进入上海高昌庙的上海电机厂当了工人，并考进了上海电机专科夜校。他白天做工，夜晚上学，生活紧张而艰苦。不料，在他到上海不久，父亲在安装灯泡的时候意外从高处跌下不幸离世。他把悲痛埋藏在心里，仍然坚持参加剧联领导的各种活动，到工厂、学校、宁波同乡会和湖社（湖州同乡会）进行话剧演出，宣传民主进步思想，激发劳苦大众起来反对帝国主义，反对封建压迫……

那个时代的上海，已经成为远东地区首屈一指的大城市，十里洋场的气韵和国际时尚的汇总交融，使这个城市像海绵一样吸引着八方英杰，也容纳了各路神仙。1921 年 7 月，中国共产党在上海诞生，并发起了蓬蓬勃勃的工人运动。1924 年第一次国共合作，革命形势得到全面迅速的发展，文化运动也开创了新的局面。然

而，1927年4月12日，以蒋介石为首的国民党新右派在上海发动"四一二"反革命政变，革命形势转为低潮。

当时，国民党反动势力与租界上的帝国主义分子勾结在一起，镇压、摧残新兴的文化、教育事业。密探、特务混迹于民间，到处搜查进步人士，随意逮捕他们看不顺眼的民众，剧联的活动也受到限制。他们只能谨慎机智行事，巧妙灵活地躲过特务密探的监视去开展进步文艺工作。1933年夏天，由章泯同志介绍，今明正式加入了"左翼"剧联，成为正式盟员。从那时起，他便认准了自己的路子，把戏剧当成他从事革命工作的舞台。这是他自觉选择的神圣使命，宁肯饿着肚子，冒着生命危险也要投入其间。

1934年夏，今明和上海电机厂的工人们，为增加工资待遇与资方展开斗争。在秘密酝酿罢工时，有一位工友因情绪激愤，与门警发生了争吵，冲突越来越激烈，今明和几个工友闻讯赶赴现场调解，遭到门警的谩骂与殴打，并举枪向工友们威胁。工人们愤怒之极，也以随身带的铁锤、铁尺等工具自卫还击。冲突中，一个门警的脑袋被击破血流不止，昏倒在地。事情闹大后，大批警察来厂镇压，包围全厂进行搜捕，当场逮捕15人，今明也在其中，被押送南市警察局。听闻此讯，电机厂厂长周维干不仅不去解决问题，反倒电话通告警局严加查办。

初进警察局时，今明还有些忐忑不安，但和工友们关押在一起，彼此劝慰、鼓励，他渐渐地舒缓了情绪，不再感到恐惧了。可关押了一个多月尚不见提审，不知案情究竟如何发展？他又忧心忡忡。

经过厂里工人组织的多方交涉营救，情况有了进展。一天，几位工人代表到警察局保释难友。当同室难友一个个走出牢房时，今明又一次受挫，他万万没有想到，其他难友都准许保释，唯独自己不在此列。警方的理由是"案情复杂，需待调查"。这如同给今明当头一个闷棍，他心情沉重，孤身一人留在牢房，无人交流、无人商谈，不知命运如何，更不知何日才能迈出这黑暗的牢笼。

两个月过去了，今明的案子转移到了地方法院。几经提审，并无所谓"复杂案情"，眼看在他身上挖不出"要案"和"罪犯"的证据，法院无可奈何，只得草草结案，准予当庭取保。法庭宣判的那天，厂里的工人代表都来到旁听席，听取法庭结论，并为今明办理出狱手续。工友们庆幸他重获自由，大伙儿簇拥着护送他回厂。可到了厂门口，迎接他的是一张触目惊心的开除布告，他再也不能回到曾经工作的车间了。

两年的工人生活使他这位尚未脱离学生气的青年增加了人生阅历，他的思想逐步成熟了，他在实际斗争中，悟到了横亘在资本家与工人之间的是势不两立的阶级矛盾，也体会到工人阶级战斗性和团结性的重要，组织起来才有力量。如果厂里的工人各扫自己门前雪，不管他人瓦上霜，对关押的难友漠不关心，那自己又何时能见天日呢？

失业后，他又和剧联的穷哥们儿挤在一起，以大饼油条充饥，继续着他们的戏剧工作。那时，租界里密探很多，左联的活动趋于低潮，左翼文化组织创办的《前哨》《文学月报》《十字街头》《研究》《新思想》《社会科学战线》《世界》《环球》等三十多种杂志陆续遭到查封，他们的星期小剧场也屡屡遭到禁演，开展每一项工作都备受挫折。

国民党搞的白色恐怖未能将左翼文化各联盟镇压下去，为严密控制新闻、出版、文艺、教育等领域，国民党中央组织部部长陈立夫在南京召开的文娱宣传会议上提出："能由文艺政策之竖立而发生更大的动力。"于是，国民党纠集御用文人对抗左翼戏剧。如国民党直属"剿匪总部"的"怒潮"剧社，到南京演出反动戏剧，竟然篡改进步戏剧，把《放下你的鞭子》改为《从苏区逃出来的妇女》，

把《父归》改为《子归》，塞进许多歪曲历史的内容，欺骗和蒙蔽观众。国民党还把魔爪伸进大专院校，1934 年在上海暨南大学，组成蓝衣社，借上海宁波同乡会演出《油漆未干》与左翼剧联对抗。剧联负责人赵铭彝指派朱今明、顾而已、梁腾去剧场干预，阻止他们的演出，但被早已暗藏在剧场四周的特务发现，盯梢追踪，今明等见势不妙，趁着散发传单引起观众混乱时溜出剧场，但仍然未能甩掉"尾巴"。今明故作镇静地走进了对面的大沪饭店上了电梯，直入七层楼暂时隐蔽，约莫二十分钟过去了，未见楼下有何动静，今明以为特务已经走了，便沿原路走下楼去，不料饭店大门及厅堂已布满了大批特务和英巡捕房的巡警，今明当场被捕，一同被捕的还有梁腾，他们被当作共产党嫌疑犯关押进老闸捕房。

那时的今明 19 岁，血气方刚，刚刚接触到普罗列塔利亚（无产阶级）革命思想，认为革命就得流血，革命就得上断头台，拘留关押算什么？何况自己已经有过一次班房的历练，算是积累了经验，所以毫无畏惧情绪。审讯时他镇定自若，化名王洪德，谎称从乡间来沪考学，借住吕班路大陆银行任职的亲戚梁庭谨（梁腾的三叔，其母是今明干妈）家，捕房千方百计要撬开他的嘴巴，以刑房、刑具威逼恐吓，企图摧垮他的革命意志，但今

>> 初进明星公司学习摄影

>> 明星公司摄影科合影，吴印咸（站立一排左五）、钱筱章（站立二排右三）、徐肖冰（倒数二排左五）、朱今明（倒数二排左一）

明始终回答如一，未曾暴露身份。敌人没有掌握任何证据，徒劳一场，囚禁七十多天后宣布开释。在人生苦难的历程中，今明又经历了一次严酷的考验。

出狱后，赵丹介绍他进明星电影公司学习摄影，此时的阿丹，既是明星公司的台柱，也仍然活跃于戏剧舞台。想起孩提时期，捧着铁盒子"摄影机"，追着阿丹和而已俳装拍电影，少年的梦即将成为现实，他是多么兴奋呀！此时的他虽然只是名练习生，离梦想成真还甚为遥远，但他坚信自己会抵达理想的彼岸。自此，除了摄影、洗印、制片等各个方面他样样肯钻，全面地熟悉了电影制作的全过程，为日后从事电影工作奠定了基础。

追逐光影，戏剧舞台现天幕

在明星公司埋头学习摄影技术的同时，今明仍未放弃对舞台艺术的追求。1934 年春，今明为拓声剧社准备演出赵丹导演的奥尼尔名剧《天边外》时，他和许珂负责舞台装置和照明。这是个多幕剧，按照以往的舞台布景，用布幔和布条装饰一下，再放上剧情所需的道具，即可以表现不同的生活场景，如农舍、办公室、卧室等等，如果把布条参差不齐地垂挂在舞台上，又可营造出树林和田野的意象，圈内人戏称为"万能布条"，美其名曰"象征派"布景。今明不想止步于此，他俩试想突破原有格局，搞出一台立体庭院来，即用布景片搭出房角、门窗、栅栏等的实景，他俩边聊边画边动手。演出前一天，今明又开始在舞台上搭景，此时，他突然发现，舞台顶棚正悬挂着一块巨大的旧银幕，今明将银幕缓缓放下，银幕的一边落到地面，而另一头却搁浅在搭建的梯子上，形成了一道弯曲的弧形，舞台边几盏橘黄色的灯光投射过来，形成一条条明暗不均的纹路和斑影，恰似一幅优美的黄昏晚霞景色，这一发现让他激动不已，随即大声喊起来：

"老许，快来看，发现了新大陆！"

许珂连忙跳下台去，转到观众席上观看，边看边赞赏："太美了，真像一幅画！"

后来王为一也奔跑过来，他们三个人久久地欣赏着。

奇迹的出现，往往是渐变到突变的过程，自有偶然到必然的规律。偶然的发现提示今明认识光的作用，光的神奇。那块旧银幕的启发，催生他有了创造舞台天幕的遐想。那以后，今明脑子里总是被未来的天幕占据着。他到处找资料做实验，还把在明星电影公司当美工助理的汪洋拉出来和他一道搞舞台灯光，他们一个设计一

>> 上海左翼剧联，汪洋（左一）、朱今明（中）等合影

个画图，跑工厂，制灯具，不知熬了多少夜晚。功夫不负有心人。1936 年秋，上海业余剧人协会演出奥斯特洛夫斯基的《大雷雨》，今明的遐想终于成为现实。

当《大雷雨》第三幕的大幕徐徐拉开时，奇迹出现了！舞台深处一片广阔的湛蓝而又透亮的夜空中，悬挂着一轮皎洁的月亮，几颗星星在闪烁，伏尔加河的夜色美极了，它是一幅优美的油画，它是一首动听的抒情诗，观众惊呆，刹那的寂静后报以热烈的掌声。剧场的观众，为舞台布景而鼓掌在那以前是从未有过的事，演到第五幕，追求幸福的卡捷琳娜，受封建恶势力的逼迫，在暴风雨的夜晚含冤投进伏尔加河时，舞台的天幕上，黑沉沉的夜空划过一道闪电，隆隆的雷鸣，沙沙的暴雨袭击着大地，恐怖、凄凉、令人窒息……今明当时刚刚二十出头，仅凭那么点儿简陋的设备，运用舞台照明的方法，创造出中国舞台上第一块天幕，为中国舞台艺术开创了新纪元，他被誉为中国第一位舞台照明美术家。

投身抗战，演艺生涯又一春

上海剧人协会是左翼戏剧家组成的团体，它以合法的形式在大剧场公开演出，以高质量的艺术水平赢得了社会的巨大声誉，冲破了国民党当局的封杀，巩固了进步剧场阵地。1937年，更名为业余实验剧团，推出了一系列的中外名剧，如莎士比亚的《罗密欧与朱丽叶》，陈白尘的《太平天国》，阳翰笙的《李秀成之死》，曹禺的《原野》等等。今明于1936年秋离开明星公司，参加了业余实验剧团负责舞台照明工作。剧团每部戏的演出，都融进了他的心血，每部戏的成功都与他的苦心钻研分不开，他把观众带进华丽的贵族家庭，带进阴森荒凉的墓穴和无边无际的原野……

就在业余实验剧团的演出进入巅峰状态的时候，发生了"七七"卢沟桥事变，日本发动了全面的侵华战争，随即发生的"八一三"吴淞口之战，点燃了中华民族奋起抗日的怒火。今明和他的戏剧友人们再也不能沉浸在剧场艺术的宫殿里了，热血在沸腾，他们义无反顾地投身到抗日的洪流中。党领导上海文化艺术界组织救亡演剧队，到前线进行抗日宣传，在十二个演剧队中，今明参加了救亡演剧第三队，郑君里和徐韬任队长，他们高举

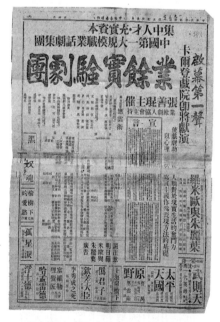

>> 业余实验剧团《宣言》和宣传广告（1937年5月）

救亡演剧的大旗，冒着敌机的轰炸，沿着京沪线行进，一路歌唱，一路讲解，在街头、乡村、田间，演《放下你的鞭子》等活报剧，鼓动民众奋起抗日，戏演到高潮时，剧人们和群众一起振臂高呼："打倒日本帝国主义！杀尽鬼子兵！打回老家去！"今明日夜忙碌，他负责全队的舞台用具，包括服装道具。白天转移阵地时，他背着沉重的行囊排在队伍的最后面给全队压阵。夜晚，他又自告奋勇参加站岗放哨，演员来接他的班，他也不下岗，他要演员把旺盛的精力，挥洒在演出中。见他自觉自愿地承担起一切苦差事，赵丹心疼地对他嚷嚷："今明，你不要命了？"

演剧三队经过苏州、常州、无锡到达镇江，此时接到阳翰笙来信，告知全国许多文化文艺界人士都聚集在武汉，正在进行规模盛大的抗日宣传演出活动，要求三队抽出部分人员前去参加，经队委会研究后决定由赵丹带队，今明等人一同前往。

在汉口，他们赶排了阳翰笙的新作《塞上风云》，这是一出反映蒙汉青年团结起来一致抗日的话剧，以上海业余剧人协会的名义在汉口的上海大戏院演出，反响强烈。接着又演出了于伶编剧的五幕国防剧《夜光杯》，还参加了为华北义勇军募捐的一次空前盛大的联合大公演，演出了田汉先生在热火朝天的抗日浪潮中赶写出来的《最后的胜利》。他们的演出震撼了武汉三镇。

为了抗战的需要，为了重庆百姓的需要，组织上又将上海业余剧人协会更名为"上海旅川业余剧团"，从武汉溯江而上，经宜昌，过三峡，宿万县，一路把抗战戏剧演到重庆。

1938年10月，中华全国戏剧界抗敌协会在山城举办第一届戏剧节，今明积极参加了各项演出活动。戏剧节的压轴戏是《全民总动员》，该剧是由剧作家宋之的、陈荒煤、曹禺共同创作的，剧情主要描写了某救亡团体在抗日活动中所展开的错综复杂的斗争，由曹禺、宋之的、沈西蒙、应云卫联合导演，这部戏演员阵容强大，

先后有上百人上场，人手不够的时候，大作家大编剧也纷纷登台充当群众，今明忙完后台的工作，也登场参加群众演出。《全民总动员》表现了中华民族为生存而斗争的决心，反映了人民的现实生活，歌颂了伟大的时代、伟大的民族。

奔赴西北，"垦荒拓土"祭青春

1938 年起，日本对战时中国陪都重庆进行了长达 5 年半的战略轰炸。据史料记载，5 年间日本对重庆进行轰炸 218 次，出动 9000 多架次的飞机，投弹 11500 枚以上。重庆陷入动乱与恐怖之中，今明他们也十分苦恼。一天，王为一在生活书店的书架上，偶然发现了一本《盛世才与新疆》的书，作者是民主人士杜重远，书中介绍盛世才在新疆任督办以来，新疆的政治、经济、军事以及文化建设等方面发生的转变，这让王为一眼前一亮，便买下这本书，回来与赵丹、今明共享。他们从中了解到盛世才在新疆提倡反帝、亲苏、民平、清廉、和平、建设六大政策时就兴奋起来，书上还介绍盛世才外靠斯大林，请了不少苏联专家在新疆搞建设，内招贤良，茅盾、张仲实等当代名流已在新疆负责文化工作……看着看着，他们三人已坠入神往奇想中。多姿多彩的民族文化，一望无际的戈壁滩，那里与苏联接壤。苏联，世界上第一个社会主义国家，中国的革命者、追求进步的青年人，哪个不向往呀！业余剧社演出过那么多俄罗斯的戏剧名著，除了在旅沪的白俄贵族那里了解一些俄国的生活习俗外，只能从可怜的几本译作中寻找一点生活依据，一本苏联的《剧场艺术》杂志，被大家争来抢去地看，今明就在那本刊物上获得了许多知识和启发，如果能到苏联，到莫斯科艺术剧院，欣赏一下苏联艺术大师的演出，那有多好呀！何况茅盾先生也在新疆。找他去！他一定会帮助实现这些愿望的。美好的憧憬在他们心中激荡，带着满脑子的幻想，他们行动起来了。

此时，今明在报上看到了一条广告，说新疆学院委托重庆生活书店招生，赵丹一听认为是个好机会，正好生活书店要出版王为一的剧本，他很快与书店取得了联系，书店的编辑史牧告诉他，生活书店正计划在新疆成立分店，书店负责人邹韬奋先生与正在新疆工作的茅盾、张仲实、杜重远等都很熟悉。于是，他们三人一起去找了韬奋先生，韬奋先生当即与在疆的茅盾先生取得联系。就这样，几个年轻人怀着纯真而又幼稚的幻想，还请来了在广东曲江担任演剧一队队长的徐韬和刚从上海音乐学院来渝的青年音乐工作者易烈。1939 年 6 月，几位年轻人带着妻儿和恋人（今明正与重庆两江体校的女生陈瑛热恋）奔向大西北。

在这之前，茅盾先生已经来过信，特别叮咛他们新疆艰苦，要他们慎重行事。但他们发热的脑袋根本就体察不出先生信中的暗示。当周恩来副主席得知赵丹等人启程赴新疆的消息后，为了赵丹一行人的安全，为了他们不至于上当受骗，立即派冯乃超去阻拦，然而已经晚了。今明等一行人，已过嘉峪关，出星星峡，驱车在一望无际的戈壁滩上。

将计就计，虎口狼窝做道场

笨重的大卡车在坑坑洼洼的沙石路上爬行，一个月后，他们才风尘仆仆地抵达迪化，即新疆省会今日的乌鲁木齐。

当晚，茅盾先生来看望他们，寒暄后便压低声调对赵丹说："这里政治情况比较复杂，要注意！"大伙一听，火热的心顿时坠入茫茫然之中。

茅盾先生来新疆已经半年，他是应好友新疆学院院长杜重远邀请，来该院任教的。后来又成立了新疆文化协会，茅盾先生当选

为委员长，与新疆各界人士有所接触，耳闻目睹不少白色恐怖的事情，有些简直是闻所未闻的。可是此刻，他不能说，不能使这些年轻人思想负担太重。他沉思片刻后说："韬奋来电报后，我和张仲实、杜重远商量，还是不让你们来为好，可又不能直说，只好强调生活条件苦，怕你们吃不消要慎重，实际是暗示你们不要来，谁知你们没有理解！"

"那我们回去！"急性的赵丹干脆地说。

"不，"茅盾轻轻一摆手，"既然来了，就不能随便走了，想法订两年计划，替新疆做些工作，等你们计划完成了，再提出回去。"

大家无言，能说什么呢？谁叫自己幼稚无知，只凭热情幻想着搞艺术，冒冒失失地奔来了，现在又怎能凭一时冲动返回去呢！吃一堑长一智，大家静了下来，听从茅盾先生的安排。

这一群天真的艺术家，自认为自己一不图官，二不图钱财，完全是为了开拓新疆的戏剧事业，学习和发展新疆各民族的文化艺术而来，政治再复杂也复杂不到他们的头上。于是，他们不顾旅途的疲惫，振奋起精神，首先排练了章泯的抗战话剧《战斗》。赵丹和王为一对剧本又进行了一番加工，由赵丹导演，今明负责舞美设计和舞台监督，王为一、徐韬、易烈、叶露茜、余佩珊、程婉芬等扮演重要角色，新疆学院许多学生都参加了这一工作，经过三个星期的排练，于"九一八"事变8周年国耻纪念日在新疆督办公署所在地西大楼同观众见面，这是一次前所未有的高质量演出，一时间轰动了整个迪化。

正当迪化的观众为《战斗》的演出成功热情叫好的时候，新疆的第一个职业话剧团——新疆文协实验剧团成立了，团长由茅盾先生兼任，实际工作由赵丹、徐韬主持，中共驻新疆八路军办事处的于村和刘白珩同志也是该团的成员。与此同时，新疆学院增设了戏剧课，请赵丹、王为一、朱今明讲课。迪化一中也组织了孩子剧团，邀请赵丹等人去排戏，迪化女中的学生们冲破封建礼教的束缚，在叶露茜的指导下，和大家一起高唱抗日歌曲，并积极参加抗日戏剧活动。当年的女中学生，新中国成立后的著名演员姚向黎，就是其中的一个积极分子。著名作曲家闫飞也是当年迪化一中"孩子剧团"的小家伙，如今他们都是白发苍苍的老艺术家，回忆起少年时与赵丹、今明等人的相识是那么一往情深，他们忘不了自己的艺术启蒙老师。姚向黎还谈起了今明帮她救场的一件事，那是她第一次参加话剧演出，她既兴奋又紧张，在边幕候场的时候，突然听到传她上场的口令，慌忙间忘记带自己的道具水壶，想起时人已在舞台边，焦急之中有人把水壶送到她手里，她顾不得感谢，捧起水壶上台演出，后来才知道送水壶的人是今明。那时今明当舞台监督，他关注着台上的一切动静，救场、补台乃是他的职责。

一切都按照计划在进行，戏剧运动开展起来了，群众抗日的热情鼓动起来了，今明等情绪激昂，正在向第二个目标莫斯科瞄准，赵丹已经给莫斯科艺术剧院的朋友写了信，正企盼着佳音的到来。然而，善良的人们谁能知道杀人不见血的刽子手盛世才，已经向他们伸出了魔爪。

赵丹发往莫斯科的信被扣；

杜重远的秘书被捕；

杜重远，被软禁了；

茅盾先生的住宅外已有暗探在监视。

这年的秋天，杜重远被捕入狱了。之后，茅盾先生假借老母病故返乡奔丧离开了新疆，临行时，他告诉赵丹，他要到延安去，到了那里一定设法让赵丹等人离开新疆。

等呀等，他们一直盼着延安的好消息，可是茫茫大地无音信，耳闻目睹的是一个个令人不寒而栗的坏消息，杜重远介绍来的民主人士被捕，茅盾先生的同事被捕，迪化城三步一岗五步一哨，特务

密布。盛世才统治的新疆，如同中世纪的专制、黑暗、卑劣的魔窟，他扯下"反帝""亲苏"的幌子，筑起了他的独立王国。今明他们一刻也不能在那里停留了，可是他们无法脱身，他们已经处在特务的包围中，预感到大难即将临头。

果然，一个阴风凄厉的深夜，几个便衣特务闯进了赵丹、徐韬的住处，翻箱倒柜搜查后，把他俩带走了！罪名是杜重远阴谋暴动案的参与者。

又陷囹圄，铁窗难锁凌云志

赵丹、徐韬被抓走后，他们的妻儿整日失魂落魄，今明、王为一、易烈四处奔波救援。无奈中，三人联名给盛世才写信，一再重申他们几个来新疆纯粹是为了开拓戏剧事业，没有任何违法行为，恳请释放。

几天后，盛世财复信说，赵、徐犯罪证据确凿，正在审讯中，望你等安心工作。今明等又再去信，声明赵、徐来新疆的目的，如赵、徐有罪则我们也有罪，如我们无罪则赵、徐也无罪，我们愿以几家人的性命担保……

信送上后迟迟没有反应，日子在焦虑不安的恐怖中煎熬。过了半年，已是 1941 年 2 月，一天黄昏，突然接到警务处的通知，李处长要王为一、朱今明、易烈去谈话。所谓谈话，就是逮捕，他们有思想准备。三人一进警务处的门就被押上一辆早已等在那里的轿车，直接送进了监狱。

铁窗生涯，对今明来说并不陌生，只不过前两次是被反动派抓走的，这次是为了营救战友使自己落入了敌人的虎口。他没有考虑自己的安危，一心惦着赵丹、徐韬，他们在哪里呢？和他同时入狱的王为一和易烈入狱后就被分别关押，他们又在哪里呢？血气方刚的青年，含着满腹的怨愤和不平暴跳如雷地大喊：

"我有什么罪？"

"为什么把我关起来？"

为此，他遭到了狱吏的毒打，大牙打掉了，鲜血溢满口腔，他不甘心在敌人面前示弱，硬是忍着剧痛和着腥血把牙齿吞进了肚子。

拳头、巴掌、棍棒压不住他心头的怒火，他仍然要时不时地咆哮、宣泄。

一天，他被饥饿折磨得难以支持，哐啷一声，牢门开了，狱吏来送饭，还是白水煮烂菜帮子和冻得像砖头一样硬的黑窝窝头，根本咬不动，他气愤极了，狠狠地将窝窝头向狱吏头上砸去。

"这是人吃的吗？"

"你们这些畜生！"

他愤怒地吼叫着。

但是，在敌人的魔爪下拼命怒吼只能遭受更多的皮肉之苦。

长夜漫漫的牢狱生活，磨炼了他的性格。在斗争中，在难友的帮助下，今明学会了冷静，学会了等待。

黑暗潮湿的牢房，夏日里苍蝇、蚊子在污浊的空气中乱舞，冬日里臭虫、虱子、跳蚤，整天在草铺上、破棉絮里钻来钻去，不断地袭击他那缺乏营养的肌肤，搔痒使今明难以忍耐，他乱抓乱挠，落下了一生难以治愈的牛皮癣。但是他没有趴下，他学起了俄文，从字母、单词到变格。他在回忆自己当年那股痴迷劲儿时说："我像老和尚念经似的入了定，忘却了自己的处境。"后来，他通过同牢的维吾尔族难友弄到了一本俄文字典，凭着这本字典，他读懂了高尔基的《母亲》。学习使他有了精神寄托，他坚信人间魔窟总有一天会被砸个粉碎。

他不仅活下来了，还在与老鼠和蝎子为伍中寻找乐趣，用破

>> 在新疆狱中抄写的诗词

>> 在狱中为女儿生日而作的绣品

纸、罐头盒和小棍儿绑起来，做了个胡琴儿，拉起家乡的小调，给难友们带来一丝慰藉。他将破衣服中的土羊毛抖散，搓线，为自己织背心御寒，这沉甸甸、硬邦邦如同棕绳编织起来的背心，一直保留到新中国成立后。可惜，从上海调北京工作时竟把它扔了。那时他们年轻，只想到苦难一去不复返，未曾想这是一件对旧社会控诉的证据，是表现人的乐观坚强的信物，也是对后代进行爱国主义教育的活教材。现在，今明家里还保留了两件令人揪心般酸楚的珍品，一件是他用黑墨汁在草纸上默写的诗歌，一件是他用粗糙的手一针一线在一块一米长三十厘米宽的土布上为他的爱女一周岁生日而做的"娜佳一周岁纪念"绣品。今明入狱时女儿才两个月，模样十分可爱，见到爸爸总是睁着大眼睛呵呵地笑，可是入狱后再也没有见到她！盛世才的监狱是不准亲人探监的，今明只有在针线里默默地寄托着他的思恋。

"娜佳，你在哪里？你好吗？你还认识日夜思念你的爸爸吗？"

今明哪里知道，在他入狱的两年以后，他的娜佳随着母亲和阿姨们被盛世才驱逐出境了，离开迪化前，她们要求与狱中的丈夫道别，刽子手们哪能给予她们这等恩惠？他年轻的妻子含悲忍痛，淌着酸楚的泪望着监狱的方向久久不回头……

日子一年又一年地过去，今明在暗无天日的地狱里煎熬，每天只有五分钟的放风，而且包括上厕所。难友们匆匆奔去贪婪地吸几口并不新鲜的空气，又在狱吏们的催逼声中返回牢房，何日方能重见天日？何日方能与亲人团聚？

地狱归来，山河破碎待复生

独裁统治新疆的新军阀盛世才，人称"百面魔鬼"，善于以政治时局变化选择投机伎俩。为建立独立王国和蒋介石分庭抗礼，

他假以反帝、亲苏、联共旗号笼络民众，一旦共产党深得新疆人民的拥护便怀恨在心，对共产党人如骨鲠在喉。当苏联卫国战争爆发国内形势危机时，他急不可待地揭去革命的假面具，决定反苏反共投靠蒋介石。1943年6月，国民党中央军进驻哈密。1943年9月27日，毛泽民、陈潭秋等在疆开展工作的共产党人遭到秘密杀害。1944年9月11日，盛世才被蒋介石调离新疆，结束了长达11年的军阀统治。

盛世才垮台的消息传遍新疆，也传到了迪化监狱，被囚禁的人们骚动起来，他们按捺不住多年的压抑，趁着狱管放风的松动，纷纷冲出牢笼，一时间脚步杂沓，人声鼎沸。

今明也随着难友们跑出去。听说赵丹和徐韬已经从二监狱转到他们所在的一监狱，今明在奔跑的人群中焦灼地寻找，又在一间间牢房内外呼唤着："阿丹！阿丹！"此时，赵丹听到呼唤，迎面冲出牢门。

看见了，是他！今明的眼睛发亮了，他奔跑到赵丹跟前，他俩悲喜交集，久久相望，往日俊美的阿丹如今蓬头垢面，脸色土绿。唯有深埋其间的两只眼睛仍闪烁着固有的神采，往日小老虎似的今明，脸庞消瘦，凸显出两边的颧骨。

过了一会儿，徐韬和王为一也过来了，只是没有见到年轻的音乐家易烈，后来才知道，他早已被折磨得离开了人世。

五年诀别，今朝重逢。他们相对无泪，此时无声胜有声。

盛世才调离新疆后，重庆方面又派来了新警务处长接管监狱。后来国民党又派中央特种案件审判团赴疆，开庭审理了多年的积案。当周恩来副主席得知赵丹等人是死亡线上的幸存者后，即组织各方面的力量营救。重庆文艺界地下党领导人阳翰笙要求时任国民党中央文化运动委员会主任张道藩帮忙，张又写信给新任新疆省政府主席的吴忠信，经多方营救，法庭才对赵丹一案给予审讯，判决

一九四五年春在新疆出獄後，阿丹
為我作畫。

>>1945 年春，在新疆出狱后，赵丹为朱今明画的肖像

无罪释放。他们四个人出狱后无家可归，就住在汉文化促进会里。

1945 年五一前夕，今明与赵丹等人离开迪化。临行前，他们又演了被捕前在迪化演过的话剧《战斗》，以此向新疆人民隆重告别。之后，他们辗转回到了阔别近六年的重庆。

山城戏剧界热烈欢迎他们，称他们是地狱归来的汉子。很快，他们就和全国人民一道迎来抗战胜利的欢庆时刻。不久，国共两党就中国未来的发展前途、建设大计开始进行会谈，代表中共参加谈判的毛泽东主席抵达重庆。几天后，组织上通知赵丹、徐韬、王为一、朱今明四位一同前往曾家岩 50 号中共办事处，说毛主席要接见他们。他们兴冲冲地赶到那里，曾家岩的客厅里已经围满了重庆进步文化戏剧界人士。不一会儿，毛主席在周恩来副主席等陪同下走进客厅，毛主席穿着灰色的中山装，和蔼可亲地和大家一一握手问好。当毛主席走到赵丹跟前时，周副主席介绍说："他就是赵丹同志。"又指着徐韬、王为一、朱今明几位说："他们四位都是刚刚从新疆回来的。"毛主席一一握着他们的手说："你们辛苦了。"

一股暖流在今明的心坎上流淌，热泪在他眼睛中闪动。毛主席宽厚的大手给了他巨大的力量。后来，周副主席还让徐冰安排他们四位到曾家岩吃饭。那天，中共南方局八路军驻渝办事处的负责人董必武同志亲切接见了他们。阳翰笙、于伶同志都去了。席间，于伶说这些年你们吃了不少苦，需要休息一段，恢复一下，然后再演个戏露露面，让大家都知道你们回到重庆，回到舞台来了。四人听后激动不已，阳翰笙告知他们，随后要上演茅盾先生的新作《清明前后》。

《清明前后》创作于 1945 年中秋节前后，是以 1945 年清明节重庆发生的黄金案为背景，描写了爱国民族工业家林永清为支援抗战，克服重重的困难将工厂迁到大后方。然而不仅得不到国民党政府的支持，反倒在官僚资本的压迫下面临破产窘境，在寻找出路的过程中陷入金澹庵等设计的黄金圈套中去。残酷的现实使林永清认识到"政治不民主，工业就没有出路"，走上了民主斗争的道路。

这是小说家茅盾一生中撰写的唯一剧本。茅盾在剧本的后记中说：写此剧"主要是受了朋友们的鼓励"。这"朋友们"指的是当时重庆戏剧界的朋友，以及也在写同样题材小说的作家。当时中国艺术剧社需要剧本，于伶、宋之的等同志商量，请茅盾把这一轰动山城的案件写成剧本，供剧团上演，亦解决剧团的经济困难。可以说，茅盾写剧的原因之一是应"中国艺术剧社朋友"之请。原因之二就是赵丹、徐韬、王为一、朱今明四位刚从新疆盛世才魔爪中逃命出来，冤狱五年，对一个以演剧为生的艺术大师是何等漫长的岁月，他们急于要上台演出，要好的合适的剧本。《清明前后》也是为赵丹等人再次献身剧坛量身定制的。他说："想起他们所遭遇的冤狱，又是悲愤交加……我这不成才的习作，便算是欢迎他们四位的'秀才人情'，并以纪念我们同在乌鲁木齐那段时间吧。"

在这部戏里，赵丹担任导演兼主演，今明舞台监督兼舞美和照明设计，王为一饰李维勤、秦怡饰唐文君、孙坚白（石羽）饰陈克明、顾而已饰林永清、夏天饰余为民、王苹饰赵自芳、赵丹同时扮演金澹庵，堪称名角如云了。1945年9月26日，该剧以中国艺术剧社名义在重庆青年馆演出。整个演出始终笼罩在紧张激烈的气氛中，特务和三青团分子在剧场里起哄喝倒彩，但被观众热烈持久的掌声压了下去，演出极为成功。据1945年11月10日的重庆《周报》称，创造了年度票房最高点，山城又轰动了。当然，也因为它批判现实的尖锐性，1946年即遭到国民党禁演（见1946年5月9日《消息报》）。

演出的胜利喜悦过去后，埋藏在内心深处的隐痛重又浮起。他们的妻子都已改嫁，听说陈瑛在成都，今明委托到成都公出的应云卫捎给陈瑛一封信，他要求见见女儿。但是，连这一点点愿望也未

能实现。陈瑛已经把女儿送人了，她没有把女儿养父母的地址告诉今明，只说下落不明，今明没有埋怨陈瑛，他能体谅她当时的处境，但他渴望看到女儿，这个愿望一直埋藏到他离开人世。

重返影坛，一江春水流不尽

根据时局发展的需要，进步文艺工作者开始有组织地分批赴沪，在上海筹备建立自己的电影阵地。不久，今明也回到阔别多年的上海。

党领导的电影阵地"昆仑影业公司"拍摄的第一部影片是《八千里路云和月》，这部片子的摄影原计划由今明担任，据说史东山导演觉得今明离开电影圈那么久不大放心，才改为韩仲良摄影。今明得知原委后，没有任何怨言。虽说他从小酷爱电影，战前也在明星公司苦干过，但他毕竟离开摄影工作十年有余，需要有个重新学习和熟悉的过程。正巧陈鲤庭导演正筹拍电影《遥远的爱》，他把今明引荐给吴蔚云。吴不仅是该片的摄影，且早在20世纪30年代就是上海有名的摄影师。陈鲤庭嘱托吴蔚云同志一定把今明带出来。蔚云同志十分重视陈导演的嘱托，他有计划地对今明进行帮助，第一步让今明掌握摄影机，第二步让他实践布光。他们俩共同研究、探讨，结下了深厚的创作友谊。蔚云同志不仅在创作上对今明给予了无私的帮助，对今明的个人生活也倍加关怀，曾热心地给他介绍对象。后因女方嫌今明贫寒，吴蔚云的大媒也就画了句号。后来，今明和演剧九队队员赵元相识相恋，于1947年11月在苏州结为伉俪。

拍完《遥远的爱》后，今明在蔚云同志的鼓励下，大胆地承担了著名导演蔡楚生、郑君里编导的《一江春水向东流》影片的摄影重任。影片通过一个家庭的悲欢离合，概括地反映了从"九一八"

事变到抗战胜利这段时间的真实历史。在蔡先生的精心指导下，今明不断地对影片的主题、人物、情节等反复思考揣摩、锤炼、推敲。通过镜头透视的光影来塑造人物，营造环境气氛，处理画面构图，镜头角度的运用，以及掌握戏剧节奏等方面进行了摄影艺术的创作与探索。在拍摄女主人公素芬月夜思夫那场戏时，今明采用动与静相结合的运动镜头和忽明忽暗的云月光影，来揭示人物的向往与惆怅。为了在摄影棚营造出云和月的效果，今明特制了两个架子，上面绷上一块大纱布，再用棉花厚薄不均匀地铺在纱布上，在镜头运动中，随着人物的心理变化，快慢不等地将纱布架在灯前移动，获得了烘托人物心理的环境气氛。

今明强调摄影一定要缜密构思，对每个场景他都要提炼出较为准确的摄影语言。如素芬在晒台上与暴风雨抗争的那场戏，他以惊涛骇浪中的一片孤帆命题，以此来体现时代大潮中一个弱女子的痛苦挣扎。拍"云山梦境"素芬思念丈夫那场戏时，君里导演和今明，以及美工师韩尚义都遇上了难题，反复拍了几次都不能达到蔡先生的要求。最后请蔡先生抱病亲临现场（蔡因身体不好，不经常到现场）指导，蔡先生修改了布景，调整了灯光，在高低不平的地板上泼上一摊水，再点缀些花草，放了点烟雾，一个荒凉潮湿、雾气弥漫的云山梦境出现了。蔡先生常说，宁愿在银幕外招人骂一百次，也不能在屏幕上让人骂一次，可谓精益求精。蔡先生的话给今明留下深刻的印象，成为他创作的信条。

当年昆仑公司的技术设备很差，今明用于拍片的摄影机只有一个镜头，被戏称为"独眼龙"，用这台"独眼龙"要拍出高水平的画面来可以想象他要克服多少困难，付出多少辛劳。拍摄王丽珍幻想情夫张忠良那场戏时，蔡先生设计了一个特技镜头，要张忠良跌进王丽珍的皮夹里，今明和韩尚义费了很多心思，把桌椅、皮夹放大多倍，镜头近处王丽珍打开皮夹，远处的张忠良跪在另一面放大的皮夹边框上，用逐格和多次曝光的摄影手法使张仲良"跌进皮夹"，效果极佳，简直真实极了。而这些细节也是用那台"独眼龙"来完成的。

《一江春水向东流》于 1946 年冬筹备至 1947 年秋末完成，受到了广大观众空前热烈的欢迎和进步舆论的重视，各报纷纷发表文章，一致赞扬这部影片，称它"标志了国产电影前进的道路，使我们为国产电影感到骄傲"。该片在上海大光明电影院连映三个多月，继《渔光曲》后创造了最高票房纪录。

人们在赞美编剧、导演、演员的同时，也给摄影很高的评价，今明得到了社会的关注。人们称他为"中国影坛突起的摄影健将"。

在赞誉声中，他为进步电影事业又一次成功地占领阵地而高兴，深知这是一代艺术家用优异的作品战胜与击毁了那些乌七八糟甚至反动的坏片子取得的重大胜利，他为中国电影增添了光辉。半个多世纪过去了，《一江春水向东流》仍然受到中外人士的爱戴，国际社会公认为是 20 世纪隽永弥新的电影，亦有评论文章称之为中国电影艺术的里程碑。

>>《一江春水向东流》和摄影师朱今明，这是他第一次独立掌镜

《一江春水向东流》向文学艺术界提出一个严肃的答案，凡是具有现实主义深度而又重视技巧的作品，定有无穷的艺术生命力，反之将是昙花一现。

今明并未据此沾沾自喜，无论过去还是后来，他从未就这个话题夸夸其谈，他只是勤奋好学，默默钻研，克服困难，攀登一个个高峰。继《一江春水向东流》后，他又与沈浮导演合作拍摄了《万家灯火》《希望在人间》，与赵明、严恭导演合作拍摄了《三毛流浪记》，在这些影片里，他都有新的突破。他不是单纯地操作摄影机，做一个机器匠人，而是用他的激情，用他的智慧在创作。在创作中，他虽然不是导演，但他和导演一样精通剧本，他不是演员，但他和演员一样动情地投入人物创作。他遵循形式为内容服务、技术为艺术服务的原则，运用一切技术手段烘托主题，刻画人物，使影片的思想内涵、人物的内心世界形象地体现出来。

在拍摄《万家灯火》时，为了表现男主人公小职员在现实社会中的潦倒与失落，今明特意在主人公的脑袋后面设计了一个美元形状的霓虹灯，不停闪烁的霓虹灯强化了主人公起伏不平的思绪，深

>>《万家灯火》中设计的美元形状的霓虹灯

刻地揭示出金钱社会的残酷无情。这组画面令人寻味,给人留下了深刻的印象。在拍摄主人公借款途中碰巧在公共汽车上拾钱包那场戏时,今明用了一个大远景的纵深画面,表现主人公被误认为偷窃而痛遭殴打后跌跌撞撞回家的场景,主人公在画面中只占四分之一的位置,胡同显得又长又窄,再用一个24英寸的灯打进胡同,营造出阴森孤寂的气氛。在表现主人公头晕眼花天旋地转时,今明有时手持机器跟着人物颠簸,有时把机器放在一排小玻璃管上移动,有时把机器放在自己设计的半球形的底座板子上,甚至还把摄影机从高处扔下来,造成高速拍摄的效果,使画面产生摇晃感,形象地将主人公的心理和生理的状态表现出来。

在拍摄《三毛流浪记》时,很多场景是隐蔽拍摄的上海街头实景。如三毛对着橱窗内的食物垂涎欲滴,边走边幻想着各种食物,还有三毛推人力车和在车站偷东西等,今明大胆运用偷拍的手段,获得良好的效果。

这一时期,每拍一部片子,人们总有新的发现,那正是他的创造所在。他总是说,艺术的创作要创新不要走老路。

迎接解放,以一当十立新功

夜已深,静悄悄,隐约可听到微弱的电波干扰声。哦,那是今明在经过一天繁忙的拍摄后,把自己封闭在小屋里,那是他租住的一个破落地主家废弃的厨房。他扭开无线电收音机,耳朵紧紧地贴在收音机的喇叭口上,聚精会神地收听着解放区的战报。每当听到解放大军节节胜利的捷报时,他总是抑制不住内心的狂喜,恨不得跳起来,奔出门去欢呼:胜利了,我们就要解放了!可是理智警告他不能莽撞要谨慎,在这黎明前的黑暗时刻,国民党反动派正在垂死挣扎,特务四处疟行,工人、学生、知识分子处处受迫害,许多进步人士上了黑名单，昆仑公司的导演、地下党员张客就被特务盯梢关进了警察局，后经公司制片负责人孟君谋四处斡旋才保释出来。要冷静，要耐心等待。

1949 年春末，解放大军百万雄师下江南，直捣蒋家王朝的心脏——南京，上海也即将解放。这时，中共上海文委派吕复同志前来与今明联系，组织上交给今明一个重任，要他运用手里的摄影机做武器，把敌人溃退时的丑行记录下来，并嘱咐他不要向无关的人透露。今明深感组织上对他的信任，这令他无比激动，他冷静地思考，周密地默默准备。他严守纪律，连妻子也不知道他的秘密，而他的妻子还是吕复的老下级。

当时的最大困难是如何把摄影机隐蔽起来，还要携带方便，运用自如，稍有不慎就会闯大祸，不但个人性命危险，更重要的是完不成组织交给的任务。他日夜琢磨后，终于想出了一个简易的办法，他做了一个木头匣子，把摄影机放在匣内，在机器开关处挖个洞便于操作，一切就绪后他冒着生命危险走上街头，拍下了国民党仓皇溃离上海时狼狈不堪的真实景象和人民准备迎接解放的各种活动场面，这些珍贵的历史镜头在新中国成立后编入大型纪录片《百万雄师下江南》，今明荣获文化部颁发的优秀影片一等奖。这样

>>《百万雄师下江南》获文化部优秀影片一等奖的证书和奖章

的重奖使他感到意外，因为他觉得自己做得太少了，他认为这是组织上对他的鼓励，他从内心深处发出誓言，要听党的话，全心全意为人民电影做贡献。

上海解放后，今明在上海军管会文艺处领导下，参加电影接管工作，为保护器材设备想了许多好办法。

1949 年 7 月，今明赴京参加了第一届全国文学艺术工作者代表大会，聆听了周恩来同志的报告，明确了在思想上要树立文艺为工农兵服务的方向。在那里，他与分别十余年来自解放区的昔日好友重逢，汪洋、钱筱璋，当年的小搭档如今已是文艺战线上的领导人，他们分别在旧社会，相见在新时代，他们共同欢呼祝福，准备着携手奔向光明美好的未来。

会后，来自国统区的代表们到东北鞍钢等地参观，今明亲眼看到解放区工业生产蓬勃发展，工人阶级当家做主的豪迈气概，他心潮澎湃，热血沸腾，强烈的创作欲望冲击着他，他盼望尽快将镜头从黑暗的角落转向新生且光明的无产阶级人潮中去。可是，回到上海后，组织上安排他参加筹建上海电影制片厂，并让他担任制作委员会主任、技术处处长兼总摄影师，这可把他难住了。这么大的摊子，各个方面来的技术人员，彼此不熟悉不了解，他没有做过领导工作，只会拍电影，如何着手？他向于伶厂长反映了自己的畏难情绪，于伶厂长理解他的心情，但没有同意他的要求。于伶意味深长地向今明提了个问题"一部戏重要，还是十部戏重要"？

简单的提问把平时善于动脑筋的今明搞蒙了，他不解地看着对方，于伶见他那副窘态，不禁笑了起来："你当摄影师只能为一部戏服务……"经于伶一番开导，他领悟到这是鼓励他学会组织领导工作，为新中国的上海电影制片厂第一年的生产任务做更大的贡献。

于伶同志一席话使今明茅塞顿开，他明白了个人的愿望应服从组织需要，局部服从大局的道理，为了人民电影事业他迎着困难上

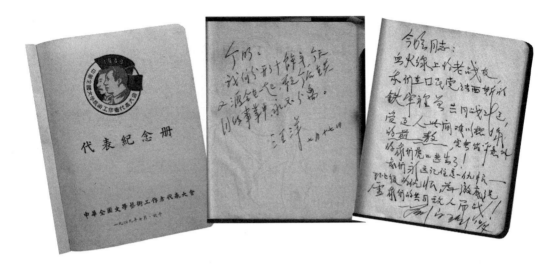

>> 出席第一届全国"文代会"代表纪念册扉页

>> 汪洋题词

今明：

　　我们分开了十余年，今天又汇合在一起，愿今后在共同的事业中，永不分离。

　　　　　　　　　汪洋
　　　　　　　　　七月十七日

>> 刘白羽（同为新疆狱中难友）题词

今明同志：

　　血火线上的老战友，我们在国民党法西斯的铁牢里曾共同战斗过，受过人世间难以想象的煎熬，完全出乎意外的我们虎口逃生了！

　　我们永远记住这一仇恨——阶级的仇恨，为彻底洗雪我们的共同敌人而战！

　　　　　　　　　刘白羽
　　　　　　　　　16/7

>> 蓝马题词

　　有很多人嘴里说着"前进""前进"，可心里不是那么回事，而你并不这样，从来没有听见你说什么，只是看见你埋头在工作，而且朝着正确的方向摸索、学习，你很好！

　　　　　　　　　蓝马
　　　　　　　　　一九四九·七·一九 北平

>> 黄佐临题词
　　预备！
　　Camera!
　　为人民服务！
　　　　佐临

>> 蔡楚生题词
　　你，将是新时代摄影工作者的旗手，今天要向你欢呼，明天更要向你欢呼！
　　　　今明兄存念
　　　　　　蔡楚生
　　　　北平文代大会席上

>> 曹禺题词
　　以你的诚恳与天才，和人民一道创造新中国的大众电影艺术。
　　　　　　曹禺

>> 辛汉文题词
　　你，优秀的摄影师：
　　过去你是优秀的，今后定能超过你以往的成绩。
　　愿你的眼睛，
　　是工农兵的眼睛，
　　你的眼睛透过胶片所选择的形象，
　　是工农爱好的事物；
　　愿你的头脑，
　　变成毛泽东思想的艺术头脑，
　　去指导你的眼睛，
　　引导观众前进，
　　打倒反动的敌人，
　　为建设新民主主义的新中国斗争！
　　今明兄
　　留念！
　　　　　　　　辛汉文
　　　　　　一九四九·七·卅

了岗，抱着在干中学、学中干的态度，去探索制片生产领域里的新课题。1950 年，他光荣地加入了中国共产党，并当选为上海市人大代表。不久，组织上就交给今明拍摄《上饶集中营》的任务，导演沙蒙、张客同志也是今明 20 世纪 30 年代在上海业余剧团时的老朋友，合作很融洽，他虽然没有蹲过集中营，但对牢狱的经历是深有体会的。他带着对盛世才反动派的仇恨投入了筹备和拍摄。根据影片内容的需要，今明采取了明暗对比的强反差作为影片基调，以此揭示强烈的斗争情绪。这以后，他组织领导了中国第一部彩色片《梁山伯与祝英台》的胶片试验工作，经过集体研究和反复试验，在简陋的条件下完成了"爱克发"系列彩色片的拍摄与洗印试验。

1951 年，刚刚在长影拍完《钢铁战士》的成荫导演匆匆来到上影厂，着手筹拍《南征北战》，组织上派今明担任该片摄影，这是他第一次拍摄反映战争题材的影片，对解放军的生活，军中官兵关系和军民关系，以及战场和敌人搏斗等等都极为生疏。虽然从书本和一些资料中能得到一些军事知识，那还是属于理性的认识，缺

>> 上海市第二届各界人民代表大会代表证封面、内页

乏感性认识又如何能准确真实生动地把握毛主席军事思想和机动灵活的战略战术？如何通过人物，通过战斗生活和战斗气氛，将排山倒海的战争场面摄入镜头，反映到银幕上去呢？为此，他苦苦思索着。他的心思被富有战斗生活经验、当过人民解放军指导员的导演成荫同志察觉，为了缩短今明在创作上的距离，成荫同志带今明到鲁中南深入生活。他们背着背包，从山东益都步行上了沂蒙山区。那天晚上，他们露宿在断垣残壁旁，成荫导演躺在碎石堆上，向今明畅叙自己的战斗经历，如何通过封锁线，如何遇敌脱险……他绘声绘色地讲了许多敌后的战斗故事。今明听着听着思想就活跃起来了，剧本中的场景、人物不断地在他眼前闪现。后来，他又随剧组到连队当兵，和战士们共同生活，共同操练，交朋友、谈心，从生活中找到创作的依据，领会到生活是创作的源泉，艺术要源于生活、高于生活的创作准则。有了生活的基础，他和成荫导演合作默契，大家对拍摄方案展开充分的讨论，以求用最富有表现力的技术手段去达到理想的银幕效果。在拍摄人民解放军向敌军发动反攻，打得敌军溃败如山倒的高潮戏时，成荫导演希望在一个镜头中既看到我军英勇作战的磅礴气势，又能看到敌人丢盔卸甲的狼狈之状，今明和成荫导演切磋许久，今明认为要达到这样的银幕效果，按照以往惯用的方法，把摄影机架在移动车上推拉摇移是远远不够用了，需要一台升降机。可是，解放初期技术条件简陋，为摄影机服务的升降机尚未出现。今明再次土法上马，从设计选料到制作，全部自己动手，制造了一台木制升降机。没有机械设备做车轮，就用一个大树墩来代替基座。我国电影的第一代升降机就这样诞生了，它虽然粗糙笨重，可解决了大问题。今明就在这台升降机上拍下了我军英勇的步兵、炮兵和骑兵队伍，在硝烟弥漫的广阔而又起伏不平的荒原上，势不可当地向敌人追击、猛攻的汹涌澎湃的战斗场面和浩大的军民欢腾的热烈场面。整个摄影机随着激烈的战斗运行，既宏伟又细腻，最后镜头降落在被人群包围着的敌军坦克车前，然后镜头推进，坦克的顶盖掀起，伸出一面摇摆着的白旗，敌军司令张军长灰溜溜地钻出乌龟壳举手待擒，这一系列复杂的内容在一个镜头里一气呵成拍摄下来，在 20 世纪 50 年代初期确实不容易，这是今明土法上马的又一个天才发明。

赴苏学习，理论钻研戏求精

1954 年，中央电影局组建中国电影实习团赴苏联学习，对苏联电影进行学习和考察，实习团的成员是从全国三大电影厂抽调出来的艺术技术骨干分子，北京电影制片厂的汪洋厂长任团长，成荫导演任副团长，团员中有何文今、张尔瓒、朱德熊、钱江、朱今明、

>>"中国电影实习团"在莫斯科电影制片厂的合影

刘鸿文、王雄等。

到苏联，去莫斯科，这是当年的革命志士和进步青年向往的圣地，今明曾为这一向往历经苦难，如今，组织上派他到苏联学习，他是多么珍惜这宝贵的机会呀。短短的一年半里，他那大大小小的笔记本上，写满了密密麻麻的秀气字迹，画着各种曲线的图形、数据和表格，摞在一起竟有几尺高。刚到莫斯科电影制片厂时，苏方也许是以老大自居，也许是真的不了解实情，竟然把实习团的同志当作初学者对待，把他们领到教研室，领到模型间，教他们认识什么是主光，什么是辅助光，以及侧光、装饰光等等，我们的同志有些不耐烦，尤其是年龄最小的王雄同志，忍不住发上个小牢骚："这些 ABC 的东西我们早知道，听这些有什么意思？"说着他看着大家，令他费解的是，今明不但严肃地听，还认真地记。他想，今明是有了一定成就的摄影师，干吗记这些？今明放下架子，虚心当学生的态度和精神，使王雄很受感动。

苏方为实习团在莫斯科电影大学专门安排了一个月的课程，讲课的都是苏联著名的电影大师和电影科学方面的专家。他们听了著名的电影导演罗姆、罗莎里、普图什科关于电影创作问题以及彩色片的处理报告。在电影科学性发展方面，有工学博士 E.M. 格尔托夫斯基教授给他们讲授了宽银幕立体声的制作原理。电影理论家斯米尔诺娃给他们讲了《苏联电影史》。洗印专家约菲斯讲授了彩色片的原理和彩色片的洗印技术。还有许多专家讲授了彩色片摄影、照明、美术、特技、制片厂行政管理等方面的课程，在电影大学一个月的学习为他们打下了一定的理论基础。

今明的学习目标，主要是掌握宽银幕影片的制作原理。为此，莫斯科电影厂安排他参加《伊里西莫洛夫茨》摄制组，这是一部神话题材的影片，需要用许多特技摄影来完成那些复杂奇特的神话镜头，这部影片也是苏联实验宽银幕立体声电影的开端，这对今明学

>> 与美工师池宁（左）在一起学习

>> 在《伊里西莫洛夫茨》影片外景地拍摄

习提供了很有利的条件，他参加了摄制组的各方面工作，试片、测光等样样都干，而且完整地记录下每场戏的场面调度、画面构图、演员位置以及灯位、机位、光比等等。当他随摄制组去奥德萨拍外景时，临行前一再叮嘱学习洗印的王雄同志，请王雄在洗他们的底片时，为他剪下每个镜头的画格（不印样片的），以便回国后和同行们研究掌握。在他的笔记本中，我们还看到了他对莫斯科电影厂的摄影棚的记载，摄影棚的设计，变电站与摄影棚的距离，灯板与顶棚的空间关系等，其用心学习之良苦可见一斑。

从苏联学习归来，电影局决定重建北京电影制片厂（原北影是接管国民党中电三厂的旧址），实习团全体成员留北京参加建厂工作，今明即从上影正式调入北影，任技术委员会主任兼总摄影师。

出国学习后，他的视野有所开阔，他感受到世界电影在向新的领域开掘。苏联影片《生活的一刻》《没有说完的故事》，意大利新现实主义的影片《罗马十一点钟》《偷自行车的人》，都是反映现实社会中普通人的生活、爱情、事业，艺术家们在影片中着力刻画人物的命运和情感的波动，那里没有干巴巴的说教或解释主题的对白，却蕴藏着深刻的思想和哲理，强烈地感染着观众，今明迫切希望能将新的感受和体悟，融化进自己的摄影创作中，使我国的影片从公式化、概念化的框框中挣脱出来。

恰巧，张弦同志的处女作《甲方代表》发表了，小说描写 20世纪 50 年代上海的几个女大学生，到边远地区支援工业建设，在社会主义建设中发挥的作用，表现了知识分子在改造客观世界的同时，也改造了自己的主观世界，题材新颖，笔触清新，洋溢着散文气息，成荫导演一看就喜欢上了，并且很快地帮助张弦把小说改编成电影剧本，取名《上海姑娘》。今明再度与成荫导演合作，他们以明快的节奏、散文诗的叙事风格使影片具有时代特色、生活气息和生活情趣，观众爱看，影片耐看。然而，影片出品的时间却不合时宜，正遇上反右斗争的浪潮，不久便被打入另册，被扣上"丑化党和工人阶级、美化知识分子"的帽子，成荫和今明的创作热情受到挫伤。

不久，今明参加文化工作队奔赴江苏省兴化县，在和乡亲们一

>>1958年，参加文化工作队赴江苏省兴化县

道生活劳动的过程中，他又萌生了改进插秧机的设想。他设计的插秧机草图，家人至今还保存着。虽然因为新的拍摄任务，他们结束了在兴化的工作，但他们建设社会主义新农村的热情，得到了乡亲们的好评。

>> 江苏省兴化县乡社干部向工作队赠锦旗

迎"风"蹈"火"，黑白彩色凭游刃

1958年一个盛夏的中午，今明正在家伏案写作，二集体的行政领导胡其明匆匆来访，传达厂领导要今明拍摄金山执导《风暴》一片的决定。金山是今明在左翼剧联时的老朋友，是我国著名的艺术家，既是出色的演员，又是卓有成就的导演，和他合作没有问题，可今明此时却颇觉唐突，脸上流露出犹豫之情。因为缺乏思想准备，况且他早已和水华导演在酝酿新作，怎能贸然舍弃，再说自己是一集体的人，《风暴》是二集体的任务（当时北影分四个创作集体），跨组是否合适？胡其明又谈了厂里为国庆十周年献礼的总体安排，还特别强调请他拍《风暴》是金山点将。今明向来听组织的话，现在既然组织已经作出决定，他只有服从，匆忙转到二集体投入《风暴》的筹拍工作。

　　《风暴》是反映当年京汉铁路工人大罢工的舞台力作，曾是中国青年艺术剧院的保留节目，久经舞台的考验，深受广大观众的热爱。此番搬上银幕金山特意邀请今明合作，其主要的原因是他自己在影片中饰演大律师施洋，戏份很重，无法分身导演席上纵观全剧，于是委托今明把关，足见他对今明的高度信任。

　　考虑《风暴》是重大历史题材，人物、事件都有历史原型，容不得半点马虎。为此，今明阅读了大量的史料，反复研读剧本，和金山不断推敲，从电影的特性出发，对剧本进行了删繁求精，使剧情紧凑，重点突出，电影语言有了很大提升。

　　今明在《风暴》的摄影阐述中概括了"二七"罢工的历史背景和中国革命的历史特性，指明这部片子的摄影要以革命的现实主义与革命的浪漫主义相结合的创作方法，来表达这一雄伟的主题，既要反映出革命的现实，又要预示革命的未来，既要有极其简练概括，粗犷、浓厚的色彩反映疾风骤雨式的工人运动，又要善于运用画龙点睛的方法，突出主要细节和主要英雄人物斗争的精神，有粗有细，有取有舍，在场景处理上要有气魄，要有意境，有激情，强调画面内部调度和节奏感，扩大空间视觉，画面的快、慢速度要随着情节发展而变化，在处理施洋大律师江岸车站演讲那场戏时，话剧舞台上施洋的台词有 6 分钟长，改编成电影剧本时经过删减，仍留下 4 分 1 秒，这样长的台词在电影上是很难处理的，一般容易把镜头切得很碎，镜头在演讲者和听众之间来回转换，今明希望打破常规，用一个长镜头来完成，充分发挥电影镜头运动的特点，利用连续移动拍摄，使画面内部不断起变化，根据施洋演讲的内容和情感的起伏以及受害人的愤懑、群众的义愤，及至敌人卑劣丑恶的嘴脸，他设计了十个调度点，镜头由客观到主观，又由主观到客观，并运用了 180 度的摇镜头进行场面调度，画面生动丰满，四分多钟的演讲不但未觉枯燥，反而扣人心弦。在一个镜头中拍摄长达 360 多呎胶

片，在当年可谓罕见之壮举，同行为之惊叹，一时传为佳话。

今明和金山的合作是协调的，影片拍得很理想，行家们对《风暴》给予高度评价，对今明的摄影大加赞赏，认为这是他自《一江春水向东流》以来摄影创作的第二个高峰。《风暴》连同北影当年生产的《青春之歌》《红旗谱》《林家铺子》等优秀影片向国庆十周年献了一份厚礼，获得电影局的表扬，全厂职工为之振奋。1959年，成为北影光辉灿烂的黄金时代，汪洋厂长引以为自豪，一再激励全厂同志珍惜"北影"这块金字招牌。

1961年，今明承担了《烈火中永生》的摄影任务，实现他早已向往的与水华导演合作的夙愿。《烈火中永生》讴歌了以共产党人江姐、许云峰为代表的先烈在敌人的魔窟——中美合作所的白公馆

>>1959年，北京电影制片厂出席北京市文教卫生先进工作者"群英会"代表，聂晶（右三）、朱今明（右四）、左山（右五）、傅正义（左五）和陈燕嬉（左三）等合影

和渣滓洞中进行的顽强而又机智的斗争，他们为捍卫党的组织在全国解放的号角声中英勇就义。这是悲壮的历史诗篇，是震撼人心的爱国主义乐章，今明认为用黑白片拍摄，更能体现《烈火中永生》的深度和力度，他的想法得到水华导演和汪洋厂长的认同。在彩色片盛行的年代，他却要拍摄黑白片，希图通过对光的运用和把握，营造庄严肃穆的艺术氛围。

今明平时少言寡语不善辞令，可一旦投入创作，思路就特别敏捷，文思泉涌，一个又一个方案不断提出，颇得水华欣赏。他们合作得非常愉快，在共同的切磋中，涌现出许多好的艺术构思。如《烈火中永生》的片头，为揭露国民党在其最后盘踞的巢穴覆灭前夕的负隅顽抗垂死挣扎，今明将摄影机放在升降机上，又将升降机架在江中的几条驳船上，他身着救生衣，腰系保险带，随着升降机上升至江面六米高处悬空拍摄。为了确保安全，扮演江姐的于蓝，把组里年轻力壮的小伙子组织到驳船上面，在升降机四周保驾，江水滚滚，不断撞击着驳船，随着船身的颠簸，升降机的长臂也不停地摇摆，全组同志全神贯注地盯着今明和他的摄影机，只见他稳稳地移动着镜头，这个镜头概括了特定的时代、特定的环境氛围，真实地还原了历史。水华导演称赞今明的镜头有气势、气魄大，有纵观全局的本领。

《烈火中永生》有了水华导演的运筹帷幄，以及赵丹、于蓝的精湛表演，拍得精彩感人。然而，这样一部反映革命历史的巨片却被江青打入冷宫。江青看完片子后，第一句话就冷冷地说："哦，这部片子他们不愿意拍彩色的？"一句"他们"透露出别样的信号。果然，"文化大革命"中江青判了《烈火中永生》死刑，定为反党反社会主义的大毒草。直到"四人帮"垮台后，颠倒的历史重又颠倒过来。《烈火中永生》至今仍然受到广大观众的青睐，许多大学生对采用黑白片拍摄尤为赞赏，认为凝重、深刻、富有魅力，真实

地揭示了那个时代的斗争。

外冷内热，从善如流一团火

今明秉性宽厚，怡情随和，却有一个"热水瓶"的雅号。热水瓶外冷内热，外冷其实只是一种表象，因为一旦工作起来，他即刻进入忘我状态，无暇他顾，甚至"六亲不认"；而内热才是实质，他乐于奉献，热心助人，北影厂很多人直呼他"老头儿"，汪洋厂长赞他是"一团火"，点燃自己，也照亮别人。

1953 年，长影导演严恭在河北涉县拍摄《结婚》，由于种种原因，中途出现更换演员和摄影的尴尬局面。无奈中求助上影支援，严恭因在拍摄《三毛流浪记》时与今明合作过，为此恳请今明去相助，电报打到上影厂，没过两天，今明就只身携带摄影机出发，从上海到郑州又转车去邯郸到摄制组报到。

1959 年，北影拍摄《飞越天险》。这是一部反映人民空军在基础装备还比较差的条件下，冒着生命危险、克服困难开辟京藏航线的故事。作为摄影，他所承担的风险也并不小。他们乘坐 C76 运输机飞入海拔五千米以上气流波动极大的高空，那种老式运输机是需要戴氧气面罩的，小伙子们一个个呕吐、晕机，东倒西歪，昏昏沉沉，可今明却紧握摄影机，全神贯注地坚持拍完。

1960 年，水华导演的《革命家庭》在拍完后需要补戏，厂领导又派他去相助，他毫不迟疑，立即赶赴天津码头，很好地完成了交给他的任务。

1965 年春，今明随北影工作队赴河北邢台县参加"四清"工作，在县里集中学习期间，接到厂里急电，要今明回京参加《龙马精神》拍摄。消息引来一片哗然，有人冒出怪话，认为当初让"大师"下乡仅是"幌子"。今明原本打算好好地与贫下中农打成一片，既体验生活，也经受锻炼，可拍摄一线告急，他只得背上铺盖卷儿直奔河南《龙马精神》摄制组。

1976年在海南拍摄《西沙儿女》，他长时间地站在海水里，观察太阳的变化，分析海浪与阳光的关系，并要助手把每小时的变化记录在册。他的腿被海水泡烂了，下了摄影机腿都动不了，可他仍然不顾疲劳继续工作。

1979年，他又开始筹拍一部神话片，64岁高龄的高血压患者，却带着摄影组徒步黄山看外景，助手们都为他担忧，可他比谁的劲头都大，常常把年轻人甩在后头。遗憾的是这部片子最终没有开拍。

今明工作严肃认真，是全厂公认的，同志们佩服他的敬业精神，但也有些惧怕甚至嫌他过分较真。"文化大革命"前的北影生产制度相当严格，生产规章条例明确。例如，布景制作图通过时，导演、摄影、美工都要在图纸上签字，布景搭好后按图纸验收。今明常常在验收时发现存在与图纸不符的地方需要修改，有的地方甚至要求重新返工，更恼人的是他还会提出一些原来图纸上没有的东西，态度严肃一丝不苟。

北影原生产副厂长、著名美工师朱德熊同志说："他这个人拿起机器就翻脸不认人，我和他几十年的友谊，平时彼此很谈得来，可那次在摄影棚为了一块布景片的颜色问题，他板起面孔当众批评我，一点情面也不留，弄得我脸红耳赤很尴尬。"还有一位资历很深的女演员，在拍一个群众场面较大的镜头时，那位女演员的位置没有走对，今明竟在摄影机旁声嘶力竭叫喊："你怎么搞的？还是个老演员，连这也不懂。"那位老演员顿时蒙了，没想到这位老朋友如此不留情面，一气之下真想拔腿离场不干了。当然是位老演员，不会意气用事，不会因个人情绪影响拍摄进程。她抑制住自己的不快很快又投入拍摄，对她微妙的情绪变化今明浑然不知。镜头拍完，他离开摄影机又和那位女演员有说有笑，真让人

家啼笑皆非。

今明在拍《西沙儿女》时，也常常为拍摄方案与水华导演发生争执，但艺术上的争论无损他们彼此的友谊，他对水华仍然尊重备至。

多少年过去了，经过了无数次的思想大清理，他才悟到急躁发火是多么的不妥。他曾经给在外景地拍片的妻子写信，信中千叮咛万嘱咐要她注意工作方法，不要强加于人，要尊重别人，要接受教训，千万不要走自己的老路。

他从未想过拍片子还要讲价钱，要讨价还价，对那种付钱是体现个人价值的说法他不认同。1960 年，他拍摄凌子风导演的《春雷》。一天，制片主任何云给他送来了分镜头稿酬，他脸一下拉下来，不但没有感谢之意，还怒气冲冲地把何云推出门外，他认为参与分镜头乃摄影师题中应有之义，不该有分外的索取。他对摄制组外景补助也不太清楚。有一次，助理周竞祥给他领了补助费，买了鸡蛋放在片盒里送到他家，他不解地瞪着眼睛问，这是干什么？当小周讲清原委他才明白过来。

生活上他没什么奢求，饮食简单，管吃饭叫喂脑袋，总是速战速决第一个吃完。改革开放后，人民生活水平提高了，讲究高蛋白低脂肪的饮食结构，可他意中的最美佳肴还是红烧肉和母鸡炖蹄髈。他那两件质地较好的西服，还是出国时按照国家规定制作的，回国后就压入箱底，不到非穿不可时绝不动用。并非他小气舍不得，而是不习惯，说穿戴得一本正经干不了活。他还是最爱穿夹克，宽松自由无拘无束。当有些人对物价上涨抱怨时，他总是乐呵呵地说："没关系，咸菜萝卜干泡饭总是有的吃的。"

旧社会文人相轻，搞技术的各有一招，为了出人头地、高人一筹，从不轻易外传。今明不然，他对身边工作人员，不仅仅是让他这么做和那么做，还告诉他为什么这么做。当年他在昆仑公司的摄影助理,如今的著名摄影师沈西林、郭奕跃谈起这些依然推崇备至。郭奕跃说:"今明老师有空就给我们讲课。"沈西林说:"朱老师总是提醒我注意戏,注意气氛。"几十年来,今明始终一片赤诚对待同行和晚辈。当年的小青年,现已是北影厂的老照明师倪宗泽同志常常对伙伴们说:"老头儿特好,在外景拍戏晚上一有空,就拎着一瓶酒带包花生米来到我们屋,和我们一起边喝酒边侃戏、侃光,提高咱们的业务知识。"

他对年轻摄影师拍出有新意有特色的作品满心欢喜,即便不认识对方,也要请人代他向对方致意。他认为长江后浪推前浪,一代更比一代强,年轻人应该超过老一代。

他曾对一位很有才华的年轻摄影师弃影从商甚感惋惜,一再对年轻人的母亲说:"太可惜,太可惜了!"他深感这不是一个人的去留问题,这是事业的损失。

"文化大革命"蒙难,沉默是金不沉沦

1966年初夏,今明和水华在河南兰考深入生活,着手酝酿人民的好书记焦裕禄的电影文学剧本,此时"文化大革命"黑云压城,一道急令将他和水华逼迫返京,下了火车就被集中到社会主义学院。

北影已经进驻工作队,掀起"大鸣、大放、大字报、大辩论"的运动,开始揭批文艺"黑线尖子人物",今明他们难逃厄运。一个夏日的傍晚,天黑沉沉的,乌云密布,在工作队幕后操纵和蒙蔽下的群众,站立在厂大门两旁,准备批斗即将从学院押回的"黑帮分子"。

突然,一声闷雷从人们头上滚滚而过,在雷电交加中"黑帮分子"被押进大门,早已准备好的造反派一拥而上,给这批专政对象"披挂戴彩",封以名目繁多的头衔:"帝王将相""孝子贤孙""叛

徒特务""三十年代黑线干将"等等,"黑帮们"有的头戴高帽,有的肩插旗幡,有的挂上"黑明星"的彩带,还有把一串高跟鞋和破丝袜缠在女演员的胸前和脖子上,今明的头上被扣了个大铝盆,在一片"打倒"的喊声中,"黑帮们"低头弓腰穿过人群进了牛棚,极尽人格的侮辱。

随即召开的大会和小会上要今明交代揭发执行黑线的罪行。他不明白,怎么"左联"一夜之间成了黑线的根子,那些对革命有功的好同志变成了革命的敌人,不理解、太不理解了。他可以接受自己头上扣屎盆子,但不能往别人身上泼脏水,他沉默了。

两年后,正是中国共产党召开第九次全国代表大会的前几天,今明突然被从牛棚放了出来,和群众坐到一起学习了。这是怎么回事儿?大家正在纳闷儿,传来了朱今明是党培养起来的让他到群众中受教育的说法,这给今明带来无比的激励和温暖。回想自己几十年来一直跟着党艰难跋涉走了过来,没有党的领导就没有他自己。他和大伙儿从小关(北影原址)出发,一路扭着秧歌上了天安门,去庆祝九大的召开。

可是没过几天,北影大食堂开群众大会,传达中央文革领导人的讲话,今明的情况又来了个180度的大转弯。那是江青在询问北影摄影队伍的状况时,有人提起了朱今明,江青一听,立刻打断对方的话,恶狠狠地说:"朱今明不是拿机器的问题,他是坦白从宽、抗拒从严的问题。"这次传达朱今明也坐在群众席里,瞬息间他滚烫的心好似掉进了冰窖,凉透了心。在那颠倒黑白的年月,江青一句话就能置人于死地,今明他是不会有好日子过了。

大会散场后,今明成了北影的头号重犯,单独关押,双人看管,24小时日夜监视,轮回逼供。这一起一伏的大震荡使一向坚强的硬汉子承受不住了。

随着一些人"上纲"之能事,今明的"问题"越来越复杂,

"罪行"越来越严重，从"黑线干将"到骑在人民头上拉屎、撒尿的"恶霸"，上升到"大叛徒、大特务、反革命分子"，日日夜夜逼供，轮番的攻心战术，他的精神濒临崩溃。一个革命者最痛苦的莫过于同志的怀疑和组织的不信任，这样活着还有什么意思？他只有以死来对抗了。他给妻子写了个小条，趁有人送被子回家拆洗之际，把小条塞进一条三斤的棉絮内，条上写着："我将去天涯海角，望把小儿抚养成人。"他有三个儿女，大儿大女已上山下乡当知青，只有一个不到九岁刚上二年级的小儿子留在家里。妻子拆洗被子时发现了他的亲笔字条。她惊愕，她不知所措，这是诀别的信号呀！她想奔到丈夫身旁劝慰他不要走绝路。可转念一想，不行啊，他是严加监视的要犯，何以进入？若是将条子交给军宣队更不行，这不是提供证据坑害亲人吗？那个年月，自杀者

>>1975 年，60 周岁时，在山东威海市石岛拍外景

不都冠以"畏罪"二字吗？

这时，厂里又发生了一起自杀事件，一位有作为的技术专家，活活地被江青之流迫害致死。这一事件，震动了今明，使他一度混乱的思想清醒下来，他认识到不能走绝路，那是弱者的表现，他要活下去，他坚信总有一天，组织上会弄清自己的问题，要挺住。

他挺过来了，终于挺过来了。1973年，他的问题得到了彻底的澄清，他获得参加整党的权利，回到了组织的怀抱。

1974年春末，今明从干校回到厂里，分配在董克娜导演的《烽火少年》剧组任摄影，阔别摄影机整整八年，重新拿起来自有说不尽的喜悦。可那时"四人帮"还在横行，文化部还被他们的爪牙盘踞着，极左思想还控制着摄制组，导演和摄影都戴着紧箍咒进行工作，尤其对今明更是严加注视，动不动就挨批，说他老毛病又犯了，资产阶级文艺思想又来了，这干预那限制，真是干也不是不干也不是，在这样的高压气氛下怎能正常地进行艺术创作？

1976年，今明拍完电影《牛角石》后，又与水华导演拍摄根据浩然小说《西沙儿女》改编的电影，影片以当年的西沙海战为背景，题材新颖，拍得也非常漂亮，李秀明、朱时茂、张连文等的表演十分投入。南海风光和气势如虹的海战场面，以及感人肺腑的英雄故事，都使这部片子很有看点。可惜，即将封镜时剧组被勒令解散。据说因属于"四人帮"在位时审查通过的影片，几个月的辛苦付出和创造，竟像航船在海洋中触礁搁浅了，让水华和今明遗憾终生。

>> 北京电影制片厂摄影车间全体人员合影

老骥伏枥，生命不息行不止

水华导演称今明是一位非凡的摄影师，是摄制组的核心人物。

　　的确，他始终认为摄影师和美工师都应该具有导演的思维。随着年龄的增长，今明逐渐向导演转行，他渴望向新的领域拓展。早年间，他想拍诗剧、歌剧、舞剧、神话剧等等。20世纪60年代初，他曾想把苏联舞蹈家古雪夫为北京舞蹈学院排练的舞剧《海侠》拍成电影，他和舞蹈家李承祥一起探讨了很久，终因条件不成熟作罢。后来，他又准备把我国民间神话传说《白蛇传》改编为舞台艺术片《白娘子》，准备拍成一部具有浪漫色彩和民族特色的电影，他和北影编剧赵慧琛（电影《十字街头》中饰演妓女）共同探讨，日日磋商，写出了电影文学剧本《白娘子》初稿，并进入编舞阶段，可又由于种种原因和条件限制而停拍。

　　不久，今明又被东方歌舞团的演出吸引住了。东方歌舞团是敬爱的周恩来总理倡导组建起来的，它肩负着两项重任：一是把我国具有悠久历史传统的民族民间歌舞艺术和表现时代风尚的新作介绍给国内外观众；一是把亚非拉美各国民族歌舞艺术介绍给国内观众，以加强和传播中国人民和世界各国人民的友谊。汪洋厂长和今明看了演出后感觉将其拍摄成电影，有利于优美艺术的传播，这个重任落在了今明身上。为了拍摄得完美无憾，今明长时间蹲在歌舞团的排演场，虚心向年轻的舞蹈家学习节目的特点、要点及其源头，他用各种符号、标记、小插画记下演员的舞姿、舞步和舞台的调度，他熟读乐谱、分清舞蹈和音乐的段落等等，然后对每个节目进行压缩调整，并把自己的处理方案和拍摄意图与舞蹈家沟通达到彼此的共识。在工作中，他和表演艺术家们建立了深厚的友谊，维吾尔族的阿依吐拉、朝鲜族的崔美善、蒙古族的莫德格玛、傣族的刀美兰和多次在国际上获奖的张均，都成了他的好朋友。

　　《东方歌舞》拍得精致考究，厂领导和艺术家们，东方歌舞团的领导和演员们都很满意，但万万没有料到，片子送审时竟未被通过，有关部门的负责人称是担心中国演员的舞蹈学不到家会引发有关国家的意见，反而自找麻烦，结果把亚非拉的舞蹈锁进了冷库。为了挽回经济损失，厂领导又和今明等研究了一个折中办法，把亚非拉美各国的舞蹈全部删去，增加中国各民族的舞蹈，影片《彩蝶纷飞》就在这般困境中出炉了。

二十多年过去了，东方歌舞团已经成为文化交流的使者，在国际交往中架起了友谊的桥梁。在该团二十周年大庆的日子里，他们没有忘记北影，没有忘记今明导演的《东方歌舞》，该团负责人找到汪洋厂长，提出让《东方歌舞》影片早日问世，今明得悉十分欣慰，立即向生产办公室提取影片，但片库里却再也找不到东方歌舞的踪影，底片下落不明，在那场文化的大浩劫中，不知沦落何方。汪洋和今明他们真是竹篮打水一场空。

1979 年，为缅怀郭沫若先生逝世一周年，今明将北京人民艺术剧院的优秀剧目《蔡文姬》搬上银幕。该剧是郭老为国庆十周年献礼而作的大型话剧，人艺自 1959 年开始排练演出已达三百多场，受到广大观众的欢迎。但"文化大革命"中被禁演了，经过 20 年的风霜，话剧《蔡文姬》又重返舞台，北影将它搬上银幕，一是恢复了《蔡文姬》的艺术青春，二是为了纪念郭老，三是向国庆三十周年献礼。

郭老曾说："蔡文姬写的是我，我就是蔡文姬。"郭老倾注了自己的全部心血，塑造了蔡文姬女诗人的丰满形象，把自己"相似的感情"赋予了这个人物。今明为了运用电影艺术还原这"相似的感情"，不惜工夫彻夜阅读郭老原著，悉心体察女诗人蔡文姬内心的矛盾和她的思想感情，赋予电影史诗般的艺术风采。《蔡文姬》是一部舞台艺术片，影片既保留了原有的舞台艺术风格，又发挥了电影造型艺术的特点，在布景、人物造型、服装设计、道具考证等方面做足了功课。在情节安排和人物关系的处理上也有所突破。如文姬归汉时的内心矛盾与左贤王诀别时的悲痛顿挫，还有文姬和一双

儿女别离的场景等等。为充分运用电影语言诠释主题，他努力说服了人艺的朋友，将戏剧化的范式向电影靠拢，使诗化的《蔡文姬》更富有光彩。

继《蔡文姬》后今明又导演了著名作家白桦的《孔雀公主》。剧本早在20世纪50年代中期就发表了，它取材于傣族民间流传的神话故事，剧本写得细腻优美，诗意浓郁，形象鲜明，情节生动感人，是一首坚贞爱情的画卷，是一曲惩恶扬善的颂歌，是一部抒情性很强的神话故事片。

拍摄神话片，是今明早年在苏联学习时就想探索的领域。神话片顾名思义要在神字上做文章，可是今明却强调《孔雀公主》不是一个单纯的神话故事，是假以神话来揭示生活的真谛。公主所在的不是仙境而是人间，她与王子的爱情，他们对美好生活的追求以及遭受的劫难，都折射了人世间真善美与假丑恶的斗争。为此，今明认为要将神话融于生活之中，使两者有机结合，宜虚则虚，宜实则实，实现内容与形式的统一，这是他在整个影片创作中所要追求的

>>1983年6月，与《孔雀公主》女主角李秀明出席哥伦比亚国际电影节

突破，他给自己立了新的目标，并凭借实力和团队合作实现了当初的设想。

观众看到了诗情画意般的电影《孔雀公主》，也享受了那个时代影坛独有的一种华美。诚然，因为当时的社会氛围更看重反映社会伦理的政治大片，对影片赋予的美的享受并未在意。但依然有不少有识之士对影片给予高度评价。有位叫林京的新加坡侨胞写来热情洋溢的信，称"该片在编辑、导演、表演、舞蹈、配音、音乐、美工、布景、服装、灯光等方面的精湛程度都是无可争议的，富有丰富的想象力和创新力……这部片子教育人们怎样做勤劳、正义、有利于人类的人，怎样同阴谋伪装进行不妥协的坚决斗争，怎样为维护人类和平而努力"。信中还说，"我们的热爱和平维护正义与中国人民是一样的，新加坡人民、泰国人民、缅甸人民以及世界各国爱好和平的人们，高度赞赏这部影片的摄制成功。"

与观众的热爱相呼应，该片在 1983 年获第二届马尼拉国际电影节特别奖和捷克斯洛伐克卡罗维发利国际电影节儿童故事片首奖"水晶蝴蝶杯奖"，同时获得了国内特技摄影的金鸡奖。

有意思的是因为这部影片注重反映傣族民间的真实生活，使电影剧情和现实社会情景交融，摄制组在云南瑞丽大登罕村搭的布景成为当地著名的旅游景点，村人们至今也舍不得拆掉，并以《孔雀公主》拍摄场地设计当地的社区活动。

今明讲过，一个人能力有大小，但创新精神不可无，他不愿走老路，不愿重复自己的过去，他一生都在为此不懈追求，在他漫长的艺术生涯中，伴随着几多辛酸，几多苦涩，但他从未想到有一天会离开自己热爱的艺术。

1985 年今明离休了。刚退下来几天，就有位老友来聘请他到某公司担任董事长，今明没有听明白，以为是自己理解迟钝。当老友再三表明后，他却像碰到一块儿烫手的山芋，连连摆手说："不行，不行，我干不了这些。"老友很坦然，说也不用干，只要你的大名就行了，老友满以为给他送来个美差，他可以不劳而获坐享其成。殊不知今明感到的是人格的侮辱，他不能把自己当商品，他不需要虚名，更不贪图钱财，他拒绝了。老友十分尴尬。

离休后，他有了含饴弄孙的闲暇。他的三个儿女大学毕业后，都有了自己奋斗的方向，他疼爱的孙辈就读在家门口的前进小学。但是即便待在家里，他也仍然像上班一样，整日牵挂着电影。物质生活可以简单，但不能没有精神生活，这就是今明。人虽然退休了，但他不能没有电影。他仍在为中国电影民族化的问题思考着，为电影界文化思想的混乱烦恼着。他有一种紧迫感，他意识到时代在发展，形势在变化，要跟上时代就要更新知识，要有新的追求，不能墨守成规，他关注世界电影的发展，也研究巴赞等大师的电影理论，并追踪世界各国的电影信息，从中了解各国电影的

>> 晚年，在家中看剧本

民族特色，尤其关注日本、意大利以及苏联的片子。他认为，中国电影要走自己的路，学习外国的东西，目的是发展中华民族的艺术，而不是跟在外国人的后面拾人牙慧。他仍在积蓄力量，渴望在有生之年再拍几部好片子。

那几年，他经常和一些电影圈里的老朋友探讨问题，他对于当代题材的电影也很感兴趣，总在琢磨着搞几部有现实意义的片子。然而，由于过往多次在监狱里遭受的磨难和蹉跎岁月的折腾，他的身体早已悄悄地发生了变化。常年的高血压和心率衰竭折磨着他。有段时间，他走起路来总往一边倾斜，这是脑出血的先兆，就是这样的身体状况，他仍然坚持去看谢铁骊导演的《红楼梦》工作样片。在回家的路上，他不自主地摔了一跤，家里人都劝他下午不要再去了，在家休息休息，可他匆匆吃完午饭，又赶到厂里的小放映室，继续看《红楼梦》的第二部，谢铁骊深受感动。

今明的身体每况愈下，1987 年到 1989 年间曾三次住院。在他小脑出血得到控制后，同志们去看望他，他仍然念念不忘电影事业的健康发展。许多人劝他抓紧时间写点儿东西，把自己的经验留给后人，但他总觉得自己做得太少，不值多提，他还希望多做一些实事。

1989 年春夏之交的风波，更令他心烦意乱，忧心如焚。6 月 10 日下午 1 时 40 分，今明突发大面积心梗，经抢救无效，心脏停止了跳动。他就这样突然地走了，带着未竟的艺术之梦，带着对国家、民族和家人的深深的眷恋……

（2015 年 4 月，卢小飞整理）

朱今明先生电影作品

　　纵观朱今明先生的电影生涯，可以说有"三个高峰"：

　　第一个高峰，是20世纪40年代，代表作是《一江春水向东流》《万家灯火》和《三毛流浪记》。

　　第二个高峰，是新中国成立以后到"文化大革命"之前，代表作是《南征北战》《风暴》和《烈火中永生》。

　　第三个高峰，是"文化大革命"以后，开始作导演，代表作是《蔡文姬》和《孔雀公主》。

朱今明先生电影作品一览

《遥远的爱》	1946 年，中国电影公司
《一江春水向东流》	1947 年，昆仑影业公司
《万家灯火》	1948 年，昆仑影业公司
《希望在人间》	1949 年，昆仑影业公司
《三毛流浪记》	1949 年，昆仑影业公司
《百万雄师下江南》	1949 年，中央新闻纪录电影制片厂
《上饶集中营》	1951 年，上海电影制片厂
《南征北战》	1952 年，上海电影制片厂
《结婚》	1953 年，长春电影制片厂
《盖叫天的舞台艺术》	1954 年，上海电影制片厂
《上海姑娘》	1958 年，北京电影制片厂
《飞越天险》	1959 年，北京电影制片厂
《百凤朝阳》	1959 年，北京电影制片厂
《风暴》	1959 年，北京电影制片厂
《苏联艺术大师——乌兰诺娃》	1959 年，中央新闻纪录电影制片厂
《红旗飘飘》	1960 年，北京电影制片厂
《春雷》	1961 年，北京电影制片厂
《彩蝶纷飞》	1964 年，北京电影制片厂
《烈火中永生》	1965 年，北京电影制片厂
《龙马精神》	1965 年，北京电影制片厂
《烽火少年》	1975 年，北京电影制片厂
《牛角石》	1976 年，北京电影制片厂
《西沙儿女》	1976 年，北京电影制片厂，未完成
《春天》	1977 年，北京电影制片厂
《蔡文姬》	1978 年，北京电影制片厂
《孔雀公主》	1982 年，北京电影制片厂

《遥远的爱》

导演：陈鲤庭

编剧：陈鲤庭

摄影：吴蔚云、朱今明

演员：赵丹、秦怡、吴茵、张雁、康健

《遥远的爱》剧照

《遥远的爱》剧照

《遥远的爱》摄制组工作照

《一江春水向东流》

编剧：蔡楚生、郑君里

导演：蔡楚生、郑君里

副导演（助理）：徐韬

摄影：朱今明

演员：白杨、陶金、上官云珠、舒绣文、吴茵、周伯勋、高正

《一江春水向东流》剧照

《一江春水向东流》剧照

《一江春水向东流》剧照

《一江春水向东流》"云山梦境"工作照，站立者右起蔡楚生、白杨、郑君里、徐韬，前蹲者为朱今明

《一江春水向东流》剧组合影

《万家灯火》剧照

《万家灯火》

编剧：阳翰笙、沈浮

导演：沈浮

摄影：朱今明

演员：蓝马、上官云珠、吴茵、沈扬、齐衡

《万家灯火》剧照

《希望在人间》演员蓝马剧照

《希望在人间》全家剧照

《希望在人间》

编剧：沈浮
导演：沈浮
摄影：朱今明、胡振华
演员：蓝马、上官云珠、卫江、赵元、吴茵、奇梦石、张乾、许蓝

《三毛流浪记》

编剧：阳翰笙
导演：赵明、严恭
摄影：朱今明、韩仲良
演员：王龙基、林榛、黄晨、关宏达
成绩：本作品获葡萄牙第十二届菲格腊·达·福日国际电影节评委奖

《三毛流浪记》剧照

四八年,(左起)张汉臣(美工师)、朱今明(摄影师)、冯亦代(作家)、岳劬烈(儿童表演指导)、张乐平(漫画家)、韦布(投资制
)、中电三厂厂办主任、赵明(导演)、关宏达(演员)、道具员、录音师、严恭(导演)与我合影于昆仑影业公司。

《三毛流浪记》开拍第一天,摄影师朱今明(左四)、作家冯亦代(左五)、漫画家张乐平(左七)、
三毛饰演者王龙基(中),导演赵明(右七)、严恭(右六)等合影

《三毛流浪记》剧照

《三毛流浪记》剧照

上海解放前夕乱象

上海解放前夕乱象

《百万雄师下江南》

摄影：特派长江前线摄影师吴本立等
　　　特派驻平新闻摄影师徐肖冰
　　　上海电影戏剧工作者协会摄影队朱今明等

《上饶集中营》剧照

《上饶集中营》

编剧：冯雪峰

导演：沙蒙、张客

摄影：朱今明

演员：汤化达、江俊、卢敏、林农、沈扬、周谅量、布加里、张葵

成绩：本作品获文化部 1949—1955 年优秀故事片二等奖

《上饶集中营》剧照

《上饶集中营》剧照

《上饶集中营》摄制组在外景地的合影，前蹲者左二为朱今明

《南征北战》剧照

《南征北战》

编剧：沈西蒙、沈默君、顾宝璋
导演：成荫、汤晓丹
摄影：朱今明、顾温厚
演员：陈戈、汤化达、冯喆、张瑞芳、铁牛、仲星火、项堃、白穆

《南征北战》剧照

《南征北战》拍摄现场

《南征北战》摄制组与参演部队合影，前站立者左一为导演成荫，前蹲者左一为摄影师朱今明

《上海姑娘》剧照

《上海姑娘》

编剧：张弦

导演：成荫

摄影：朱今明

主演：赵联、陶白莉、秦文、安然、黎铿

《上海姑娘》剧照

《上海姑娘》拍摄现场

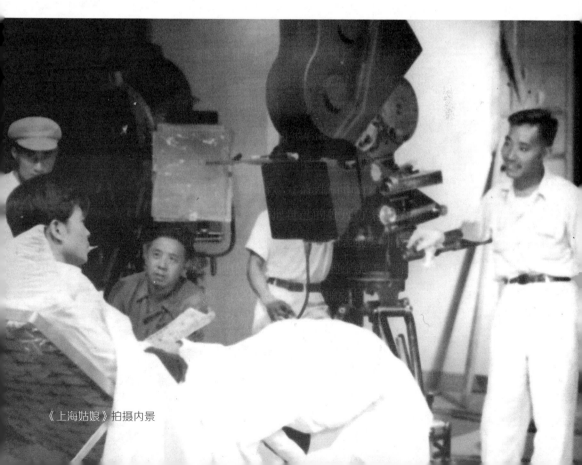

《上海姑娘》拍摄内景

《飞越天险》

编剧：陈戈

导演：李恩杰

摄影：朱今明

主演：张浩然、李紫平、周森冠、石美芬、于洋

《飞越天险》摄制组合影，后两排左六为朱今明、左十二为导演李恩杰

《飞越天险》剧照

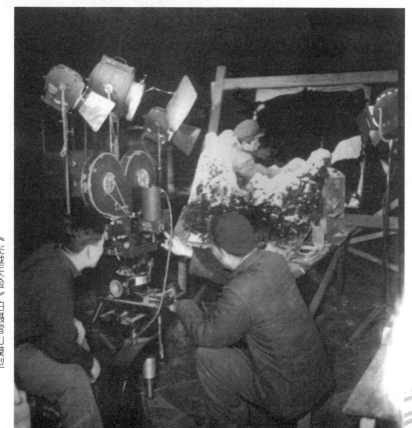

《飞越天险》拍摄雪山模型

《百凤朝阳》剧照

赵青的《长绸舞》

《百凤朝阳》

导演：陈怀恺

摄影：朱今明、聂晶

演出单位：中央歌舞团等

《百凤朝阳》拍摄现场照

《百凤朝阳》摄制组和舞蹈演员合影，站立一排左五为朱今明

《风暴》

编导：金山

摄影：朱今明

主要演员：李翔、金山、张平、吴雪、田华、石羽

《风暴》剧照

《风暴》剧照

《风暴》剧照

《风暴》剧照

《风暴》用升降机拍摄现场

《苏联艺术大师——乌兰诺娃》

摄影：朱今明

中央新闻纪录电影制片厂

《苏联艺术大师——乌兰诺娃》剧照

《春雷》剧照

《春雷》

编剧：海啸、侣朋、凌子风

导演：凌子风、侣朋

摄影：朱今明

演员：魏秉哲、华松如、罗民池、郭兰英、柳万雨、于莲芝、
　　　关云阶、谭亚涛等

《春雷》剧照

《彩蝶纷飞》，阿依吐拉，维吾尔族《新疆舞》

《彩蝶纷飞》，崔美善，朝鲜族《长鼓舞》

《彩蝶纷飞》

导演：朱今明

摄影：聂晶、高洪涛

联合演出：东方歌舞团、中央民族歌舞团、中央歌舞团等

主演：莫德格玛、左哈拉、李冠荣、邱玉贞、崔美善等

《彩蝶纷飞》，莫德格玛，蒙古族《顶碗舞》

《彩蝶纷飞》摄制组合影，右二朱今明、右一聂晶、左二高洪涛

《烈火中永生》剧照绣红旗

《烈火中永生》

编剧：周皓
导演：水华
摄影：朱今明
演员：赵丹、于蓝、张平、项堃、蔡松林、方舒、胡朋、
　　　蔡安安、庞学勤、赵如平等

《烈火中永生》剧照就义

《烈火中永生》剧照

《烈火中永生》拍摄现场

《烈火中永生》剧照

《烈火中永生》导演水华（右一）、摄影师朱今明在拍摄现场

《龙马精神》剧照

《龙马精神》

编剧：李准

导演：石一夫、常耕民

摄影：朱今明

演员：庞健民、路景琪、陈裕德、丁一、贾林菁、苏政、王宝善、
　　　郭怡、张云祥、李健等

《烽火少年》

编剧：颜一烟

导演：董克娜

摄影：朱今明

演员：邱英三、王京春、马精武、宋戈、马芳、牛士军

《烽火少年》剧照

《蔡文姬》
剧作：郭沫若
舞台导演：焦菊隐
导演：朱今明、陈方千
摄影：朱今明、杜煜庄
主演：朱琳、刁光覃、蓝天野、苏民、童超等

《蔡文姬》，朱今明导演给演员说戏

《蔡文姬》剧照

《孔雀公主》

编剧：白桦

导演：朱今明、苏菲、邢榕

摄影：朱今明、杜煜庄

演员：唐国强、李秀明、陈强、秦文、邵华、杨海莲、戴兆安、
　　　吴素琴等

《孔雀公主》剧照

《孔雀公主》联合执导的三位导演：朱今明（左）、苏菲（中）、邢榕（右）

《孔雀公主》剧照

SPECIAL AWARD

《孔雀公主》，1983 年获第二届
马尼拉国际电影节特别奖证书

朱今明先生文稿

　　摄影师的工作是一项复杂的创作，包含了科学与艺术。摄影师的一切创作，都必须通过科学工具来实现，如摄影器材、感光材料、光学知识、化学知识等等，这些都是重要的物质基础。摄影师的一切创作意图，只有通过科学技术，才能最后体现在银幕上，传达给观众。

　　必须正确地对待技术和艺术的关系，反对摄影师走向两个极端，对艺术创作采取冷漠态度的纯粹技术观点，或者没有技术基础的单纯空想艺术创作，都是不恰当的。

谈舞台灯光历史

研究中国舞台灯光史，必须和中国戏剧的发展历史，中国戏剧运动，中国剧场艺术的发展，中国舞台装置的兴起发展互相联系，它是舞台艺术的一部分，又是一个独立的艺术部门。

中国戏剧中京剧发展的历史最早。远的不说，20 世纪初，清末状元张謇，特聘欧阳予倩先生前往江苏南通为建立"伶工学校"培养表演人才，请他担任校长。并请梅兰芳到该校讲课，传授技艺，培养了不少有才能的京剧表演艺术家。同时在南通城郊新建了一座现代化的剧场，南通"更俗剧场"，内设有三层楼，可容纳三千人的座位，据说也是欧阳予倩模仿日本剧场设计发展过来的。剧场和舞台设有充分的灯光设备，能把舞台照得通亮。当时梅兰芳先生首演之戏《黛玉葬花》，舞台布景简朴而新颖，一幅巨大的蓝丝绒幕上，绣着朵朵白莲花，撩起绒幕一边，线条弯曲，图案素雅。舞台灯光也压得很暗（白光），制造了一种幽静的环境气氛。梅兰芳先生的演唱和表演艺术，加上优美的舞台布景和灯光艺术，是非常吸引人的（这个剧场比之上海黄金大戏院、天蟾舞台的设计还新颖，更适合京剧观众）。

中国新兴戏剧运动是在"五四"运动思潮发展前后兴起的文明戏，发展较早，采取幕布演出，男扮女装。其中代表人物要算汪优

游先生。他演出的"阎瑞生"为代表,真汽车上舞台,布景大多是画的。有时讲究机关布景和灯光变化。但不讲究思想艺术,表演粗俗,所以没有生命力。

话剧运动兴起,是在"左翼剧联"领导下开展戏剧运动,深入生活,深入群众,宣传革命思想。为了深入工厂、学校、农村,机动灵活,演出方式也是多样化的。庙宇、礼堂、祠堂、广场、街头,随时都可以演出,也可以说是以游击的方式进行演出。"左翼戏剧"运动的早期都是演出独幕剧。剧本如"南归""一致""SOS""梁上君子"以及田汉等人创作的独幕剧。内容丰富,形式简单,是宣传进步思想的创举。有"艺术社""南国社""摩登社"等,大多是演独幕剧。道具也很简单。有时在城市剧场式礼堂内演出,也采用幕布来装饰舞台,基本是象征性的。一套灰色幕布挂在舞台上既可当室内又可当森林,那是"幕布"万能时代。这种幕布式的舞台装置很适合当时机动灵活的演出需要。有时也由于工作人员的创造性,用布幕装置,创作很富有艺术性的舞台装置,如"一致"的宫殿、"娜拉"的客厅等等。当时舞台照明一般比较简单,缺乏照明设备,以照明舞台演出为第一要求。灯光效果还要注意配合舞台上演出(如打仗、室内灯光明暗效果等)。

1934 年春"拓荒剧社"在宁波同乡会演出欧尼尔的"天外",许珂和我负责舞台工作。正当装台的时候,我发现天棚上吊着一幅旧银幕。把它放下来,银幕的一角意外地被梯子阻拦住了,另一端却落在地板上。这时,舞台上灯光槽的黄光正照射在倾斜不平弯曲的银幕上,出现一条条明暗不均的弧形长条光束。这奇异的彩霞,被我发现,我高兴得如获至宝地唤着:"老许,你看多美的彩云。"这一偶然的发现,不仅使"天外"的院落获得浓厚的黄昏景色,给舞台艺术增添了光彩,还使我的思想得到强烈的启示,怎样使舞台出现"天幕",怎样使舞台反映生活更宽广,怎样使舞台装置、舞台照明得到艺术性的提高。我经细微探索和研究，终于选择制作天幕的色调可能有三种：一是白色（带黄），二是灰色，三是淡蓝。最后确定为了使舞台能出现蔚蓝色的天空，因为它运用比较广泛，因此确定了淡蓝色作为天幕的基色，配上蓝色的照明光线的照射，能获得如上要求的气氛。浅灰能获得悲剧和沉闷的气氛，但运用范围比较小。同时也计划了流动演出舞台照明设备分布图，以及各种性能照明灯具以及电闸板的设计。当时由于经济关系，及至上海业余实验剧团成立，有了建团经费，才自行制造了简单的大部分舞台照明设备，在当时也是仅有的一套较精致的设备。

1934—1935年间的上海以及全国各地，国民党反动派气焰嚣张，白色恐怖猖狂，进步戏剧活动受到巨大的限制和威胁，不少进步戏剧工作者被逮捕和监禁，一时社会空气低沉。当时在党和左翼剧联的领导下，决定改变斗争方式，采取主动，团结大批进步影剧人士，组织剧团，进行大规模的公开演出活动，演出世界名剧，争取观众，壮大我们的声势。当时具有代表性的两个剧团，"上海业余剧人协会"以及后来的"四十年代剧社"（演出《赛金花》等）。

上海业余剧人协会第一次公演，1935年在上海西藏路宁波同乡会演出易卜生的《娜拉》。章泯导演，赵丹、蓝苹等主演。演出严肃认真，效果很好，受到评论界的好评。由于演出缺乏经费，舞台装置、舞台照明因陋就简，采用布幕式舞台装置。就是在灰幕前排立着简单而醒目的大小道具，显出舞台层次，真实有趣，是当时舞台装置的新发展。照明集中在表演区，突出人物，显得舞台明暗分明。这次演出很受观众的欢迎和热爱。

上海业余剧人协会第二次公演，1936年春在上海金城大戏院演出果戈理的《钦差大臣》。章泯导演，金山、顾而已等担任主要角色。这一讽刺喜剧幽默深刻，引起观众极大兴趣，剧场效果突出。这次演出舞台装置别具一格，展现现实主义风格，搭建了一座俄罗

斯式的大客厅。舞台照明运用大量聚光灯，加强对演员照明，突出人物的各种行为以突出塑造人物形象。同时研究舞台环境的真实性和时间变化。第一次采用"水制变压器"使舞台照明的明暗和启幕、闭幕有节奏变化。

上海业余剧人协会第三次公演，1936年在"卡尔登"大戏院演出奥斯特洛夫斯基的《大雷雨》。章珉导演，主要演员有赵丹、蓝苹、郑君里、舒绣文、沙蒙、王苹、张客、吕班、叶露茜等人。演员阵容强大，演出艺术上得到很大成功和好评。这次演出在中国舞台上第一次出现了"天幕"，展示舞台艺术、舞台照明的新创造和新的艺术所创造的情景和气氛，是舞台艺术的形象的创新。如夜色朦胧的伏尔加河岸，天空一轮弯月伴着悠扬的吉他声、流水声，浑然一体，创造了一幅幽静图景，引起观众的凝思和向往。这种美好的真实的舞台气氛，赢得了观众暴风雨般掌声。这是卡捷琳娜和鲍里斯幽会的时刻。另一幕卡捷琳娜诀别。天幕上出现雷电交加暴风雨来临的气氛，烘托了封建社会黑暗势力的残酷和卡捷琳娜命运破灭。这里所创造的舞台气氛还是为了写人，突出悲惨人的命运。没有"天幕"就缺少舞台艺术的推动力量。天幕的出现，它不仅在后来抗战戏剧演出的舞台上广为使用，并普及全国，而且一直沿用到今天。这是中国舞台照明艺术史上一大新创造、新成就，使舞台艺术增添了光辉。

中国舞台照明史大致可分为三个大阶段，分别来谈来写（实验剧团演出均可略加介绍）。

1. 中国舞台照明艺术的初创时期

从20世纪30年代初到抗日战争开始，也就是左翼戏剧运动的兴起到抗战戏剧的开始。至于20世纪20年代片断材料，仅作为中国戏剧发展史料去理解。当时确实没有什么舞台照明艺术可谈。集中前面的素材，有次序地安排一下具体情况和活动的介绍。

2. 中国舞台照明艺术繁荣时期

指抗战戏剧兴起到抗战结束到全国解放前。

由于抗战宣传的需要，抗战戏剧运动遍及全中国城市和农村，大后方和前线，抗战戏剧运动声势高涨，各个演剧队艰苦的活动和各种演出。

（1）大后方以重庆的演出为主，也可介绍别的地方如桂林的大汇演等，选择具有代表性的演出活动和剧目，舞台艺术舞台照明的成就高的，有历史意义的节目（不要流水账），突出重点，突出演出和舞台照明艺术成就，各种演出风格，舞台艺术风格等。并且培养了不少舞台照明专业人员和专家等。

（2）前线及全国各地以演剧队的流动巡回演出为主，包括老解放区的文艺演出活动，有新发展、新创造的要进行了解吸收。

抗战戏剧运动是一个大宣传大普及的运动，创造了各种演出方式，会有新的创造的，据闻如晋察冀边区"火线剧社"创造了照明灯渐暗渐明的装置，设备也解决了实际需要。据说这是汪洋的一大创造，丰富了舞台照明的史料。

3. 中国舞台照明艺术大发展时期

新中国成立后到"文化大革命"前，各种剧场的建立，各种剧种的演出，现代化设备、转台使用、舞台照明设备、技术提高。培养专门人才，出国参观和学习，舞台灯光得到发展，艺术技术性得到大大提高。舞台照明史不仅要介绍过去，也要介绍当今，才看出发展提高。舞台照明要有一个成长和发展过程。

现在需要充实抗战时期和解放后的戏剧发展和舞台照明成长的实际材料，以便了解中国舞台照明史的发展和壮大过程。

（1987 年 10 月）

谈《一江春水向东流》《万家灯火》
《三毛流浪记》摄影艺术

——与电影学院师生的谈话

一、关于《一江春水向东流》

《一江春水向东流》主要写几个人物的命运变化，写张忠良的蜕变、素芬的吃苦耐劳坚忍善良、张忠民最终走向革命，通过这三条线索的发展，揭露了尖锐的社会矛盾，反映人民的奋起抗争。

蔡老（指蔡楚生，著名导演）的导演风格在这里表现得淋漓尽致。在这部影片中，蔡老特别强调两个阶级和阶层的对比。素芬的勤劳朴实，对比丽珍、文艳的糜烂生活；素芬与忠良的初恋，对比忠良后来的抛妻弃子、不认娘。因此，蔡老要求在拍摄中表现出他们初恋时的纯洁美好，要求拍得越美越好。为表现他们那种小资情调，他把两人谈情说爱的戏，放在阳台上进行，为了达到预想效果，蔡老亲自绘制了这场戏的气氛图。而后面，他用了一个文艳在欢迎丽珍来上海的宴会上，在餐桌下面暗踩忠良脚的细节，把上层社会男女间蝇营狗苟的丑态形象化地表现出来。

蔡老的创作态度是非常严肃的，一丝不苟。每拍一场戏，都先征求君里（郑君里，著名演员、导演）和我的意见。我们说对了，他就吸收，说得不对，他当即提出自己的想法。蔡老是现实主义电影的开拓者，也有浪漫主义的情怀。本来有一场戏极富浪漫色彩，是表现素芬连做梦也想着丈夫的，设想很好，可我们拍不出来。蔡老就亲自拍，可能是拍得太露了，他不满意，最后忍痛割爱取消了这场戏。蔡老的浪漫主义情怀，还表现在处理忠良幻想把丽珍俘虏过来的一场戏。用特技拍摄丽珍在皮包上跳舞，直到跳进自己的皮包里。新中国成立以后，认为这场戏太庸俗，就给剪掉了。

我在摄影上追求现实主义风格。电影的真实性和分寸感很重要。为了拍摄好这部影片，我们深入到棚户区去体验生活。所以搭出的景，人物的生活状态，家里的摆设、服饰等等，都是有生活根据的。我并没有确定什么基调，影片的基调是随着戏剧的发展，人物、环境的变化而变化。比如，表现素芬的苦难生活和她心灵的美好，调子是黯淡中有光亮，表现忠良、丽珍、文艳的糜烂生活，就用软调子，明中有暗。

我认为摄影师也要掌握人物的心理，影片的摄影应充实主题，刻画人物，使主题思想更加深化，又能为观众接受，要把主题内涵，以及人物内在的东西，形象地揭示出来。这也正是判断一个摄影师是否深入思考并有明确意图的地方。"八年离乱"中有两处，我是下了功夫的。

一处是表现素芬抱着孩子躺在床上，望月思夫的戏。我用似明似暗、忽明忽暗的云遮月的气氛，配以轻轻的音乐，镜头先固定，后慢推成素芬近景，通过静与动结合，用明暗的月光，拨开素芬的心灵，形象地表达她那纯洁、钟情、质朴的情怀与向往。那时条件很差，我们做了两个架子，用棉花薄厚不均地铺在一块大纱布上，随着人物心情的变化起伏，快慢不等地在灯前缓缓拉过，造成一种忽明忽暗足以烘托人物心理的月夜气氛。

另一处是在"八年离乱"结尾部分，晒台风雨的那场戏，通过素芬奋力与暴风雨的抗争，来表现人民在风雨飘摇中挣扎的意念。

我们设计了一个晒台，我的摄影语言是"在惊涛骇浪中的一片孤帆"，以这句话来构思这场戏。暴风雨中的晒台，象征着素芬的挣扎和她的坚毅精神。一个在时代风浪中挣扎的弱女子，盼望着抗战胜利，盼望着丈夫归来。

我就是这样以形象化的细节来揭示人物的精神面貌的。

二、关于《万家灯火》

影片写的是城市知识分子在生活中的困顿，因无法掌握自己的命运而步入穷途末路。然而农村社会同样不景气，致使农民流入城市讨生活，却同样没有出路。

摄影师要和导演默契配合，力争创造性地丰富补充导演的意图，深化影片的主题内涵，细致刻画人物心理。我在这部片子中有一些创造性的劳动，主要是这么几点：

首先，是在景物上营造氛围。房子里用一块布一隔为二，利用影子来说话，既符合城市职员居住条件困难的真实情况，又便于展示人与人之间、婆媳叔嫂之间的心理变化，更好地体现了生活真实性，更好地刻画了人物心理，提升了戏剧效果。

其次，是在镜头寓意上首尾呼应。开头从万家灯火模型的大远景，推入万家之中的一家，结尾又从这一家拉成万家灯火的大远景。以此说明万家中的这一家，并非孤立现象，万家中，有着各种程度不同的不幸人家。深化了主题思想，摄影上这个设想，是受到了阳翰笙同志表扬的。

再次，为体现剧本中大鱼吃小鱼的思想，在伟达贸易公司经理室，钱剑如向智清宣布公司结束，智清面临失业痛苦，与钱剑如据理力争的场景中，我设计了一个带有美元符号的霓虹灯。以此为背景，以时明时暗、闪烁不定的霓虹灯光，表现人物此时此刻的思想情感，心潮起伏不平，又暗示旧社会是个金钱社会，小职员在金钱压迫下走投无路，最终被社会吞噬。

最后，是摄影技巧上的创新。拍摄智清在公共汽车上捡钱包被打，司机小赵帮他逃下汽车，他跌跌撞撞往家跑的一场戏。我以一个具有环境特点的镜头来刻画人物心理。美工为了这个镜头搭了一个堂景，这个堂景是一个潮湿的石板路胡同。我用了一个大远景，纵深透视画面，智清踉踉跄跄走进胡同，胡同又长又窄，人物只占画面的四分之一，只用一个 24 寸的灯打进胡同，造成一种阴森隐忽的感觉，为表现智清头晕眼花、天旋地转的主观感受，我有时手拿机器跟着人物颠簸，有时把机器放在一排小玻璃管后摇过去，有时把机器放在我们自己设计的像跷跷板那样的一个半球形底座的板子上拍摄，甚至还高速把摄影机扔下。这是受黄宗霑拍的《拳击》一片的启发，造成一种摇晃感，人物天旋地转的晕乎感。以这个细节形象地表现了智清在黑暗的境遇中走投无路。

三、关于《三毛流浪记》

第一，在摄影构思上，《三毛流浪记》是由漫画改编的，把漫画搬上银幕，本来应该是个讽刺喜剧，按照讽刺喜剧拍摄，是一种"顺水推舟"的拍法，这种拍法，人物不丰满。那么，能不能换一种拍法呢？用"逆水行舟"的方法来拍行不行呢？经过思考，我认为，应该从现实主义出发，从黑暗社会，写流浪儿，按着三毛的生活一步步走。只有写出三毛的命运，才能使观众加深对旧社会的愤恨。于是，我便决定，用"逆水行舟"，采用悲喜剧的手法进行拍摄。自然，我这构思也融汇了卓别林的悲喜剧、英国的心理片，包括影片《雾都孤儿》等，还有鲁迅的小说《阿 Q 正传》，受到这些作品的影响。

第二，我较多地采用了偷拍的办法。电影中街道上的镜头都是偷拍的，非常真实。先是在棚里把戏排好，在预定的时间地点，演员带着人力车等道具在大街上人群中表演，我在一旁偷拍。比如三毛对橱窗里的食物垂涎欲滴，一边走一边幻想各种食物的戏，还有三毛推人力车的戏，三毛在车站偷东西的戏等等都是偷拍的，完全是真实的上海生活场景。

第三，是观察生活。为拍好开头的场景，我们起了几个大早，在人们还没醒来，天还没亮的时候，到街头巷尾去观察生活。我们发现，每天最早起来干活的是拉大粪和扫垃圾的清洁工人，流浪儿一般都躲在阴暗潮湿的角落里睡觉。在影片里也就这样表现了。

第四，三毛的化妆下了很大功夫，却和场景的真实性不协调，但三毛是经漫画定型了的人物，也就只好如此了。

第五，再说说摄影师与导演的关系。我认为摄影师和导演的关系是夫妻关系，要无话不谈，配合要默契。摄影如何实践现实主义道路。现实主义道路在导演和表演方面是较早明确的，而摄影不太明确。过去，只把摄影作为技术看待。我之所以选择现实主义道路，是在当摄影前演话剧的时候，吸收了斯坦尼斯拉夫斯基和新文艺的东西，明确了摄影要围绕主题和内容塑造形象，这个坚定的理念是逐步形成的。

（1985 年 7 月 6 日，记录整理：陈家碧，编辑整理：卢小飞）

在《上饶集中营》拍摄工作中①

《上饶集中营》②摄制组成立得较晚。事前，剧本钻研不够，分析不够。因为要拍外景，导演、摄影、录音部门的负责人先行出发到外景工作地区，即上饶集中营的所在地——江西上饶周田村。一方面体验生活，观察外景，选择外景，并做外景摄制之必要布置；另一方面，便于集中精力，进行剧本的研究和分镜头的工作。

《上饶集中营》以概括性的笔法，将国民党特务机构上饶集中营作为主线，叙述特务对于被关押的新四军将士和爱国人士施以残酷迫害的过程，其间用诱骗、酷刑等手段，强迫他们"悔过""自首"而未得逞。

虽然敌人步步紧逼，不断施加压力，一度使得囚徒们处于被动

---

① 这篇摄影工作札记是当时的工作手稿，后面还标出了部分机位图。因年代久远，字迹已经模糊，个别地方难以辨认，在尽力保持原意的前提下，编者对个别地方做了一些文字的调整和加工。

② 《上饶集中营》拍摄于1950年，电影内容取材于真实的历史故事。编剧冯雪峰，导演沙蒙、张客，摄影朱今明。1941年1月，国民党发动震惊中外的"皖南事变"，事变中被俘的新四军官兵及其他革命志士700余人囚禁在江西上饶周田、茅家岭、李村、七峰岩等地设立的一座规模庞大的法西斯式人间地狱。在狱中秘密党组织的领导下，革命志士同凶残的国民党特务进行了英勇的斗争，并成功地举行了著名的茅家岭暴动和赤石暴动，谱写了一曲气贯长虹的正气歌。

状态，但囚徒们在思想上、精神上，却是昂扬的，呈现着逐步上升的状态，不屈服，不投降，一步步争取了主动，始终与敌人进行着殊死的斗争，最终成功地组织了越狱与暴动。

作者落笔在敌我斗争，但并没有着重于情节的描述，而是注重人物思想情绪的发展与刻画，尤其是注重张扬革命气概，传递着革命者必胜的信念。因此，围绕人物的创作以表现思想、情绪和气质为主，故事以综述方式展开，分别描绘了集中营各个囚禁处所发生的事件，如周田村、茅家岭、七峰岩、李村等地的场景，以及各个中队的场面。

分镜头之前，在处理上应注意两件事：

一是故事的发展与贯穿。

虽然要尊重作者的创作意图，然而也要注意到电影语言中的故事发展逻辑和前后贯穿问题，戏剧内容应该是有别于文字内容的。形象上的记忆是有别于文字记忆与描绘的，人物思想与情绪的表达要与正在进行中的故事相吻合，这样，人物的思想感情才能是有逻辑的发展，才能深刻。思想感情的表达更需要贯穿的故事，才能在人物的刻画上给予有力的推动。

因我们创作初衷是不违背作者的意图和精神，所以只是做了适当的修改和补充，在最后进行剪接的时候，片子反映出故事发展的贯穿与紧凑上存在着不足，虽然后来做了适当调整与补救，但还是不能满足故事叙述不连贯导致的损伤。

二是格调问题的处理。

正如作者所说，上饶剧是历史中的现实事件。故事和人物都是活生生的再现，作者的意图是注重人物思想情绪的发展，因而思想情绪的紧密性，要超过情节的紧密性，要形成一种叙事诗的格调，这是上饶剧最显著的特征，也是作者创作的主要意图。

我们在主题思想表现上、在故事的结构上、在叙事上和人物的表现上，基本上反映了作者的意图。导演的处理，是努力反映现实主义的风格，画面上产生叙事诗的效果，在现实的、悲壮的、朴实的基础上，加强思想与情感的渲染，进而与观众产生共鸣，这是创作者共同的愿望。处理好摄影工作与全剧的关系，也应该循着这条线索去追求、去发展，做到革命诗情与生活细节的真实可信，使叙事流畅形成如叙事诗般的艺术格调。

故事的主要线索，是在敌人集中营里，敌人对革命志士千方百计折磨，企图从思想上、肉体上，来摧垮志士的革命意志。其间，敌人软硬兼施，乃至到最后的迫害与屠杀，而囚徒们，坚持正义，加强团结，在与敌人的斗争中，不断扩大力量，坚持战斗，一直努力保持着坚强的意志，终于得到全体囚徒的团结意识，成功组织了暴动。这种以突出表现思想情绪为主的斗争确定了摄影艺术上的基本风格，也可以说是摄影的基调，即明暗对比，以此显示出强烈的斗争情绪，这是上饶剧的基本节奏和旋律，这里着重写人物的思想与情绪，因此在构图和布景上，围绕人物，凸显人物的气质是重点。

在构图上，正面人物与反面人物是不同的，正面人物一般的都是脸部镜头，突出革命志士的气质和他们不屈不挠的英雄气概。但人物性格是有区别的，所以每个人的处理也不同，对于赵宏（上饶集中营的领导人），着力表现他的从容不迫、坦然镇定的情绪，但对于性格倔强的李华，则以正面拍摄表现他的坚忍不屈，突出其革命英雄气概。而反面人物，一般的是俯拍，来表现其卑鄙、奸诈与无耻。但有时为强调他的恶毒、残暴时，也适用仰摄镜表现其兽性姿态。

关于向苏联影片的学习运用，其实只是从理论上运用，做了些初步试验，有如下较好的处理：①死尸横贯沟渠，凄凉中要显出不屈的精神。②里弄，黄色调加灰，调子阴暗恐惧。③黄昏操场，茅

家岭暴动，荒凉、暗淡的调子。④栅栏铁丝网，阴暗荒凉。⑤种菜，极度疲劳，极度痛苦，加纱，面部现阴沉。⑥大操场，远景，强烈阳光加纱，远景，微薄阳光。

影片《风暴》的摄影创作

——北京电影学院导演、摄影系讲课记录

摄影师的工作是一项复杂的创作，包含了科学与艺术。为什么说它是科学的工作呢？因为摄影师的一切创作，都必须通过科学工具来实现，如摄影器材、感光材料、光学知识、化学知识等等，这些都是重要的物质基础和知识基础。它和文学、美术、音乐等艺术创作不同，摄影师的一切创作意图，只有通过科学技术，才能最后体现在银幕上，传达给观众。

现在，我们提出影片应达到"三好"的要求，即思想好、艺术好、声光好，要达到声光好就必须要有科学基础。

我们要求电影摄影师熟练地掌握各种摄影科学技术，因为只有这样，才能充分发挥自己的创作构思。可以说，你掌握的摄影创作工具越多，就越便于进行创作。比如，在与洗印厂的同志共同研究彩色片留银问题时发现，完全不留银的胶片色彩还原固然好，但画面缺乏生命力，显得轻飘无力。黑白二色是应该纳入色谱的，它们是重要的衬托，没有黑白影调，只剩下色调，会使画面层次不够丰富，亦缺乏鲜明性，因此也就不能引人入胜。从我们最近的试验来看，摄影师应考虑留银的效果，从印出的灰雾较大的画面看，留银可以减低灰雾所带来的不良效果，特别是防止色彩失真。当然，这

也不是绝对的，比如歌舞片就可以不留银，这要以具体影片的性质和要求来定。从表面上看，留银是纯属于技术的问题，但它的运用与艺术创作有一定关系。由此，我们提出必须正确地对待技术和艺术的关系，反对摄影师走向两个极端，对艺术创作采取冷漠态度的纯粹技术观点，或者没有技术基础的单纯空想艺术创作，都是不恰当的。

一、摄影师如何研究剧本

电影剧本《风暴》是根据舞台剧《红色风暴》改编的。它是以1922—1923年京汉铁路工人运动的真实历史材料写成的，剧中人如林祥谦、施洋都是真有其人，确有其事的，有史料可查。而孙玉亮、老何虽有其人，但非其名也。舞台剧深受群众欢迎，各方面反映比较好，同时由于舞台剧的演出经过了群众的检验，有良好的群众基础，于是我们决定把它拍成电影，向国庆十周年献礼。

电影改编在舞台剧基础上有所发展。首先是删去了舞台剧中的"帮派"矛盾，因为"帮派"问题属于人民内部矛盾，而工人阶级与军阀帝国主义的矛盾是敌我矛盾。改编后的剧情突出了主要矛盾。其次是情节结构上更集中精练，作者充分运用了电影手法，把对敌斗争这条主线展示得淋漓尽致，正面表现了"二七"群众运动的浩瀚场面，强调了党的领导，表现了各种生活和时代场景。再次是人物性格的刻画也深入了一步。原舞台剧施洋占主要地位，而电影则将中心转到工人阶级领袖林祥谦身上，并对施洋的形象进行了提炼，虽用笔不多，但形象较舞台剧更鲜明深刻。最后是在语言运用方面突出了时代特点和对人物性格的烘托。特别是夏衍同志看了剧本后，对白坚武与英美领事会见那场戏的语言运用提出宝贵意见，而且亲自作了修改，使时代色彩和人物之间钩心斗角的心理状态表现得更加生动了。

当然，改编的剧本也存在不少缺点，例如对人物的刻画有斗争的一面，但缺乏生活的一面；例如对林祥谦成长过程的描写，他与群众间的血肉关系都刻画得不够生动。

我为什么要谈这些问题呢？因为摄影师对剧本的探讨是个重要的认识过程，要很好地研究它。剧本是电影创作的基础，是影片的生命，是作品的灵魂，是摄影师进行创作的主要依据。如果剧本思想没有搞透，那么其他劳动全是白费，会造成艺术上的偏离，或导致脱离思想内容的倾向。因此摄影师必须严肃认真地研究、分析剧本，尤其是历史题材的剧本，一定要看许多历史资料，以便熟悉当时的时代背景、社会场景和政治生活等各方面情况，来丰富自己的生活知识，使之成为艺术创作的素材。否则，将有损于对作品时代气氛和人物性格的真实刻画。

二、关于影片《风暴》主题的几个特点

首先，中国共产党刚一登上政治舞台，便表现出磅礴的气势，领导并展开了工人阶级的英勇斗争。中国共产党是 1921 年成立的，1922 年到 1923 年就领导了京汉铁路工人的大罢工，以后形成全国性的工人运动。这是影片要表现的主要背景。

其次，中国工人运动是随着工人阶级的成长而发展壮大起来的，影片从工人俱乐部开展启蒙教育到成立工会，经历了一个将分散的群众组织起来，逐步提高工人阶级觉悟，使之成为一支强有力的革命队伍，是一个从自发革命走向自觉革命的过程。施洋说理那场戏，使工人的个人遭遇变成了整个阶级的阶级仇恨，就是表现工人阶级开始觉悟的一个细节。孙玉亮的入党也表现了工人阶级的成长。

再次，长自己的志气，灭敌人的威风——特别要把中国初期工人运动的那种初生牛犊不怕虎的气概表现出来，具体表现在施洋讲

理这场戏。最初，魏处长是占上风的，后来被施洋的义正词严的说理吓跑了。因而，如何把敌人的威风、气焰压下去便成为全剧的导火线。林祥谦、老何、孙玉亮到洛阳见吴佩孚这场谈判交涉虽然失败了，但斗争还是尖锐的，势头在继续发展着，突破了封锁线，打开了普乐戏院的大门，开了总工会成立大会，吓走了警察局局长，也是长自己志气，灭敌人威风。在汉口的万人大游行向英领事的示威，令他们目瞪口呆，又一次打击了敌人的威风。最后的全线大罢工，坚决斗争到底，直到林祥谦、施洋、孙玉亮的被捕牺牲，使剧情达到了高潮，掀起了全国的大风暴，尽管我们手中没有枪，但棍棒照样可以和敌人斗争。

最后，以武装的革命反对武装的反革命——对于这个问题要辩证地理解，虽然我们手中没有枪，但并不等于没有武器。从冲破普乐戏院封锁线到万人大游行，火热大罢工的一系列斗争都是武装斗争，当时的工人纠察队组织就是人民军队的前身。在处理中，我们把"工人纠察队"的大旗当成"八一"军旗，对这面鲜明的旗帜加以渲染，正是说明工人运动有强大的思想武器，能够战胜一切敌人的武装。

只有当这些问题明确了，我们才能准确地把握每一场戏，使每场戏都能够准确地表现主题思想。因此，摄影师对主题思想的探讨，是创作的具体依据、创作热情的出发点。只有创作思想明确了，在进行创作时才有目的性。

三、形成影片风格的几个主要因素

关于风格的问题，不能抽象地来谈。《风暴》剧本本身就有鲜明的风格。语言简练，结构严谨，人物性格突出，大刀阔斧的笔法，这些都构成了作品独有的特点。它和同时代的《我的一家》风格完全不同。但风格又不能截然分类，只能根据作家及其作品的特点来寻找他的风格。因此，作家和作品的特点就成为形成影片风格的主要因素之一，这是最基本的。

影片的思想内容决定影片的风格样式。形式与内容应该是统一的。由于电影是综合的艺术，是集体创作的，因此其风格形式就更为复杂，这也是电影艺术不同于其他艺术创作的特点。形式与内容不仅在思想上要统一，而且在艺术构思、艺术处理方法上也要取得统一，只有严格地统一起来，才能形成一个整体的风格。如果电影制作的各部门各自为政，就会导致影片的失败。因此，在电影创作中必须强调集体创作，使影片各部门创作人员的创作风格统一起来。创作集体的统一要通过互相探讨、辩论，达到认识上的统一，但这还不够，因为认识的统一还只是个想象而已，这仅是进程中的第一步，艰巨的任务还依靠于严格的执行，还必须通过艺术实践来认真体现大家的构思。唯有从银幕效果上实现画面的统一即达到体现上的统一，才算是真正的统一。才能形成所谓影片的独特风格、流派。北影的影片跟上影的影片风格就不同，而北影的几位摄影师像我跟钱江、高洪涛、聂晶也各不相同，这也是各自的风格。

在拍摄《风暴》时，我们的思想认识是统一的。在对以上所谈及的主题思想的四个重点的分析上，我们认识一致，并以此作为创作的基础。从影片《风暴》所能形成风格的因素来看，大体表现在这样几个方面：

第一，"二七"风暴描写了当时革命斗争的气势，含有一种深刻的阶级力量、浓厚的生活气息和时代色彩，是一首壮丽的史诗，影片处理首先要达到这个要求。

第二，影片情节虽然比较简单，但人物突出，它不是通过某一个人来展示情节，而是以整个革命形势的发展来贯穿并突出地表现了当时的矛盾冲突，主题高度集中，并有强烈的戏剧冲突，人物性格随着形势发展而不断地深入。入党是孙玉亮成长的关键点，入党

宣誓的语言简短而有力，丰富了对人物性格的刻画，直至其牺牲而进入高潮，给人留下深刻的印象。又如对林祥谦从普通工人到成为工人运动领袖的描写，也是鲜明生动的，虽然笔墨不多，但概括勾勒出他的战斗一生。不可否认，对林祥谦的描写略显单薄，如罢工前夜妻子告别那场戏就渲染不够，没有从亲情离舍方面来反衬刻画他的高贵品质。总的来讲，对林祥谦和施洋的刻画没有孙玉亮那么深刻感人。

第三，《风暴》是一部表现群像的影片，因此摄影处理时就不能不考虑这个重要因素。从下工、成立俱乐部、万人大游行到最后大罢工等大小群众场面不下二三十个。要处理好群众场面，对摄影师来讲是一个重要课题。每个群众场面的特定任务不同，在处理上也有变化。从戏剧内容、场面调度、构成、蒙太奇、气氛、造型上都要深思熟虑，避免重复和刻板化。

第四，《风暴》情节的展开按照戏剧节奏来说，是直线上升，是开门见山的。从轧道车事件开始就展开了尖锐的戏剧冲突，阶级矛盾一浪高过一浪。因此，从章法上、构成上、节奏上，就必须大刀阔斧地、粗犷地描绘，摆开阵势，重点突出，对比鲜明，从而适应戏的紧凑要求，不可能迂回曲折地、拖泥带水地细磨细抠。

影片开始是敌强我弱的，因为工人还处在启蒙阶段。从施洋说理后形势开始转变为敌弱我强。力量对比成对角线发展。由于戏剧的发展要求，决定了影片的结构必须非常严谨，不允许拖沓和缓慢。

第五，用现实主义的手法严格遵循历史的真实、生活的真实，以求达到艺术的真实。美术设计、服装、化妆、置景等有关造型因素都必须慎重考虑，因为摄影师的画面是包罗万象的，每一幅画面的构成都要考虑到银幕效果。不能由于某一细节或道具运用不当给观众造成不真实的感觉，影响了影片的感染力。

因此，风格的形成不能是抽象的，而是根据主题思想、戏剧冲突、人物性格等各个方面来具体考虑。不同体裁有不同的风格，不同艺术有不同的风格。风格也不是孤立的东西，它是艺术家通过自己的构思来体现出来的具体形象（而影片的风格，又不是属于某一个人的，是各个创作人员在影片总的概念和思想指导下表现出的形式的统一），如果不能形成总的概念，提出要求，在处理上就要被动。即使形成总的概念后，在创作中亦要严格执行，毫不苟且，从思想到实践都要心中有数。

四、摄影艺术的构思

这个问题也就是摄影造型处理问题。在此之前，必须与导演一起探索分镜头，了解导演意图，研究戏剧冲突、人物性格、演员形象、环境气氛等，并与美工师一起研究布景设计、外景选择、人物造型、服装、化妆等，只有通过与其他创作人员的合作、探讨，经过思想上的统一才能逐渐地形成较为成熟的摄影创作构思，这是保证影片造型艺术质量的基础，也是体现影片思想性的基础。

另外，在分镜头的过程中，同时也要把一系列的场面调度设计出来，在这些问题取得统一解决之后摄影师才能开始自己的案头工作，否则摄影设计是在空谈。

案头工作要研究两个重大问题：

第一个是分镜头内容所提供的形象性的任务。这是摄影构思的主要任务，而且要有系统地思考每个画面的具体形象，乃至构图，甚至角色的一举一动、情绪变化、神态姿势、环境关系等等，都得细致入微的思考，如何使他得到充分展示的许多手段。又如剧本中"淡淡的夜……"只几个字，要将它变成具体的画面就得思考许多问题：什么环境？什么气氛？画面构图？光线怎样？色调如何？都要经过深思熟虑，然后作出决定。

　　第二个是研究场面调度所提供的运动性的任务。摄影师在思考画面造型艺术时，往往从形象性和运动性两个方面作为自己的依据，并把其中蕴含的丰富内容作为自己的着眼点。

　　电影画面的构思不能是孤立的，它不同于绘画，因为它是运动着的、连续的，是由一系列镜头组成的，画面要有完整的构思，不能单看一个画面，要从整体的发展着眼。

　　归纳起来，我们可以用一句话来概括摄影师的艺术构思任务：画面构思（连续的、非个别的）是影片画面造型艺术的总体设计。而分镜头剧本是影片内容的总体设计。导演和摄影师的分工也就在这里。因此，如何体现内容，摄影师的责任很大，在造型艺术中占有重要位置。

　　下面要谈谈摄影处理中的几个具体问题：

　　（一）影片的基调处理

　　影片基调不能抽象地来谈，它与绘画基调不同。电影是运动的、发展的，而绘画是静止的、不变的。同时，电影的戏剧情节比绘画的戏剧情节复杂，人物性格也是发展变化的。电影又是视觉形象和听觉形象的综合性艺术，而绘画只是一种独立的视觉艺术。因此，在处理上比较艰巨。摄影师在经过分析后要形成自己的总概念，要有自己总的意图和方针。影片都有个基调，基调是倾向性的，它有虚实两个方面：实的很容易理解，如一般谈的中间调、高调、低调。虚的方面就不太容易了，要暗示一种什么思想，在光、色、构图方面应怎样运用才能给观众有所启示？影片的基调怎样来暗示人物的思想与戏剧的冲突？不是一下子能表现好的，这需要一定的美学修养。

　　影片基调的确定将赋予画面造型强有力的生命力，是摄影师运用光影、色彩进行创作的重要任务。事先必须准确地确定基调，否则将会毫无章法地破坏了影片的完整性和统一性，影调处理就会杂乱无章，也减弱了影片主题思想的体现。因此，从这一点上来说，影片基调又具有思想性。

在处理影片《风暴》的基调时，我是这么考虑的：①时代背景：影片场景发生在1922—1923年，当时社会面貌黑暗、压抑、沉闷，喘不过气来。②社会环境：人民生活贫困潦倒，非常悲惨；阶级斗争尖锐。

因为时代、人民生活、阶级斗争是影片的中心内容，也是影片的思想实质，这是确立基调的立足点。我给影片《风暴》的基调命名为"暗无天日"。当时，我曾设想过从头到尾都是阴沉的、潮湿的、不见天日的气氛，一直到工人阶级站起来，形成了斗争高潮的时候才见光明。就好像一个气球，气压足到饱和程度会突然爆炸了一样。原设想一直到万人游行以前都是阴天拍摄，但由于拍摄条件限制，不可能全是在阴天拍。因此我就用大量烟雾以人工制造这样的气氛。有几场戏原来是白天拍的，后来就把它改在晚上拍也是这个原因。

彩色片的基调包括色光的处理，《风暴》以蓝色作为基调，蓝色包含着黑暗、沉重的意味，同时又暗示着反抗的必然到来。因此，在处理环境、道具、服装等各方面的选择上都以此作为依据。所谓的蓝色基调，指影片色彩的倾向性而言。

（二）摄影造型构思和处理

就是说从摄影师拿到文学剧本起，到分镜头、场面调度设计的想象，到最后形象的确立过程，是具体安排的过程，也是从艺术内容到具体形象内容确立的过程。这里包括镜头上下的衔接，从主题到细节，从环境到人物，从画面构图到戏剧节奏，从光调到色彩等等问题都应事先确定。

举例说，福建街最初在我脑子里是空的，过去遗留下的痕迹只有一点影子了。在这个基础上与导演、美工师一起研究看了资料，

研究了它的特点，它的调子，从而构思形成了现在这样一个潮湿、泥泞、昏暗的街道。摄影处理必须考虑这些因素，从颜色、环境气氛来设计，如果环境形象不对头，拍出来的画面就不准确。又如，福建街后来被大火焚烧，剧本中描写的是"火海"，虽然只是两个字，但摄影师却要考虑许多问题，必须充分地表现，否则就不能准确地将敌人的阴险毒辣揭示出来。摄影师的处理，就是你的"措施"必须非常明确。又如，对于罢工场面的处理，哪些是动的，哪些是静的，哪些是动静结合的，要有变化而不能重复。艺术手法上的重复是最不高明的，显得枯燥乏味，不能感染人。因而，每个镜头都要慎重考虑，使你的"处理"做到心中有数、目的明确。

有了形象的构思，为了记忆方便，最好记录下来，写成摄影台本。摄影台本的写法各有不同。有人用散文写出来，有人将它画出气氛图。我是采用两种方法的：一个是画出影调构思示意图，一个是场面调度设计表，把一些构思提纲式地写出来。这样做我觉得既简单扼要，又能突出重点。有设计图以后，可以根据导演台本照章分节，每章每节给予简单的命名，目的在于确立每章每节的主题任务，这样就使每场都有一个单位目的，便于现场具体处理。如第一场中交代时代背景，我给的命名是"流亡图"。福建街的那场戏，命名为"泥泞生涯"。这样，就为自己提出了一个形象任务。而调度设计表中包括这样几个主要元素：①环境；②内容——情节冲突本身；③人物的状况与精神面貌；④戏剧节奏；⑤时间气氛。在具体拍摄时，只要把这五个元素统一在一起，如人物在什么气氛中，什么节奏下展开戏剧冲突，只要一看表和剧本，戏剧情节联系起来，脑子里就会形成明确的概念，把这五个基本元素抓住了，主要的东西也就抓住了。

另外，还要具体地阐明影调处理。我采用了明、中、暗三个基调，对基调的理解，不能把它看成从头至尾都是一个调子，它只是个基本的东西，表现出一定的倾向，在做具体处理时，则是根据规定情景来变化的，但这个变化又不能游离总的基调。

把调子的处理用表格表现出来，可以检查在光调处理上是否与规定情景相符合。整体的布局和情节的发展是否一致，但这只是案头工作，具体的处理还是在现场。

现将《风暴》影调设计的具体场面构思做一介绍。

A．泥流生涯——从轧道车事件以后，描写工人区的环境与生活面貌。原设想环境是泥污、沉闷、压抑的，人的精神面貌是疲惫不堪的、阴沉的、对未来是渺茫的，要描写出非人的生活氛围。黄德发事件引起了福建街的骚动，表现出工人们敢怒不敢言的状态，要达到这个目的，就必须用形象的描写。

B．组织起来——施洋在车站说理。色彩气氛是阴暗的蓝色调子，但含有内在的反抗情绪和蕴藏的力量。由这个沉闷的夜景转换到早晨的曙光初露，从雾气后面透出阳光，放工汽笛响了，工人们纷纷到俱乐部去。这里一方面考虑了调子的转换，另一方面用暗示手法来表现和象征工人阶级的觉醒，象征着希望和光明。

C．入党——从孙玉亮在工厂里通知工人们开会，并与工头发生冲突这场戏，到他入党前一场戏是动态的，后一场戏则是静态的。虽然都是蓝暗调，但前一个象征黑暗，后一个虽然处理在夜里，但使人感到安静、美丽、庄重的气氛，力求把入党时的画面拍得既要有诗情画意，同时又要表现出工人阶级的觉悟和力量，把工厂生活与工会生活做一个明显的对比。

D．总工会成立——我原来的命名是"第一次进军"。在整个影片中占着重要的位置，在影调处理上也是第一个高潮，表示工人阶级的力量和激情，是昂扬的气概，因此处理在明快的气氛中。戏剧节奏与影调变化也要相互取得一致。

E．罢工——总罢工前夜，林祥谦与妻子谈革命的前景，展望

未来的美好生活。因此这场戏应拍得很美，抒情和富有诗意。第二天罢工开始，又处理在早晨，与前一天的早晨做了相应的对应。借以阐明工人阶级已经不是启蒙阶级，而是已经觉悟起来的一个群体。同是早晨，同是从工厂走出来，但人物的精神面貌已经大不同了，因此画面再重复一次，可以引起观众的回忆。这种处理是很含蓄的。但因时间没算好，阳光方向不对，而不得不改变位置。因此未能按原来设想的拍摄。这场戏利用早晨的目的，还是为了显示风暴的前奏。一开始是晨雾茫茫，渐渐出现了曙光，到八点钟罢工开始，太阳就迅速升起，烘托了罢工的气氛。

F. 万人大游行——从老何、施洋、林祥谦三人在老君庙的支部会议到游行开始，在影调上有一个突然的变化，形成了亮暗的强烈对比。这是有意这样处理的，造成一种冲击和突如其来的感觉，从此开始了武装斗争。

G. 施洋被捕——当施洋被捕时，紧接着是福建街的火海，林祥谦被捕也接火海，象征着革命之火是不可熄灭的，革命的烈火将永远燃烧，推动着革命的高潮，也激励了观众。

以上是通过影调及其转换的例子来说明影调在影片中的作用。

影调的转换从蒙太奇来讲应该有深刻的内在含义，每场戏的光线运用都必须紧紧与戏剧内容结合起来方有生命力，否则弄巧成拙，反而得不偿失。

对于环境色彩的渲染，要从一场戏的整体出发。如吴佩孚家里这场戏，就要突出封建色彩。无论服装、道具、化妆、陈设，都要符合这一要求，突出封建军阀的本质。白坚武则是典型的新买办资产阶级的政客，所以他家中的陈设，里面是中式的，而外屋全是西式。由于环境的渲染更形象地刻画了人物的阶级本质，既符合历史的真实，也符合人物在特定环境中的精神面貌。

对于红颜色的处理——在这部片子里，我们用红颜色是很吝啬的。只有工人纠察队的大旗，火和革命队伍用了红色，还有施洋手中的毡垫也用了红色。工人阶级的斗争是一面鲜红的旗帜，显示出工人阶级的力量。一方面符合历史的真实，反映了那个时代的特色；另一方面也衬托出时代的黑暗、沉闷。选择色彩，对摄影师来说是很重要的，要从广义上去理解色彩给影片带来的巨大表现力，它是摄影师得力的创作手段。

（三）关于人物形象刻画

主题思想要通过人物活动方能体现出来，人物形象具有巨大的感染力。艺术的鲜明性、生动性、深刻性，主要是指人物性格的表现。因此，摄影师的一切创作应从人物着眼，要在人物身上多下功夫。对人物性格的塑造，除了导演、演员外，摄影师也必须为塑造人物形象付出巨大的力量，这是摄影师的重大创作责任。

特写和肖像在影片中具有重要意义，对于摄影师来说也是最难处理的一个课题。在处理中应该运用一切手段在特写上下功夫。不论是突出什么、掩盖什么，都要有明确的目的。要拍好特写，首先要理解角色，和演员同甘苦共呼吸，只有当我们设身处地地进入角色，才能掌握人物的精神状态，才能更好地体现他。绝对不能用冷淡的态度，千篇一律的方法来处理，否则就像照相馆了。我们的任务应该是在特写和肖像中来表现人物的精神实质。

下面谈谈具体的例子。

人物的出场和收场，处理得好与坏给观众的印象极为深刻，也同样是一个难处理的问题，它能在一定程度上决定影片的成败。当然，这个问题主要应该由导演对整个影片的结构来进行全面地安排，但摄影也必须考虑如何使人物在出场的瞬间，用较短的篇幅把性格突出出来，给观众造成深刻鲜明的印象，而又能在收场的时候给人一种不可磨灭的完整印象。人物的出场要鲜明，收场要完整，这是摄影师必须认真考虑的问题。

　　林祥谦是影片第一个出场的主要人物，一上来我们就给了他一个近景。从剧本中我们了解了他是一个沉默的、倔强的而又有耐心的人，但他出场的环境是烟雾弥漫的。有打铁锤的，有电焊的，从环境上给人一种动乱的感觉，而林祥谦却一点没有受到环境的影响。我们把林祥谦的出场安排在这样的规定情境中，目的是要突出地表现他的冷静和智慧。

　　孙玉亮的出场在锻工车间，是动荡的。他用铁夹将一个烧红的铁块放在水里，立刻冒起了热气，这些动作表现出人物精力饱满的特质和粗犷、耿直、英武不屈的性格。

　　施洋是律师，又是党的领导人之一，机智、沉着、文质彬彬的革命知识分子形象，因为他是在工人集合时出现，要隐蔽身份，没有戏剧动作，但又要给观众留下深刻印象，所以我们采用了背影的表现方法，首先给观众造成一个悬念，这个人是谁？而后由于他的回头给观众留下鲜明且深刻的印象，有如戏曲中"亮相"的效果。同时，通过接下来的动作，使人联想到他是一个足智多谋的人。

　　这是根据规定情景，根据不同人物的性格，运用不同的手法来突出表现人物最具个性的一面，而这三个人物我认为以孙玉亮的出场最好。

　　下面讲讲这三个人物的收场，当时我们也下了很大的功夫。

　　孙玉亮的收场，死在血海深仇里。孙玉亮的死显示了他的倔强性格，他手拿红旗与敌人搏斗，在敌人面前无所畏惧，一脚踢掉了敌人的手枪，先下手为强，而后是对打，勇猛顽强，直至血染红旗，身中数枪时仍继续战斗，最后终于不屈地倒下了。我们采用了京剧的平倒，并用仰摄角度，在倒下的同时摄影机移成全景。利用配景缩小法加强倒下的效果，给人一种不屈的感觉，说明仅仅是身体支持不下去了，而精神却未倒下。紧接着是不倒的红旗在烈火中燃烧，象征着不屈不挠的精神，人们将沿着他的道路前进。

分析孙玉亮倒下的画面效果，可以看到，在孙玉亮倒下前，人物是近景，倒下后成全景，又紧接红旗和火的特景，这个由饱满——空阔——更饱满的跳跃过程加强了虽死犹荣的感觉。

从孙玉亮的出场到收场，前后是呼应的，为观众展示了一个坚强不屈的革命战士的完整形象。给人留下不可磨灭的印象。

施洋的死与孙玉亮的死是不同的，这里着重刻画了施洋的心理过程。

第一个印象，在安静的灯光下，是黄调光，镜头是安静的，色彩是鲜明的，与往常宁静的生活一样。

第二个印象，描写外面的大环境，敌人的布局，环境形势的严峻，节奏是紧迫的。

第三个印象，以表现他妻子的惊慌来衬托施洋的沉着。他的紧张是短促的、内在的，并不外露。遇到危险他首先想到的不是个人安危，而是党的文件。烧文件时火光在脸上闪动，火舌在脸前喷吐，映衬出他内心的焦急。

第四个印象，写他的心理过程。描写他烧完文件后坚定地站起来，妻子的苦劝和施洋的坚定，造成人物思想斗争的最高峰。这时光线又是低沉的，反差很大。只突出他的眼睛。在构图上以施妻的侧背做前景，施洋成大侧影，用这种不稳定的构图以突出人物内心的矛盾和痛下决心的心情。最后，经过妻子的劝说，决定上楼逃跑。这里运用上楼的节奏来转换主人公的心情。显示其欲保存革命力量的急切心情（为了加速节奏，还采用了落格拍摄）。

最后是施洋被捕，镜头急推成近景。风吹着他的头发，他像雄鹰一样的雄伟，高举着手，伸到画面外面，好像他的力量要冲到画面外面去。同时在光的处理上、在推的过程中，突然增加一个光，仰射他的面部。虽然不合情理，但观众不会产生疑问的。而在造型上却有助于刻画人物形象，表示他死得光明磊落。

施洋的性格从在车站讲理的第一次出场就淋漓尽致地展示出来。第二个印象是在老君庙讲故事进行阶级教育，显示他对敌斗争的机智勇敢，而对工人却是那么亲切和善。从光、色、镜头角度来体现这一点。在普乐戏院门前，他从容地说服了敌人士兵，又表现出了他不惧威力的勇敢精神。这也符合历史真实，显示了革命宣传家的气质。另外，还有带病写文章、募捐等表现他革命情操的细节，从头至尾，完整地塑造了一个革命知识分子的形象。

林祥谦是工人运动领袖，对党的事业忠心耿耿。现在看来，对这个人物的牺牲过程落笔是不够的，没有充分展示他的性格和品质。原来设想用两种手法处理，特别是想用音乐形象来渲染，给人以健美、雄伟的形象，使人觉得这个人不该死，而是敌人在残害他，从而激起观众对敌人的仇恨。

第二种方法是写他临死不屈的形象，用光的闪动来烘托，穿插了妻子来刑场的场面，最后的高呼口号表达了对革命的忠诚。接下来就是人海——大游行，象征一个人倒下去、千万个人站起来的革命风暴磅礴气势。

另一方面，林祥谦的乐观主义与阶级友爱是他性格的特征。如他的读书、当衣服、大罢工前夕与妻子诀别及对下一代幸福的展望等细节描写得还不够充分，否则将会更生动地刻画林祥谦的性格。

对不同性格的不同革命者形象的收场以不同的手法处理，对摄影师来讲，也是刻画人物的一个重要环节。

对反面人物的处理。

这里有个原则，即着重描写敌人精神实质，通过这点来使观众信服，而不是外形上追求夸张和歪曲，追求一些莫名其妙的、没有根据的光效或采取虚假的描绘，这样反而会给人不真实的感觉。

吴佩孚——要描绘他的虚伪，并从他身上看到军阀的特征。运用道具与环境陈设来渲染，在造型上描绘出他杀人不眨眼的阴险奸诈的面貌。如他一边同工人代表老何等人谈话，一边在花名册上用红笔勾画出记号，这一笔触虽只是淡淡的几笔，但已形象又深刻地表现出他的阴险虚伪的嘴脸，给人留下难以磨灭的印象。刻画人物要采用一系列的造型手段来烘托，而不能借助于漫画式的夸张手段。

白坚武——首先要在环境描写上突出他官僚买办的身份。里屋是中式，外屋是西式。他的出场是以抽鸦片的形象出现，接着是眉飞色舞的细节，而随着"客到"声，摄影机追着他背影进入客厅，他立刻摆出一副假正经的姿态，官架子马上摆出来了。这些都刻画了他的性格和本质。当然，在影片里，对环境表现，色彩处理还不够沉重，腐朽糜烂的气息表现得不充分。

总的来说，摄影师在刻画人物时一定要把握住人物的性格特征，并在一定规定情境中着重刻画人物的精神实质。在这个基础上运用各种造型手段进行渲染和烘托，否则人物的性格特征是不存在的。当然，各种不同风格、样式的影片也有不同的创作方法，并非所有的影片都要像《风暴》这样处理。

（四）关于构成和场面调度

电影的构成与戏剧构成是不同的。电影的构成方法形成了电影的特点，电影的表现方法更为精练、集中和富于形象性，它不受时间、空间的限制，利用了蒙太奇手法，形成了电影艺术特殊的语言，以便于更丰富地通过视觉形象来感染观众，而蒙太奇没有固定样式，因此在蒙太奇的运用上要日新月异地进行探讨，应该在艺术实践中不断地丰富与提高。我们要驾驭它、运用它，使之为我们服务而不能被它俘虏。

场面调度——电影的场面调度比舞台丰富得多，能近又能远，它本身就产生一种运动。场面调度的主要意图在于依据角色自己的感情所形成的外部动作，而构成运动上的变化，突出人物与戏剧冲突是导演的任务。但摄影师要掌握一系列的画面变化就必须很好地

掌握场面调度的特点，使每个画面富有生命力。否则，将在创作实践中显得很被动。

场面调度问题首先要合乎逻辑地交代情节与突出重点，只有这样才能揭示戏剧冲突中人物的矛盾，是电影的有力表现手段。因此要慎重地运用它，不要乱用技巧，而应求得艺术上完整，结构简练，内容生动，形式不拖泥带水。

总的来说，画面的内部运动是指场面调度而言的，外部运动是指构成——即蒙太奇，镜头的转换。只有通过构成和场面调度，才能发挥电影艺术的独特性。构成从某种意义上来讲，是电影语言的文法和标点，只有很好地运用这一手段，才能有力地展示戏剧冲突，刻画人物性格，表现环境气氛。但在运用时必须掌握它的分寸，要做到恰如其分。

下面谈谈调度在《风暴》中的运用：

施洋在车站说理这场戏在舞台上讲了六分钟，经过删减，电影上仍有四分一秒的时间，有三百多呎，片子再不能缩短了，这样

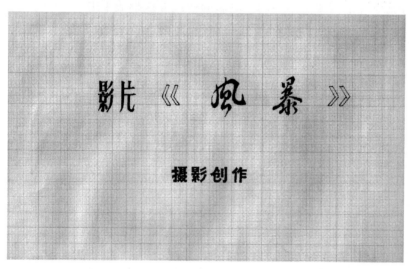

>> 影片《风暴》摄影创作手稿封面

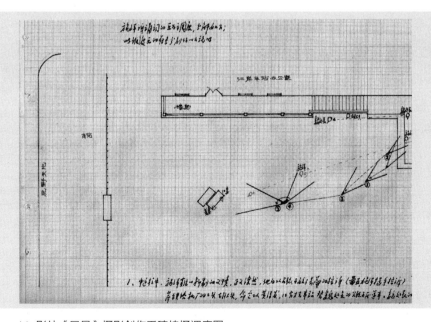

>> 影片《风暴》摄影创作手稿首页

>> 影片《风暴》摄影创作手稿拍摄调度图

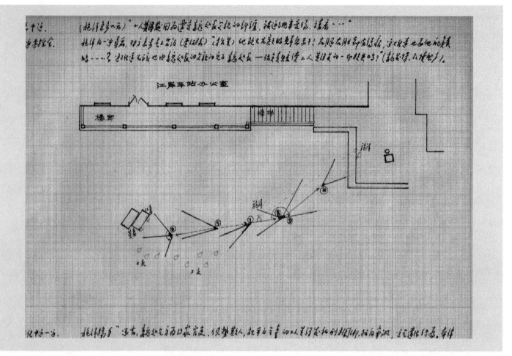

>> 影片《风暴》摄影创作手稿拍摄调度图

长的镜头是很难处理的。当时，我们也经过争论。最后提出两种方案，一个方法是一个镜头下来，一个方法是分切。拍摄前我参考了《历史的教训》中季米特洛夫在法庭上辩论的细节，是用分切镜头来表现的，但这并不适合《风暴》的表现。经过分析研究，最后决定运用场面调度来表现，在这个镜头里共有十个调度。

施洋从人群中走出来，纵深场面调度，由远而近，给观众一个思想准备。

施与魏相见。施不理魏，魏在施背后占很小位置。镜头中远，推成施的中近，描绘了施的面貌。

接着施洋疾奔向群众，发表了人们盼望已久的长篇宏论，镜头从全景推进，把魏推掉，而后成施的中近景。当提到黄时，镜头摇到黄，黄把事件发生经过叙述完，镜头再摇到施，成施一个人的中近景。从中近景回到近景，然后让镜头跟着施洋走。提到魏处长时，随着施洋的转头和语气的转换，镜头焦点就到躲在墙角下的魏处长，他吓得目瞪口呆，画面上出现对立的形象。讲到"哪个妻子没有丈夫？"镜头摇到江有才妻子身上，慢慢地推成她的特写。"这难道是公正吗？……"这时候镜头又摇到群众，描写群众的反应和情绪。"还有……"施洋进入画面，控诉魏的镜头跟着施洋摇了180度。这里施洋入画和180度的摇提加强了画面的动势，推动了戏剧节奏走向高潮。最后很快地推成施洋近景，结束了这个镜头。

这种调度使画面丰富起来，镜头由客观到主观，又由主观到客观，由并列到对比，又由对比到并列，经过了这样的内部调度，虽然有四分钟，但却不使人感到枯燥，反而增加了节奏的上升，展示了戏剧冲突，表现了群众运动的气势，改变了敌我形势的对比。自此以后镜头转换了。从这里，可以看到场面调度是展示戏剧内容的法宝。作为导演和摄影师一定要很好地研究这门学问。

再讲讲构成上的例子——工人下工向老君庙走去，俱乐部改成工会，这是过场戏，很短，但要描写出工人踊跃参加工会的情形。林的讲话在这里倒是次要的，主要的不在于写林祥谦，而是要通过他的讲话把镜头移到外面去。见工人纷纷走来，镜头摇到孙玉亮换工会的牌子，几笔就把这个事件充分表现出来，如果只停留在老君庙拍林的讲话，就显得枯燥了，行为的深刻性就不够。

老君庙内施洋谈十月革命，转到林祥谦讲革命这场戏，要达到诗情画意，又要描绘群像。我们有意识地把画面安排了两个中心、两个层次、两种性格。开始是大全景，施在前，林在后，主要描写气氛。镜头慢慢地推到施。当施洋刚讲完话，镜头又开始慢慢地摇到林，在摇的过程中，语言开始转换，同时节奏也开始转换。施是比较文静的，而林的动作则是比较激烈的（这一点符合林的身份），运用调度表现了两个人不同的性格。

　　群众游行到总工会成立，有意识地安排了三个层次：第一是群众欢聚在街上，第二是对峙，第三是冲击。根据这三个阶段，艺术上用了不同的处理方法。第一阶段从与吴佩孚交涉失败，林、孙、何等工人说"我们要干到底"这句话后，开始转入浩浩荡荡的游行队伍，旗帜飞舞，军乐齐奏，群众欢腾激荡的情绪。当面前出现敌人时，队伍停下来，军乐停了，镜头开始转了，是从音响、行动上给观众一个预示，下面就进入了对峙局面。接着描写了敌人的凶恶和施洋的智慧与勇敢精神，瓦解了敌人士气，造成对峙气氛，都是用声的效果。第三个阶段从施把敌人的士兵说动，枪口方向掉过头来，林由中景推成近景，林喊："冲啊！"又马上跳到大远景，给人以强烈的感觉，音乐音响同时奏起，运用了一些短促镜头，节奏很快地描绘了工人大无畏的精神，利用警察局局长逆人流的挣扎，揭示敌我力量的鲜明对比，渲染了工人阶级的气势和削弱了敌人的气焰。

　　宣布罢工也是分为三个阶段来处理的。第一阶段主要是渲染罢工的气氛。早晨，工人区的全景，太阳刚刚出来，这个镜头描写了时间，也描写了人们的等待，寂静的画面与后面动的画面形成了对比，没有音乐也造成一种内部节奏的上升（此时无声胜有声）。没有戏剧动作，表现人们等待的焦急心情（内心的动作）。这时，画面的调子也暗，目的也为后面调子的变化形成对比。第二阶段行动开始，汽笛鸣叫，这时调子开始由暗转明。人物动作看起来是缓慢的，但表现着沉着有力的含义，展示了工人内心的对敌仇恨。此画面的内在节奏一步一步上升，直到最后阶段，林宣布全线总罢工开始了。这时，工人阶级的队伍浩浩荡荡的气势开始上升，标语、横幅、传单，声势浩大，形成了罢工高潮，节奏由静止上升到运动，这样的变化是符合剧情需要的。

　　罢工群众气势的蒙太奇方法——万人大游行，这里包含了画面构成的方法、音响的蒙太奇方法、影调转换的蒙太奇方法。

镜头举例：

A．江岸码头的大远景，环境气氛的交代，钟声是信号的开始，巨大轰鸣的钟声与前面寂静形成一个强烈对比，造成音响上的特写。给观众造成突如其来的感觉，画面中的动作是各路人马向租界进军。

B．从租界内向外看，以英国旗作前景，表现队伍冲进租界，是上一个镜头节奏的继续，从缓慢到急剧，从大远景到俯瞰人群造成冲击的洪流，节奏发展了。

C．马路上沸腾的人群连续了上一镜头，节奏变为上升，采用降格拍摄（16—20格）。

D．大远景，从摇到升起来，由于配景缩小的作用，夸张了人们涌到领事馆门前的动势和冲击力，这个镜头用广角镜头，降格20格拍摄。这一镜头与上一镜头比较，画面内部的节奏是差不多的，但由于如上机器本身的移动，使节奏感更加强了。

E．以施、林、何等人的前景仰拍英领事，表现了力量大与小的对比，工人阶级在这里是巨人，带有雕塑性。

F．镜头跳到英领事馆屋里，英领事不敢正视群众，躲藏在窗帘后面，束手无策，造成了情绪上的对比。

G．全景俯摄推下来，浩大的气势与第六镜头形成了对比。

通过这七个镜头，显示出工人运动汹涌澎湃的气势，非常精简，也造成了鲜明的印象和气氛。

只有不断探索与尝试，才能更好地丰富电影艺术的表现方法，进行创造性的劳动。摄影师必须很好地应用画面调度与构成来为我们的创造服务。

当然技巧是为内容服务的，不能形式主义地运用技巧，只有经过探索才能更好地为内容服务。在《风暴》拍摄中探索这条道路是做对了。当然还存在缺点，这是发展道路上不可避免的问题。以标

新立异作为起点，逐渐形成自己的风格流派，还必须多学习、多交流、多研究，逐步熟练地掌握各种电影表现手段是我们今后的任务。

（五）布景和光的问题

影调的产生，画面的明暗，主要是由于物体反射光线的强弱而形成的。有人说，"布景是躯体，光线是灵魂"，光线的处理对画面的生动性有生杀之权，因此要求我们要特别谨慎地运用光线。常常有这种情况，尽管美工、演员、导演都处理得很好，但因为光没有处理好，而影响了其他方面的表现力。

关于美术设计，舞台与电影是不同的，电影只有当处在远、全、中全景时才是描写环境的，而近景则以人为物。在拍全景时，要注意美术设计的特点，与美工师的创作统一起来，才能使美术设计获得生命力，这就要求很好地运用光。在处理远、全的光线时易杂乱，用光必须单纯，要显示轮廓与层次而主体又要突出。伦勃朗的绘画就有这个特点，中国的绘画也有这个特点，远景是有层次、有重心的。

相反在近景特写时，因为要揭示人物性格，则用光就要复杂仔细，愈简单就显得单薄呆板，没有生气。我一般拍特写用到十七八种光，来刻画人物精神面貌。

用光的一个重要原则是要真实，富有生活气息，不能假设许多不可信的光线效果。虽夸张是允许的，但不能虚假。

我们在用光的时候，既不要害怕，缩手缩脚的，也不要胡来，乱七八糟地胡思乱想。怎样能准确地运用光，就包含着摄影师的思想与艺术、修养与实践。

总之，摄影师的创作必须以现实主义态度真实地反映生活与刻画人物，有目的地展示自己的思想，才能创作出富有生命力的艺术形象。在运用光穷尽技巧和表现手段时，还要考虑影片的统一性、一致性和完整性，同时要把主题思想、戏剧内容、情节冲突、人物性格时刻记在脑海中，指导自己的实践，才能开阔自己的思想，达到创作的深度和广度，才能完成影片的主要创作人员——摄影师在影片创作中的重要任务，拍出完美的影片。

（1961年3月25日，记录整理：金燕茜、张益福、黎锡；

2015年4月，编辑整理：卢小飞）

影片《东方歌舞》的艺术处理方案^①

影片《东方歌舞》基本上采取艺术纪录片的形式，以拍摄亚洲各国的舞蹈为主要内容。

整个影片力求真实朴素地反映亚洲各国舞蹈艺术的原貌，展示各个舞蹈的民族特色，并通过电影的造型艺术来表现这些丰富多彩和历史悠久的舞蹈艺术。

一、片头的处理

通过绘画、音乐和解说词的三者结合，以简练易懂的词句，生动活泼地表现出影片的舞蹈内容。

解说词的概括含义：

1. 亚洲各国的舞蹈艺术不仅有着悠久的历史，而且富有民族特色，是世界文化艺术中的一颗光彩夺目的明珠。

2. 中国人民非常热爱和尊重亚洲各国的舞蹈艺术，愿意虚心认真地学习各国的艺术长处来丰富自己。通过影片还使我国人民对各

---

① 《东方歌舞》是当年摄制组很下功夫拍摄的一部艺术片，据参加拍摄的人讲，全片已经拍完，从样片看非常漂亮和动人，在摄影上堪称完美。然而赶上"文化大革命"，一耽误就是10年，连整本的样片都不知道哪里去了。后来剪接成《彩蝶纷飞》出品，但已经完全不是当初拍摄的样子。此文权当作历史的记录。

国人民的文化艺术有所了解，增进同亚洲各国人民的团结和友谊。

为了较为鲜明地表明这是一部舞蹈影片，因此在片头部分用画家叶浅予同志为影片所作的舞蹈场景和个别舞姿的绘画作媒介，然后转换成舞蹈。

在富有浓厚中国民族色彩的主旋律作基调的片头音乐中，又交替出现亚洲各国的民族旋律。随着音乐渐渐进入，一幅具有各种不同舞姿的绘画展现在观众面前，这时优美的音乐渐渐进入热烈，镜头也越推越近，清楚地看到一群富有青春魅力的少女在挥舞着红绸，在强烈的打击乐声中，迅速推出片名字幕。

字幕消失后，镜头移动到另一舞姿，这时旁白开始，镜头又移动到另一舞姿，与此同时，在绘画的空白处出现了职演员字幕（字幕的布局同绘画要有机的统一），待职演员字幕消失后，镜头又摇至另一幅绘画，然后又出现职演员字幕，依此类推直至摇到最后一幅印度尼西亚舞蹈《班内》的舞姿为止，最后再从这幅绘画化到电影《班内》的舞蹈场面。

从影片的整个处理来看，这个构思比较安静，片头的绘画同后面出现的舞蹈节目也比较统一，还能较好地发挥画家叶浅予同志的绘画的作用。

片头的另一构思是：随着音乐声较快地淡入一个健康活泼的少女在挥舞红绸的形象，红绸随音乐声越舞越快，在兴奋和活跃的场面中，交替出现少女欢快和红绸飞旋的形象（约三五个简短有力的镜头），最后红绸很自然地挥过画面呈现出叶浅予的一幅群舞绘画，随之迅速推出片名字幕，以后绘画陆续出现，不再用红绸划过。其他与第一方案相同。

这个方案较前一个显得新鲜活泼，同影片结尾的红绸舞能够相互呼应，而且一开始就能展现出舞蹈片的特色。

以上两个方案经讨论后，认为各有其特色，准备同时拍摄，再

作选择。

二、全片节目的顺序和衔接

节目之间的衔接不用绘画来间隔，而是要做到节目与节目之间本身的有机衔接。

1.《班内》

开端——一幅六个少女托着一盘玉白色的鲜茉莉花的舞姿（绘画），随着铿锵的打击乐声，旁白开始，把优美的舞蹈内容介绍给观众，这时背景上化出椰树林和闪烁着的点点金塔，旁白刚完，少女又化成了人物的舞蹈形象，翩翩起舞，当她舞到一旁，背景迅速化成庄严肃穆的神庙，六个少女虔诚安详地跪了下来。

结尾——一位庄重而沉静的少女双手合十，端庄安详地跪着，用纤细的手指将茉莉花撒向天空，随着音乐声朵朵茉莉花缓慢地飘舞着。

2.《八木小调》

开端——在清脆的打击乐声中，飞舞的茉莉花朵已化成盛开的粉红色的樱花丛，远处有白雪皑皑的富士山，具有日本民族特色的歌声远远传来。随之出现旁白，旁白刚完，镜头就化成一片绿油油的阡陌田埂。远近樱花成林，散发出一股诱人的早春气息。一群日本青年农民劳动之后，以欢快的心情挥舞着花伞。

结尾——一群日本农民俏皮地转动着绘有涡纹的花伞，伞上的花纹像一簇簇鲜艳的花球滚滚而来，逐渐向花丛中隐去，（摄影机跟拉横移动）前景一片樱花怒放。

3.《百花园中的仙女》

开端——随着带有神话色彩和幻觉的音乐，一朵朵盛开的樱花逐渐闪烁出奇异的光彩，五光十色的斑点像耀眼的宝石一样在眼前跳动，这时出现旁白，旁白结束，从跳动着的五彩缤纷的异彩中化出一个小小的塑像剪影，摄影机往前推去，灯光柔和地亮了起来，剪影又化成了翩翩起舞的仙女，同时在画面上又呈现出四个伴舞的仙女形象。

结尾——仙境里，一团云雾向画面涌来，朦胧一片，一群仙女渐渐消失在云雾里。

4.《草笠舞》

开端——在音乐声中云雾逐渐消散，隐约显现出一顶像花朵一样的富有黎族图案特色的草笠，这时出现旁白，旁白刚结束，随着姑娘们"咦——"的一声，草笠迅速甩开，音乐也变得活泼而清新，突然一个天真活泼的黎族姑娘（特写）俏皮而又喜悦地用两只乌黑的大眼望着镜头迅速拉远（用变焦距），一排姑娘神采焕发地向前跳来。

结尾——黎族姑娘肩并肩地迎镜头跳来成一人近景，急速的音乐声突然中止，一束灯光在姑娘的脸上渐渐隐去。

5.《古典双人舞》

开端——随着典雅的音乐声淡入，一幅绘有缅甸图案的帷幕随之化入，帷幕渐渐揭开（摄影机缓缓向前推），又一幅不同色彩的帷幕徐徐揭开（摄影机继续向前推），第三幅帷幕也揭开了，在宫廷回廊的尽头，王子和公主在黑色的镶着金色图案的大理石板上舞蹈，显现出多端的舞姿。

结尾——王子和公主向前舞来（摄影机跟拉），他们渐渐向一幅帷幕的后面舞去（拉摇），帷幕挡住镜头，音乐和光线渐渐弱了下去。

6.《盅碗舞》

开端——从帷幕缓慢地摇到蒙古包场景，这时出现旁白，旁白刚结束，随着低沉的锣声，紫红色的帷帐渐渐亮了起来，帐前出现了舞蹈者的剪影，然后在锣声的延续中另一道灯光又照亮了舞蹈

者，于是具有蒙古民族特色的马头琴奏出了悠长的旋律，一位蒙族少女轻捷柔和地提臀起舞。

结尾——在节奏越来越快的音乐声中，舞蹈者从头上轻捷而富有节奏感地取下盅碗作亮相动作（切出）。

7.《收割舞》

开端——（淡入）金黄色的太阳和金黄色的谷穗呈现出一片丰收的景象，到处洋溢着欢腾的歌声，这时出现旁白，旁白的结束，健康、奔放的两队锡兰青年男女从两侧有节奏地舞来。

结尾——舞蹈者顶着丰硕稻穗以喜悦的心情迎向镜头，摄影机推向前去，随音乐的转换，推出下一节目《赞王歌》的场景。

8.《赞王歌》

开端——透过富有尼泊尔民族特色的建筑，看到喜马拉雅山的远景旁白开始，旁白结束。一个尼泊尔少女在载歌载舞。

结尾——尼泊尔少女用双手合十，向人们祝愿中尼两国永久友好（切出）。

9.《热巴》

（切入）银白色的喜马拉雅山，庄严地耸立着，这时出现旁白，旁白结束。

开端——一群藏族男女青年热烈欢呼，一位老艺人带着热巴队蜂拥而上。

结尾——从热闹的场面到全体亮相。

10.《咙呛》

开端——（淡入）清澈的月夜，山峦起伏，远远传来几声芦笛声，呈现出一幅越南山区的夜景。（两三个空镜头）一位越南少女在月色中轻盈地舞来，显得分外柔美。

结尾——一位越南少女随着舞蹈动作向前迎来，（镜头推近）她自然而柔美地舞起双臂，仿佛在向谁召唤。

11.《拍球舞》

开端——随着富有跳跃性的音乐，一位天真无邪的印度姑娘，俏皮地迎镜头跑来，敏捷地接球挥舞。

结尾——印度姑娘在音乐声中好像发现了球，露出喜悦的神色，向前望去（镜头推近）。

12.《叙利亚舞》

开端——一队强悍的叙利亚男女青年肩并肩、手挽手成横排，边喊边舞节奏明快地迎镜头舞来。

结尾——叙利亚青年从侧面舞向镜头，镜头又迅速向前推去。

13.《弓舞》

开端——（化入）一朵富有鲜明形象性的云彩，旁白开始，旁白结束，鼓声渐起，印出一个击鼓的画面，约2秒钟，鼓声和画面一起淡出，然后镜头从云端摇下俯瞰成一个有白玉栏杆的广阔的练武台，两队武士雄赳赳、气昂昂地面对面步上一级级的阶梯。

结尾——一个练武者跨步射箭，成一雕塑姿势（镜头推近，淡出）。

14.《牧羊女》

开端——手鼓急促地敲击着，在手鼓声中化入牧羊女从远到近，赶羊上场的画面，这时抒情的塔吉克音乐随之而起，同时出现旁白。

结尾——天色已晚，牧羊女找到了心爱的小羊，抱着它，把羊群赶回家去。（镜头拉远）牧羊女逐渐消失。

15.《脚铃舞》

开端——脚铃声由远而近，越来越清晰，辽阔无际的巴基斯坦海滨，一抹金黄色的落日余晖映照着椰树林，这时旁白开始，旁白刚结束。两队盛装打扮的姑娘和小伙子热情而有节奏地从两边舞来。

>>1977 年，叶浅予作画《彩蝶纷飞一个镜头》

结尾——一对对青年男女兴奋而富有激情地迎镜头舞来，他们越舞越近，音乐声也越来越强烈，直到舞出画面。

16.《欢喜》

开端——化入俯瞰的蒙蒙的丛林，笛声像黎明的鸟叫声，极其轻微地渐渐起来，镜头徐徐推近，同时出现旁白，旁白结束。一个穿着玫瑰红衣裙的朝鲜姑娘，像一朵含苞欲放的鲜花似的渐渐吐露出它的芬芳，翩翩起舞。

结尾——她带着欣喜的心情急速地旋转着，鼓声音乐声也急促地响着，裙子飞舞着，从上面俯瞰下去，像一朵盛开的牵牛花。绿色的森林在她身后飞旋着，随着越来越高涨的乐声，只见她的一副少女的脸庞越来越显得幸福（化出）。

17.《红绸舞》

开端——从强烈的音乐声和飞旋滚动的红绸中拉出成红绸舞全景。

结尾——在火红热闹的红绸舞壮阔场景中机器迅速推向红绸（用变焦距镜头）。

三、全片结尾的处理

全片在《红绸舞》最高潮中结束，推出"完"字。结尾要干净利索，不拟再用绘画。

关于电影摄影技术的几点思考^①

一、新胶片的出现，对于发展摄影技术，宽银幕方法和工艺的改进，提供了很大的可能

20 世纪 70 年代末期，美国伊斯曼高温快速 5247（ASA100°）彩色胶片出现后，比起原来的 5254 型号胶片，无论在感光度、色彩反差及鲜明度上都有较大的改进。对于电影摄影师创造生动的画面质量给予了很大的保证，已被全世界电影摄影师公认。在此同时，日本富士厂也生产出同类型号的 8517 彩色片，只是在色彩反差、影调上比 5254 软一点，应该说彩色质量还是好的。1980 年我曾访问过日本富士厂，据该厂技术负责人介绍说，这种软调子，是由日本民族美术爱好所决定。他们喜爱樱花，因此色调宜软不宜硬。我觉得这个回答是很艺术的。谈到今后如何提高胶片质量，他们的回答是：①提高胶片感光度；②提高画面银像质量，加强研究细银粒的方法。1982 年据说该厂已生产了 8518 型彩色胶片，感

① 这里收录的是朱今明同志关于电影摄影技术的一组谈话或短文。其中谈到的一些具体的技术问题，在科技发展日新月异的今天，可能已是明日黄花。但是从中可以看到他对技术问题孜孜以求，勇攀当时电影科技前沿的探索精神；对国家如何发展电影技术的真诚进言和建议；特别是他对教育后生晚辈的满腔热忱，读来令人感动，值得学习。

光度为 ASA250°。吸烟划火柴都能得到较好的真实反映。如果运用快速镜头拍摄，就可以在任何环境无须补助光，随时可以进行拍摄。这就能使画面获得更真实的艺术效果，例如拍街道夜景，效果之好是不言而喻的。当然拍摄人物还得补一点散光，因为胶片的反差还有一定限制，还不可能和肉眼获得一致的效果。总之，新胶片的出现对电影摄影创作，增加了自由度和真实性，能够很方便地进行工作，减少了布光的人为虚假效果。质量好的胶片必然带来新的工作方法，比如美国和日本很多故事片都采用 16 毫米摄影机拍摄，最后再制成 35 毫米发行拷贝。日本故事片《故乡》就是这样做的。能搞得和 35 毫米拍摄的同等画面质量，这就大大简化了拍摄的难度。

很可惜，由于生产了高质量的彩色胶片，1981 年以后黑白胶片也停止生产了。从商业角度看，彩色影片获利高，可从摄影艺术观点来看，是扼杀了黑白片这样重要的一种摄影艺术形式与风格。多少年来，世界上著名摄影师在黑白画面创造中，积累了丰富的创作经验，创作出丰富及生动的形象：版画式的线条、水墨画的影调。黑白片是最能考验摄影师的功力的。许多著名的摄影师都是从黑白片的拍摄中练出来一手过硬功夫的，运用光线与黑白灰的阶调创造出极其生动、丰富多彩的画面形象。

随着 5247 彩底的出现，相应又制出了伊斯曼 5249 型的反转底片。这样一来，不仅简化了反正、反底的工艺过程，提高了反底片的画面质量和印制大量发行拷贝，对于关心画面质量的摄影师来说，当然是很欢迎的。

二、新胶片的出现对宽银幕影片工艺的改变、宽银幕方法的改进有很大影响

20 世纪 50 年代初，世界各国多种宽银幕方法的出现不下十余

种，主要是和画幅比为 3∶4 的电视屏幕竞争。经过若干年的艺术实践、生产实践，其中西尼朗玛、潘的维新等被淘汰。TTO（70 毫米）和西尼玛斯柯普（光学压缩比 1∶2.35）被保留下来。

在世界上占有优势的"西尼"系统，由于只改变光学装置，其他的工具、工艺都不改变，所以较易普及，加上立体声效果，曾引起不少观众的兴趣。

从画面质量看，TTO 是名副其实的大银幕。优异的画面质量加上立体声，1∶2 的高宽比适宜构图，这都是优越的条件。问题是制片成本较高，原有的工艺设备全部要改变：摄影、洗印、放映全部要更新，因此不宜普及，世界各国只有极少数可以拍摄 70 毫米影片的。

从摄影艺术实践、理论研究，对画格比例的要求有各种不同的议论。各国摄影师对于 1∶2.35 西尼系统画面比例是很不满意的。因为电影画面的内容主要是表现人物的，这样画面的高宽比使人物肖像构图不饱满，因而失去艺术感染力。对于表现场面的构图，这种制式还是可以的。不过由于光学压缩关系，致使画面清晰度差，损失很大，在摄影艺术的表现上，处于不利的地位。

70 毫米 1∶2 的构图比率是比较适合摄影艺术要求的，既适合拍摄人像，又适合拍摄场面。而且底正片放大，对提高画面的影像及色彩质量极为有利。影院一面大墙上充满画面，给观众以身临其境的感受。但是由于设备资金很高，中小国家不易办到。

按照 20 世纪五六十年代国外的宣传，国外影院 95% 为宽银幕立体声，鼓吹要消灭普通银幕和黑白片。实际情况并非如此，影院仍是以普通银幕为主，兼放宽银幕。到 20 世纪 70 年代中期导演和摄影师们基本上从艺术到技术都否定了"西尼"系统的宽银幕，并不以此为荣。到 20 世纪 80 年代，国外 3∶4 的普通银幕仍是主要的电影形式。在日本 4/5 是普通银幕，1/5 是宽银幕（其中包括 70

毫米）。美国可能多一点，但是来中国访问的艺术家们对宽银幕的画格比例、影像失真度大都是持否定态度的。总之，宽银幕立体声的出现，应该承认是一种电影形式的发展，有其优点和特色。但画幅比例的选择始终有不同的观点和主张。

我的观点，这个比例应当是 1∶1.8—1∶2。横幅不宜过大，否则不宜表现人物。我觉得现在的 1∶1.66 也是很好的画幅比例。新胶片的出现，对发展宽银幕画面给予很大的可能性、优越性和自由选择不同画幅比例的实践基础。对于提供发展宽银幕方法、改变工艺、提高画面质量提供了有利条件。带来了画面清晰度高、色反差加大、色彩鲜明及感光度提高等诸多优点。

宽银幕方法基本有三种：

1. 采用结像力、清晰度较高的镜头，拍成优质画面，并免除了"西尼"光学压缩造成的影像清晰度减弱和失真的缺点，免除了 70 毫米制片系统价格高昂的改变工艺、增添设备的弊病。

2. 以普通画面经过光学印片机的过程。如西尼系统则附加 1∶2 的光学镜头将画面影像平面压缩（平均的影像压缩）印成伊斯曼反转底，即成为西尼系统的理想底片，即可印成大量拷贝，其影像失真度减低至很小的程度。70 毫米系统，当然用同样方法印制成 70 毫米的反转底，再印大量的发行拷贝，其画面质量并不降低，但可简化工艺，减少设备，节约成本。

3. 随着新胶片的出现和印制宽银幕系统的需要，目前采用两种画幅比率，除了普通银幕 3∶4 的制式外，还有 1∶1.66 和 1∶1.85 两种。在美国采用 1∶1.85 为多，其目的是作为中间片的。日本及东欧国家多采用 1∶1.66 制式，既可作普通放映用，又可为制作宽银幕的中间片用。我们采用 1∶1.66 制式，目的也在于此。中小国家宽银幕放映不是主要的，故应采用这种两全其美的办法。

我国采用遮幅式宽银幕的方法完全正确，应该避免采用西尼光

学压缩的方法来拍宽银幕。我们具有高质量的光学印片机和印制大量拷贝的印片机，可以适应制作国际交往"西尼"系统的宽银幕，同时满足国内的需要。

拍好遮幅式宽银幕的重要基础：①光学质量高的定焦距镜头（不宜采用两头结像力、清晰度差的变焦距镜头）。②要有定位针设备，稳定性高的输片系统装置，取消小机器拍摄。③要有灵活、稳定的云台（保证画面动作稳定）保证获得质量高、稳定性强的画面，才能制作各种系统的宽银幕画面。这些基本元素必须严格要求。

还有一种方法国际上并不重视，也无人提倡。我觉得很适用于中小国家，是一种最经济的办法。只需要在放映机前附加短焦距镜头和一个反射率强的大银幕就成了（我们已做过试验，尚未深入研究）。这种画格比例可以自由选择：1：1.66，1：1.85，1：2均可试验。

此外，还可以考虑另一个因素，就是利用胶片面积的最大范围，就是35毫米底片画格面积扩大，把声带位置都利用进去，把输出齿的左孔到右孔范围之内都利用进去。这样做对提高画面质量有很大的好处（减少放大倍数）到印片机印制放映画面时，再保留声带位置。这样做是有利而无害的，稍稍把底片画格变动一下就可以了。

在国际电影技术理论上也提用16毫米摄影机拍宽银幕的建议。除了经济、节约的结果是显而易见的，但经画面放大后画面的清晰度、影像质量如何，仍是值得探讨的问题。

总而言之，5247新胶片出现以后，摄影技术特别是宽银幕方法、工艺都有很多的变化和改革，是电影技术的一大进步。因此，要考虑我国摄影技术发展方向的探索与研究，要引起我们的注意，要考虑摄影器材的基本建设和要求，如何分期、分批满足摄影技术的发展和要求。

1.目前仍以拍摄普通银幕为主，摄影设备主要满足目前生产的需要，解决基本的设备问题。

2. 减少或不拍"西尼"系统的宽银幕，因其画面质量不高。

3. 我们提倡采用遮幅宽银幕 1：1.66 转换成 1：2.35 西尼放映系统。将来有条件转换成 70 毫米画面（可到日本代印制）。

4. 逐步改善摄影设备，淘汰落后设备。

（1）目前好的光学镜头未得到改善之前，变焦距做定焦镜头使用。

（2）增添带定位针输片装置的摄影机。

（3）注意增添质量高的云台及附属设备等等。

关于色彩与光的运用

这是 1954 年朱今明先生和一位外国摄影师的谈话。就彩色故事片在摄影创作上的问题谈了自己的一些看法。其中一些问题到今天还是值得讨论和探索的。

问：朱，你对彩色故事片的摄影创作有什么看法？

答：老实说，彩色片对我并没有很大的吸引力。我对彩色片的摄影创作问题的认识，是有一个很长的过程的。早在 20 世纪 40 年代，我看过许多当时著名的美国彩色故事片。那时彩色片刚刚盛行，对观众的吸引力很大。但据我看，这些摄影师在影片摄影创作上是走回头路了。看不出创作者的匠心，摄影运用光线这一个塑造人物形象、烘托主题的重要武器几乎消失了，看不出什么道理来了。

问：朱，你说在彩色片摄影制作上，色彩和光线哪个重要？

答：摄影师的创作主要是运用光线在画面上突出主体，塑造人物，创造环境气氛，借此来表达影片的主题。当时同样是美国摄影师拍的黑白电影故事片，已经达到很高的水平了。像 G.福特拍的《三岔口》和反映民族斗争的《烈》，在运用光线造型上显示了很高的造诣。当时许多的英国黑白片也拍得很好，很像荷兰著名画家伦布朗的艺术风格，在构图中用大面积的暗部突出亮部的主题，因此就十分醒目，如同万绿丛中一点红，强烈的对比中，这点红就很突出了。通过他们精心营造的画面可以看出用心良苦的匠心和构思。相比之下，在当时彩色片的制作中就失去了善于运用光线这个特点。画面上主要是色彩的堆积，看起来色彩缤纷，富丽堂皇，但骨子里却没有东西，就像浓施脂粉的肤浅女人，没有思想，没有感情。

问：朱，我同意你的看法。光确是摄影创作的第一要素，确实在用光上，黑白片是最能考验人的。电影发展到今天，你又是如何想的呢？

答：首先还是要把摄影创作的概念转过来。即使在彩色片摄影，艺术地运用光线仍是第一要素，色彩的运用是第二位。不能用炫耀色彩来制胜。20世纪40年代末，一个偶然的机会，我连看了两部彩色片，其中一部是英国影片《思凡》，是反封建的主题。看了这两部影片之后，引起我对彩色片一种新的想法。这两部影片能吸引我，就是把色彩运用到光的效果上来了。运用色彩来烘托人物思想感情的变化，这就有了新的生命力，使我逐渐改变了看法，也得到了启发：把色彩变成光的辅助手段，用色光来烘托人物的情绪变化。影片《思凡》中有这样一个场面，女修道士不愿在修道院埋没她的青春，企图夜奔离去，但又胆怯这种矛盾的心理。这时摄影师运用色光的变化，把修道院拍成残酷无情的深渊。两只血红的眼睛向往着自由，于是决心逃出地狱似的修道院。这个场景中，摄影师巧妙地运用冷色光源来烘托人物内心恐惧的变化。矛盾到顶点时，又突出红色的眼神光，人物的惊恐神态变幻成向往着自由的希望，艺术地塑造了人物精神状态的飞跃，决心逃奔出去。这个场景展现出色彩的感情作用，这是很有力的表现手段。

前天看到《奥赛罗》的样片，拍得很好。特别是奥赛罗受骗刺死苔丝特梦娜一段，奥赛罗的眼睛色彩发生了变化，突出地表现了他感情变化的强烈反差。说明色彩是有思想性的，是反映情感变化强有力的表现手段。

摄影艺术创造的几个问题①

讲座会又讲又座谈，形式自由，内容活泼，有问有答。这种方式谈的问题可以广泛一点，互动的双方都能得到启发和补益。

一、导演和摄影师的合作关系问题

不外乎两种：一种是资本主义的雇佣关系。影片的构思、设想、处理都按照导演、制片人的意志走。据说《没下完的一盘棋》在拍摄中，导演不仅掌握画面，连光怎么打，怎么处理都要听导演的。摄影师的从属地位可想而知，他的创造性可以说无从发挥。我认为只发挥一个人的作用的方法是不可取的。

当然其中也有例外，比如我们熟悉的黄宗霑大师，他受人尊重，在任何拍摄的影片中都有创造，与导演合作也默契。他有几个经常合作的导演，在创作上有共同语言。这毕竟是极个别的情况。

我们主张集体制作，导演作为创作的组织者和领导者，这也是以导演为中心的一种合作关系。

电影艺术本身是一种综合性、科学性的新的艺术形式。它涵盖了文学、戏剧、绘画、造型、音乐等诸多因素，是集体协作、共同

---

① 1985 年 5 月 22 日上午，在北京电影学院的一次讲课记录。

完成的。

我们平常说，一个本子、一个班子是决定影片质量的终极因素。这话有道理，是经验之谈。剧本是一剧之本。有人说剧本成功了，影片就成功了一半。这话有点儿夸张，但说明了剧本的重要性。班子，就是导演为中心的创造集体。其中就有摄影、美术、演员、音乐等重要部门，这是创作能够成功的重要一环。

剧本是文学性的东西，其主题、情节、人物性格、生活细节等各方面的描绘，如何体现成银幕上的生动形象——成为一个完整的、形象化的电影艺术，主要经过思考、探索、研究、讨论，深思熟虑才能逐渐形成构思。分镜头的过程，就是各种不同的创作意见趋向一致的过程，也是导演意图、设想、阐述、启发各个创作部门的过程；达到统一思想、统一行动的过程，也是电影再创作的一个过程。在这之后才能产生摄影构思与设想，并逐渐成熟。否则，你做的一切都是无的放矢。

讲两个小故事。一是1951年和导演成荫同志拍《南征北战》表现我军的全面反攻，他希望能在一个连续的画面中既能看到我军英勇作战的磅礴之势，又能看到敌军丢盔卸甲狼狈逃窜的各种细节。这个长镜头仅靠推拉摇移还不能胜任，我设计了中国第一代的土升降机，镜头得以将各种运动形式集为一体，运用构图变化和光线变化，全方位地展示了山头争夺战。一气呵成，较生动地体现了毛主席运动战的战略战术，跟敌人争时间、争速度，终于抢先夺得山头，获得胜利的动人场面。

这个长镜头的产生是导演和摄影紧密合作的结果。探索出镜头内部的调度在20世纪50年代初还是一个全新的课题，证明导演和摄影的默契与合作是电影艺术成功的必需的前提。

另一个例子。拍《烈火中永生》时，渣滓洞监狱是个重要的场景。我们实地考察了监狱的状况，不符合戏的要求。如"绝食斗

争""牺牲烈士追悼会""越狱斗争"等大场面不易集中表现。我们观察了其他许多监狱，都是具有四川特点的，在造型上产生了一个共同的构思，监狱是一个陷阱，高墙上的天空就是"一线天"，依靠着岩石坡面两排牢房一高一低。摄制组采景回来后，场地外景已经搭成。因尺寸过宽，围墙不够高，就失去了"陷阱"的感觉。拍摄时只能多用俯角。说明没有默契的合作，就往往造成遗憾的艺术。

二、光线和色彩的问题

先讲几个前提：

1. 在摄影创作中，光线处理是第一要素

不同题材，不同内容的影片要有不同的光线处理。摄影艺术主要是光的艺术，摄影艺术的优劣主要取决于光线处理的艺术性和创造性的高低。

2. 色彩是彩色影片的一个重要因素

它更多取决于被摄体色彩的选择与光线运用。如海洋、山川、森林、房屋建筑以及道具陈设。题材不同，有不同的处理方法，古典题材和现实题材要求就不一样。至于对人物造型（特别是主要人物）服装式样和色彩的选择，人物之间的色彩对比，人物与环境的色彩对比和协调，这都是摄影的基本对象，需要经过精心地构思和选择。

3. 基本采用色温在 3200° —5600K 的标准光

采用彩色光千万要慎重。人物的造型，景物的层次主要运用光线来表现，来渲染艺术气氛，严禁乱用彩色光。其目的是把精心选择的人物造型、景物层次、外景色彩、内景气氛、服装色彩如实地反映到银幕上去，不应有任何色彩的混淆。失掉自然的真实，也就不生活了。这几条基本知识必须切记。

色光能不能用？能，但限制性很大。例如人物主要打标准光，暗部的辅助光或装饰光可以用一点淡黄色表现优美、惆怅或是夜景气氛，经运用实践证明是可以的。白种人的皮肤暗部用品红色做辅助光，我试验过，结果是失败，因为我们黄种人没有少女透红之感。在特殊艺术效果中，如夜色、火烧、篝火等等，可以用点适当的色光加强气氛渲染。又如侦探片，表现紧张气氛，用些彩色光效也是可以的。

影片《小花》中过河的场面，表现战斗气氛，用红色滤色镜作为尝试是可以的，但应该说是不成功的。因为不真实，画面也显得不透。

4. 看到美国《金色池塘》《克莱默夫妇》等现实题材影片，在摄影艺术上都有功夫

景很少，一前一后的住宅。人物少、环境光线、色彩有很多变化，细致地烘托克莱默又当母亲又当父亲的心态。构图变化多端，用光简洁朴素，镜头用得适度，无大特写，夜景气氛拍得好。黑的颜色组织到画面里面去了。从门缝中看孩子睡觉，大面积的墙，构图新颖，黑色、蓝色深暗中有层次。人物活动有时处理成剪影。色彩淡雅，没有浓厚的色彩感，这是摄影对生活真实的构思。稍嫌不足的，日景厨房吃面包等场，光的层次稍嫌不足，大概是厨房实景拍摄的缘故。

《金色池塘》表现一对老年人晚年的田园生活。环境幽静，自然风光很美。第一组镜头彩霞满天，表现出"金色池塘"的气氛，很切题。一对老人的生活，自然的生活，平静而有个性，很少突出色彩。人物的平凡生活就是多变色彩的因素。用光洗练、简洁，摄影造型上找不出造作之处，这是高超的技巧，层次感很强，值得学习。从这两个影片朴素的艺术风格，看出摄影艺术的潮流，是重生活真实，极力避免虚假，值得认真思考和借鉴。

三、影片中光线艺术处理的追求

主要反映生活真实，塑造人物形象，渲染环境气氛、层次。首先是重灯光，其次是重色彩。光是摄影创作的灵魂。这就要看摄影师的修养、素质、构思和创造性。善于观察生活，观察人物。生活是千变万化、丰富多彩的，我们头脑里要有丰富的资料馆，储存许多形象记忆和生活资料。要培养对绘画的研究，虽然绘画是静止的，但能提供给我们构图、光线、色彩、形象的参考，开阔形象的思路。文学作品则可以丰富我们形象思维的能力和想象力。

在现实题材拍摄中，广泛运用实景拍摄，效果真实。自意大利新现实主义出现后，镜头多在现实生活中活动。我们现有的设备还不适应这种工作方式，就像 20 世纪 50 年代用 AK 灯照明一样，一个灯就包罗万象，光平，层次缺乏，对表现人物、处理环境都有妨碍。这就需要轻便小型的照明设备。现在胶片质量提高了，需要的光不是很多，这是我们争取改进的，能提高摄影艺术质量，制片厂都要提到日程上来了。大光孔镜头对于在实景中的拍摄效果很好，我们试过在几支烛光中拍摄效果很真实。现在国外有采用 16 毫米机器拍故事片，摄影师的工作更自由了，任何场合都能拍摄（再翻成 35 毫米反转底）。

最后讲一个技术问题，怎样能使影调亲和。

除了光的处理外，我们要学会运用灰滤色镜、偏光镜。灰滤色镜补充暗部的不足。光圈缩小会增加反差（原因是暗部会曝光不足），光孔不应超 T8，我的经验是 T4.5—6.3 比较适宜，前者为人物，后者为风景。

特技在造型艺术上的重要作用

电影是综合性艺术。电影艺术包括文学、戏剧、导演、表演、摄影、美术（色彩）、音乐（音响）等多种艺术因素。电影艺术在新的发展中，各种题材、各种风格、各种样式影片的需要，也大大推动了特技造型艺术这门科技含量很高的艺术门类的发展。特技造型艺术给电影艺术、电影制作提供了极大的可能性，富有无限的创造力。在我们的艺术实践中，早已证实了"特技"这门艺术的特殊功能和艺术魅力。早在 20 世纪五六十年代，我们中国许多影片中都富有创造性地运用了特技造型艺术的许多方法，给影片增添了艺术光彩。

恕我仅用北影的影片为例，《停战以后》（成荫导演、高洪涛摄影）中恢复了旧中国北平的前门地区有轨电车往来行驶，人力车络绎不绝的纷乱情景。在《风暴》（金山导演、朱今明摄影）中反映北洋军阀时期汉口沿江的海关大钟和戒禁森严的英租界殖民地的景象，展示了当年江汉铁路处于低洼地带的贫困工人集居区，长长的列车在屋顶上行驶的惨状，再现了敌人下毒手焚烧工人区造成一片火海，人群绝望地无处逃生的危难镜像。这些典型环境的再现，若无特技造型创造性的工作是完全不可想象的。以上举的仅仅是北影的几个例子，其实各个制片厂都有自己的创造，都从不同的角度和

方面说明了特技造型艺术在电影创作中的重要性和不可或缺性。值得我们重视它，把它更好地发展起来。应当说，在我们中国电影艺术、技术的发展过程中，特技的运用和发展在世界上也不算太晚的。上海明星公司所拍摄的武侠片《火烧红莲寺》《荒江女侠》等影片就大量地运用了特技的处理。例如，接景、飞人、腾云驾雾、掌心雷、幻变、插片等技巧，运用得比较熟练。当然，那还是初始阶段，内容和技巧上比较粗糙。但毕竟为后来特技的发展奠定了基础，积累了经验。

20 世纪 80 年代，中国电影发展到了一个新的阶段。多种多样的风格样式要求更多的技巧。上影拍摄的《白蛇传》在特技运用上有较大的创造性，吸引了观众，赢得了赞赏。北影拍的《孔雀公主》，在特技造型艺术上也做了一些新的尝试和探究。应当说这些艺术实践，是有成绩和收获的，但也有明显的不足之处。我们要认真总结，再接再厉，迎头赶上世界的先进水平和发展浪潮。

摄影机前的《蔡文姬》及其他[①]
——电影导演兼摄影师朱今明答记者问

这是首都处处柳丝新绿、迎春花绽开的日子，根据郭沫若同志创作的话剧《蔡文姬》拍摄的舞台艺术片完成了。当这个由北京人民艺术剧院演出的名剧还在北影的摄影棚里拍摄时，观众以及文艺工作者中间，都抱有各种各样的疑虑：这样一台好戏，搬上银幕后，将会以怎样的艺术形式与观众见面呢？影片将会怎样使舞台剧电影化呢？上了岁数的演员在荧幕上能保持青春的面貌吗？这么长的舞台剧拍成影片，看起来不厌倦吗？……在我们看过影片《蔡文姬》后，这种种疑虑消除了。记者就是在这种情况下，访问了这部影片的导演兼摄影师朱今明的。

朱今明同志是从青年时代就开始电影工作的，是一位老摄影师了。新中国成立前，他参加过《一江春水向东流》《万家灯火》《希望在人间》《三毛流浪记》等进步影片的摄影工作；解放后，他从上影到北影，先后担任了《南征北战》《上饶集中营》《风暴》《烈火中永生》等影片的摄影工作。粉碎"四人帮"后，朱今明同志更以欢畅的心境、饱满的热情参加了艺术片《春天》的导演工作。这也

是他走上导演岗位的第一部作品。影片《蔡文姬》是他担任导演和摄影师的又一作品。

记得早年和朱今明同志在一起工作时，记者就知道他有很认真的创作习惯，他是计划性很强的一位摄影师，他在拍摄一部影片时，对每一场景、每个镜头的角度，总是事先根据分镜头剧本画出摄影机位图来，做到有计划、有准备，一到现场拍摄就可以少费周折，提高了工作效率。听说影片《蔡文姬》的拍摄进度比较顺畅，显然也和他这种对艺术创作的认真态度和周密构思有关。记者这次对他的访问，就从他拍摄《蔡文姬》的体会谈起。

记者： 看过《蔡文姬》的影片了，听到一些反映，一般还是比较满意的。我们刊物准备发一些文章，来介绍一下影片《蔡文姬》的特色，所以，也请您谈谈拍摄这部影片的想法。

朱今明： 郭老是中国伟大的作家、戏剧家、诗人，他的作品对于推动中国文化发展起到很重要的作用，有着和鲁迅一样的功绩。但他的作品还是第一次搬上银幕，把他的作品摄制成影片，和广大观众见面，也是为了纪念郭老，这就是我们拍摄《蔡文姬》的思想。

话剧《蔡文姬》是郭老的优秀代表作之一，它不仅反映中国古代（汉末）历史上政治、文化方面的振兴和发展，这个剧作在艺术上也极其完整地塑造了女诗人蔡琰（文姬）和政治家、诗人曹操的形象。应该说，它不但是一部历史剧，又是一部诗剧，《胡笳十八拍》的诗句，就是高度地概括蔡文姬这位历史上的女诗人的思想、意志和感情的。郭老的《蔡文姬》《屈原》的艺术风格，是完全可以与莎士比亚的《哈姆雷特》《奥赛罗》等巨著媲美的。郭老是中国的一代伟大诗人，他的作品是我们中国民族文化的珍宝！

郭老当年热情地创作话剧《蔡文姬》，是向国庆十周年献礼的作品，在敬爱的周总理的关怀和支持下，由北京人民艺术剧院在1959年精心排演和演出，前后共演了三百多场，受到广大观众的欢迎。像这样的优秀剧目，后来却也在"四人帮"文化专制主义的棍棒下被禁锢了，饱经二十年风霜，现在这个话剧也可以说"重睹芳华"了，这是大家都感到欣慰的。我们今天把它摄制成影片，一是为了恢复《蔡文姬》的艺术青春，二是为了纪念郭老逝世一周年，三是向国庆三十周年献礼。

记者：今明同志，请您谈谈你们是怎样把话剧《蔡文姬》搬上银幕的？

朱今明：话剧《蔡文姬》的演出，具有独创的艺术风格，它吸取了中国古典艺术（京剧）的若干特点，如人物造型、形体动作、身段手势、场面调度等等，诗、歌、音乐、对话，浑然一体，成为一个完整的话剧艺术的演出形式，包括舞台美术在内。中国古典艺术的风格是完整的、统一的、和谐的，《蔡文姬》具备了这些特点，在舞台演出艺术上是很成功的。因此，我们在摄制影片时，注意到在艺术表现上要保持原有的艺术风格和特色，就要忠实于剧作的艺术风格、忠实于舞台演出的艺术风格，也就是忠实于作者的思想和风格。

我自己对话剧《蔡文姬》的理解，开始也有过一些迷惑，尽管反复地读了各方面的有关材料，一直没有解开谜团。后来我重读到郭老的一段文字时，一下子把我触动了。郭老写道："蔡文姬就是我——是照着我写的"；"在我的生活中，同蔡文姬有过类似的经历，相近的感情……"郭老的话使我联想起他1937年从日本回国时写到的一首诗来："又当投笔请缨时，别妇抛雏断藕丝。去国十年余泪血，登舟三宿见旌旗。欣将残骨埋诸夏，哭吐精诚赋此诗。四万万人齐蹈励，同心同德一戎衣。"这首诗反映了郭老从1927年大革命失败后去日本，在异国屈居十年之久，到1937年中华民族处在困

难当头的时刻，他毅然回到水深火热的祖国怀抱，投入抗日救国的烽火中去。这诗，充分体现了他当时热爱祖国、热爱民族、热爱人民的满腔激情和爱国主义的崇高思想。

我读了这首诗后，思想上豁然开朗了，虽然蔡文姬与郭老所处的时代相隔一千七八百年，我却从这里找到了理解古代诗人蔡文姬的思想、感情和意志的依据，感受到她的思想脉络。因此，蔡文姬的形象就在我的脑子里逐渐清晰起来。这就像一把钥匙，打开了我的谜团，使我更加深了对《胡笳十八拍》的诗篇中那种不可遏制的悲愤所倾吐的诗剧中的感情。这些悲愤的诗句，浸透了蔡文姬爱民族、爱祖国的崇高思想，由此也进一步使我体会到剧中曹丕对曹操说的"蔡文姬她们的文字是用生命在写，而我们的文字只不过是用笔墨在写"这番话的深刻含义。这些因素，对我在处理具体情节时有了启示，比如文姬归汉之前的内心矛盾、与左贤王的悲痛诀别、在长安时思念子女的沉痛心情等，若是对这些悲剧气氛渲染得越足，就越能烘托蔡文姬的坚强意志和决心。人是有感情的，当她在一个重大行动之前，必然会有反复的内心矛盾。郭老对蔡文姬这个人物的思想感情揭示得越深，我们就要体现得越透，这样，人物的艺术形象才能动人，才更有感染力。这就是我从郭老的诗词中得到启示，运用于电影创作上的一点收获。

其次，关于蔡文姬归汉之后的作为，话剧中是没有正面表现的，搬到电影上来，如何组成戏，是一个问题。因此，采取了"虚写"的办法，用了一些雪松、开花以及写成的书卷等空镜头和蔡文姬勤奋写作的片断场景相互交替，概括她在八年之中，凭记忆写出了父亲蔡邕四百多篇文章，为续《后汉书》作出了贡献的过程。

记者：这也是对剧作的一点补充吧？

朱今明：是的。剧作对这一段并未在舞台上正面表现，作为电影来说是可以通过形象表现出来的，当然，我们现在还是虚的表现，因为是郭老的作品，不好做更多的加工。

记者：电影中蔡文姬在兵荒马乱中逃难和遇到左贤王这场戏，也有所增添吧？

朱今明：原剧本是有的，舞台上不怎么突出。电影是有力的手段嘛，可以让观众直接看到马队奔跑的情景，气氛更浓烈、真实。不过，我们在处理上节奏还是拖了一点。

我再说说表现曹操的戏。郭老在写《蔡文姬》时有个重要声明，他说："我写《蔡文姬》的主要目的就是替曹操翻案。曹操对于我们民族的发展、文化的发展，确实有过贡献。在封建时代，他是一位了不起的历史人物。"郭老替曹操翻案，曾经写过不少的文章，我不详细说了。曹操是历史上的一位伟大政治家、伟大军事家，又是伟大的诗人。我们在电影中主要着重于塑造他的诗人形象，完全推翻了过去《三国演义》小说和戏曲中所歪曲的白脸奸相，一反过去舞台上的曹操形象，而是努力把他塑造成一个平易近人、谈笑风生、生活俭朴、幽默潇洒的诗人形象，尽管他的身份已是一个握有大权的堂堂丞相。

记者：这是郭老笔下的一个创造性的变化，也是你们创作电影《蔡文姬》时的一个突出的表现，再现了曹操的历史面目。

朱今明：是的，实际上恢复了曹操的本来面目，郭老给他在群众中恢复了名誉，这也是一件很有气魄的壮举啊！

记者：《蔡文姬》从舞台到银幕，你们在处理上有些什么变化？

朱今明：电影和舞台是两种不同的艺术形式。

电影是一种综合性的视觉艺术，一切内容都是通过形象、动作在具体的画面构图中反映出来，并且是可以超越一定的时间、空间（如舞台、幕次、剧场等）来表现的，大到可以表现风雨激荡、雷电交加、排山倒海的环境气氛；小到可以表现人物内心细微的感情

冲突，观众的视觉与感受是不受画面制约的。而在舞台上，不论是多大的舞台，一场戏剧的演出，主要是创造剧场效果，演员和观众的情绪是直接交流的，你得把表演的神情、动作、语言一直送到最后一排、最边上一个观众的面前，你得适应这个特殊条件。

银幕与舞台这两者具有不同的特点，根据电影和戏剧这两种不同的艺术形式，需要发挥其不同的艺术手段。我们在拍摄影片时，就要尽量发挥电影艺术的特点，如果完全照搬舞台的，在银幕上就必然会遭到失败。我们考虑到既要展示话剧《蔡文姬》艺术上的成就和艺术风格，又要发挥电影这个造型艺术的特点，这是我们在拍摄《蔡文姬》时着重研究的问题。

因此，我们在美术造型设计上就做了较大的变动。景的虚实结合，环境气氛，都要有助于人物形象和动作的陪衬和烘托，要尽可能多侧面、多角度地来展示人物的动作和情绪，以达到情景交融，自然结合。两种不同的艺术形式，他们的美术造型是不可能完全相同，一成不变的，当一个戏剧搬到银幕上来时（指舞台艺术片），可以吸收原舞台美术的造型特点，但绝非原样照搬，而应当充分考虑到电影的手段，发挥它的特性，来为丰富舞台剧的艺术性服务。如果放着电影的有力手段不加以充分运用，那是十分愚蠢的。

著名的舞蹈家乌兰诺娃在参加拍摄芭蕾舞剧影片《罗密欧与朱丽叶》时，有一场朱丽叶在罗密欧的墓道上奔跑的戏，摄影棚里搭了一条墓道的布景，她满怀着悲痛欲绝的心情，从数十米长的墓道梯级上飞奔下来，感情非常真切。我当时问她："这种有形的梯级，是不是会破坏你的舞蹈动作的意境？"她说："不，这恰恰相反，舞台上没有这个可能。在漫长的梯级上飞奔，这本身就是舞蹈，更能形象地体现朱丽叶此时此刻的心情，加强了舞蹈的动作性……"

我由此联想到，在中外舞台上演出莎士比亚的名剧时，有众多的不同的舞台设计，有的用木条象征森林，有的用帷幕和柱子组成宫殿……又如在影片《王子复仇记》中的古堡和《罗密欧与朱丽叶》中的墓道，这种简练明确的美术造型设计，多侧面、多角度地形成了符合电影这一艺术形式的环境，它们完全是适应电影艺术的画面构图变化的要求（不同于舞台只是单面的形象），给我们留下深刻的印象。所以，我们在设计电影《蔡文姬》那场景时，改变了原舞台的美术设计方案，做了现在影片上的种种尝试。

记者：是的，这还是很有必要的，现在从银幕上来看，我们觉得像匈奴的穹庐、曹操的丞相府这些场景都是处理得较好的，比舞台上开阔了、加深了；蔡邕墓地的景也更有深度了，虚实结合得比较自然，是在舞台美术的基础上电影化了。

朱今明：在古代人物造型和服装、道具设计上，我们也都相应地为塑造银幕形象的需要，做了适当的改善和充实。特别是在化妆造型上，使年过半百的演员恢复了艺术形象的青春。

记者：是呀，本来人们很担心上了岁数的演员，比如朱琳同志扮演的蔡文姬，在舞台上还看不大出来，一到银幕上，形象放那么大，会不会显得老了呢？现在事实说明，观众可以放心了，蔡文姬的艺术形象是较为理想的，毫不夸张地说，现在银幕上的蔡文姬确实掩盖了演员的年岁。

朱今明：那完全是化妆和照明相配合的功劳。再说在《胡笳十八拍》诗句的唱段上，也加强了人物内在的情趣。这方面，演唱艺术家李淑君同志确实下了一番功夫，她在处理不同的唱段时，展示了人物的内心情绪。在音乐方面，也着重于中国古典音乐的色彩，突出古筝以及笙管笛箫等乐器的特色。

记者：您在拍这部舞台艺术片中，还注意什么特点？

朱今明：我这次拍《蔡文姬》，在电影表现上是力求避免幕与幕之间的痕迹，尽量使它转换得自然流畅，以达到电影所要求的连贯性。此外，加强画面内部的调度，使人物的动作能连贯发展。这

样，既符合表演艺术，达到一气呵成的效果，又避免因为影片镜头处理上的"跳跃"而破坏艺术上的完整风格。根据话剧演出两个半小时的长度，仅分成197个镜头，这也是一次电影艺术上的尝试。

例如蔡文姬在父亲坟前哭诉这一场戏，就是三百呎胶片一鼓作气连下来拍成的，又如蔡文姬回汉后在曹操面前辩冤这样长的一场戏，也是一鼓作气拍下来的。还有一点与以往拍片子不同的是，这次我们拍的是"假宽银幕"片（将普通银幕的画面压缩成为1:1.66），以便于将来印制宽银幕片（画面1:2.35）。为了适应银幕画幅的扩大，又要使画面的变化上产生显著的变化，我们又把原来处理画面远近大小的七个等级的镜头位置，压缩成四个等级（就是中近、中景、全景、远景），目的是避免构图雷同，又取得视觉上的显著变化。同时，也是为了整个影片的风格和节奏的一致，没有用特写、近景以及短镜头这种容易产生"跳跃"感的手法。当然，也是为了适应这种古典题材的需要（如需让观众看到演员的身段、手势和头形等）艺术因素而决定的。这些方面，在我们来说都是一种试验，也是不成熟的，希望电影界的专家和观众都给我们提出批评指正。

记者：今明同志，您是一位老摄影师，现在开始从事导演工作了，从摄制《春天》和《蔡文姬》这两部影片以来，您对于由摄影转到导演工作，有什么感受？

朱今明：我刚做电影导演工作不久，感受并不深，谈一点自己的体会吧。

我觉得，电影导演大致有两种类型，一种是偏重于电影造型艺术的特点，探索电影的特性，重视画面的视觉形象和运动。这是一部分，其中也有的是从摄影师、美工师转为电影导演工作的。另一种是除了重视视觉特性之外，偏重于表演艺术的，认为电影一切服从于演员，服从于角色艺术任务的完成，这部分导演中，也有从演员转为电影导演的，中外的电影导演大致如此。

你知道，我是从事电影摄影工作的，我重视电影造型艺术的特点，在我几十年的艺术实践中，认为画面要服从于演员，是与演员共同完成画面艺术形象创作任务的；并且认为摄影师又是最后审定画面艺术质量的鉴定人（其中包括表演因素、环境气氛、光线色彩，乃至细致的道具等等因素）。

电影是视觉艺术，又是运动性的艺术，需要掌握几个基本方面的艺术因素，才能使电影达到视觉艺术的完美的良好效果。一个是形象的塑造人物、创造环境，而又不是静止的，是在运动着的、发展着的形象艺术；一个是画面造型艺术，要善于运用构图的变化和发展，产生视觉的节奏感和运动感；一个是剪接艺术（蒙太奇方法，听觉因素、语言音乐、声响也算在内）的运用而产生动作感和节奏感。这三个方面，是电影导演必须掌握的重要的艺术因素，我很想在这方面做一些尝试。

电影导演工作是根据不同影片的内容和题材，要寻求和探索不同的新的表现形式，就是俗话说的"创新"。我觉得，不管修养高低、能力大小，追求新的表现形式，不走老路，才能算是创作。我们应该努力创造出新内容、新形式的电影来。

记者：听说你们拍《蔡文姬》时，工作很顺利，进度比较快，长镜头很多，但都是一次拍成，很少重拍的，这是宝贵的经验，大家比较重视，请您谈谈这方面的情况。

朱今明：我前面讲过，这部影片一二百呎甚至三四百呎以上的长镜头不少，需要创造复杂调度的构图变化来烘托动作。

运用长镜头，主要是使演员的戏能一气呵成，以达到较完美的艺术效果。我们在实拍过程中，确实较多是一次拍成的，很少"重拍"，主要在于多排练，对摄影来说是多试戏。一个演员倾注全力的一次表演成功最好，我不主张穷磨，你一遍不满意再拍一遍，磨

来磨去，把演员的感情都磨完了，激情磨平了，新鲜的东西跑掉了，银幕上的形象、感情就没有光彩了。我主张多排戏，因为，一个演员在镜头前面是有脆弱性的，几次重拍，他就没有信心了，不知道到底哪点对、哪点不对了。老演员冷静，多少能控制住，年轻演员就不行了。这次拍摄当中，演员知道我不爱多拍，首先建立了信心，全力以赴地一次做足戏，所以拍得比较顺利，我们节约了二十一本胶片（两万呎）。演员在表演上力求真实，他在镜头前无论对话、形体动作都需要一定控制，因为放映到银幕上，即使很细小的一点动作，都会放大到几百倍。舞台演员拍电影时，必须适应这种情况，避免舞台上那种大动作的痕迹，做到真实可信。

这里有不同的空间关系，演员的动作和声音都要随着变化。讲个简单的公式，就是：剧场演出——适当扩大；摄影机前——适当缩小。这次《蔡文姬》的老演员能够把握电影的分寸感，只要稍稍提示一下，就能很好地达到要求。导演是演员的镜子，要让演员信任你，就会对他的表演艺术建立信心，现场实拍时就表现得很好，这是拍得顺利的一个重要因素。这些经验运用到拍摄故事片时，也是有用的。

最后得谈一谈，我自己感到影片《蔡文姬》还有不少不足之处，比如人物的语言长，没有做更大的压缩，因为考虑到是郭老的作品，尽量少动。另外，梦境中反映蔡文姬遭遇的戏没有精练，调子拖了一点；还有曹操朗诵《胡笳十八拍》也重复了。总之，我自己也还是在摸索吧，作为导演来说，想寻求新的形式来烘托内容，当然做得还很不够。你听到些什么反映，希望转告我，也可以有助于我自己的经验总结。

记者：很希望电影创作人员都能对自己的作品总结总结，这对于提高电影艺术的质量以及帮助年轻导演，都是很有好处的。

《孔雀公主》导演阐述

一

　　《孔雀公主》电影文学剧本，是白桦同志根据流传在民间一千多年的古老傣族神话故事所作的长诗《孔雀》一书改编的。剧本写得细腻优美，诗意浓郁，形象鲜明，情节生动感人，是一首坚贞爱情的颂歌，是一幅惩恶扬善的画卷，是难得的一部抒情性很强的民间神话故事，剧本通过对勐奥东板国的七公主喃穆诺娜和勐板扎国王子召树屯的爱情描写，真实地反映出这对古代青年的高尚情操和对生活的热爱，他们向往自由，追求幸福，强烈改变封建束缚的生活愿望。喃穆诺娜和召树屯在感情上命运上的波澜，乃至生命的危急，却是在阴谋和迷信的迫害下，所招致的劫难，但这对青年人坚贞不屈，不悲观绝望，反之更加坚定顽强地追求高尚情操和美好幸福生活。剧本故事中间这条主线情节环环紧扣的同时，又塑造了一个丑恶阴险的巫师形象，巫师利用勐板扎国王召庄香的昏庸迷信挑拨离间，迫害喃穆诺娜和召树屯的爱情，将七公主喃穆诺娜诬陷为"魔鬼"，推上祭坛置于死地，巫师又在民间蛊惑百姓，把敢于说真话而又揭露他假借神灵愚昧寨民的依香，惩罚为"琵琶鬼"。故事在喃穆诺娜和召树屯反抗阴谋迫害的斗争中，主题得到了深化和凝重，使蒙蔽者得到觉醒，恶人得到惩处，勇敢挚诚的人获得了幸福

和自由。

《孔雀公主》的故事，不是一个简单的爱情故事，全剧贯穿着美与丑、真与伪、善与恶的冲突对抗，在这一冲突对抗中，深刻地揭示了一千多年前的那个年代中，傣族人民处在封建愚昧黑暗生活中的精神面貌和心理特征。拍摄这个故事，具有一定的现实意义，它真实地映现出普普通通人民血泪斑斑的悲惨遭遇。这是一般神话故事所少有的一个显著特点，我们就是抓住剧本中的这一特点，深化主题和刻画人物形象的，起到"古为今用"的作用。

二

《孔雀公主》是傣族民间神话故事，它与一般故事片不同，明显地存在一个影片的神话风格问题。顾名思义，神话就应该是"虚"写的手法，但剧情的矛盾冲突、生活情感，以及语言都是活生生的生活。如何虚实结合恰到好处，是个极大的难题，偏重神话性的描写？还是偏重于生活感情的展现？我们经过再三考虑，还是按照内容来决定，"宜虚则虚""宜实则实""虚实结合"，但在艺术上确是一个很难的课题。内容和形式的完整性，我们还是根据剧本提供的线索，不应单纯追求为神话而神话，而要把神话融合于生活之中，应把现实生活同神话性做到相得益彰的有机联系，把神话融合于现实生活矛盾之中，在构思上做到红花绿叶之间以红花为主、绿叶为辅，现实生活为主、神话色彩为辅，两者相互辉映，这是我们在艺术上的一个尝试。

《孔雀公主》剧本，超脱了一般神话故事的叙事方法和对矛盾冲突的解读，也明显地摒弃了那些宗教荒谬的东西，它集中写矛盾、写生活、写人物，是剧本的优点，我们之所以喜爱这个故事也是因为这点。我曾对民族神话舞剧《白娘子》台本，做过探索和尝试。片子虽没拍成，但积累了对探索神话故事如何塑造人物形象上取得

　　了一些经验，虽然这两个神话故事题材不尽相似，但对我们拍摄《孔雀公主》影片，有启迪、有借鉴。从准备拍《白娘子》舞剧，悟出个道理，白蛇只是白娘子的一个影子，蛇本身不是美丽的，不应实写蛇，而是重写白娘子的真、善、美，写她崇高的意志，写她坚贞的感情……这就容易理解《孔雀公主》中喃穆诺娜这个美丽的形象，她是个傣族人民千百年来理想中的人物形象。她插翅飞到金湖里游水，这是傣族人民的愿望和向往的生活，这个故事之所以流传至今，为傣族人民家喻户晓，正是这个故事同一代又一代人生活的理想融合了。基于此，我们对喃穆诺娜这个人物的塑造要摒弃一般对她的解读，喃穆诺娜并不是神，她的故乡也不在天上。她是傣族人民心中理想化的崇高形象。剧作者有几段台词，也正说明了这一点，如喃穆诺娜在召树屯出征之后，巫师借观星象以神的名义把她打成魔鬼——孔雀的精灵。喃穆诺娜受到巫师诬陷迫害，而喃穆诺娜对召庄香国王有段申冤辩白自己身世的话，儿媳不是妖，也不是怪，我的家乡在遥远的勐奥东板，我是勐奥东板王最疼爱的女儿，家乡土地上有我的衣食饱暖，为了酬报召树屯王子真挚的爱，我割舍了至亲，舍近求远……

　　又如召树屯用龙君赠的三支金箭，叩响龙宫大门去求助龙君，龙君对召树屯说：世界上有个遥远的地方，它的名字叫勐奥东板，勐奥东板王的骄傲，就是国王的七个公主，七位公主中数喃穆诺娜最美丽、最贤淑……

　　根据上例，同作者的解读和理解是一致的，我们在再创作的过程中，注意这一些是很重要的。我们构思影片时，对剧本也做了一定的取舍，使神话同生活现实融为一体，更真实地反映古代傣族人民的精神面貌及其风俗习惯，力求着重雕琢剧中人物的情致，以"抒情"为主的风格，拍出一部具有鲜明浓郁的民族特色的影片来。

三

我国傣族是一个古老的、优美的、能歌善舞的、如花似锦的民族，她有许多与众不同的生活感情的特征，我们反映她，必须按照傣族人民生活习俗，傣族民族色彩的特征来塑造人物形象和生活面貌，做到有血有肉，在艺术设想上要有诗意、景美、情深、含蓄、热情、悲歌欢舞这一民族特点上着笔，要捕捉那些能够有助于人物形象塑造的东西上下功夫，以状物托情，渲染人物情感的变化，同时也在生活真实，人物性格，矛盾冲突上下功夫，刻画人物；即使是对反面人物巫师的塑造，矛盾冲突展开，也力求融合在生活真实之中，使反面人物不落俗套，求得艺术上的完整统一。

四

《孔雀公主》喃穆诺娜是一个优美的形象，虽然她是一个公主，她又是一个具有普普通通少女感情的人，她追求幸福自由美好的生活，是傣族少女理想中的一个典型。

文学剧本提供了喃穆诺娜的基本性格，在这个基础上，我们对喃穆诺娜要进行丰富形象的工作。喃穆诺娜性格中，纯洁，善良，热情，奔放。这是她重要的一面。同时又要刻画她性格中的果敢、刚毅的一面。当她一旦选定自己的道路之后，百折不回，勇往直前，外柔内刚的坚定性格，下边列举一些情节段落和烘托，以展示喃穆诺娜的感情和她性格的发展。比如，金湖游水遇上召树屯王子，定情后回勐板扎国宫殿欢度新婚之夜。在这一段落中，要着重渲染喃穆诺娜追求自由幸福，向往美好的生活。着力调动各种艺术因素，渲染她的这种向往和追求，用环境的美，音乐的声，大自然中的小鸟天堂，百鸟朝凤，烘托她自由纯洁的情感，自由欢快使她沉浸在这大自然的生活中。召树屯王子的到来，引起她内心波动，她大胆地背着姐姐们向她心目中爱慕的王子投掷金镯，以寄情思。

掷镯子与傣族少女向爱慕的人投荷包是同一风情的，这一动作充分表现了喃穆诺娜的热情开朗和大胆的性格。在第二次飞来金湖游水时，虽然大胆地向姐姐们透露出她内心的隐情，当天际变幻，姐姐们飞走，她的孔雀羽衣被猕猴偷走，再也飞不上蓝天时，她并不惧怕，却流露了少女温柔贤淑的矛盾心情，她说："不知故事怎样发展？""幸福往往是以灾祸开始的。"喃穆诺娜还是坚信不疑的。

召树屯和喃穆诺娜在金湖终于相订了终身，在这幸福时刻，金湖天色为之一变，彩云满天，神奇的睡莲在湖面上积聚成桂冠和筒裙，缓慢地飞落在喃穆诺娜的身上，装扮得喃穆诺娜更加端庄美丽。回归宫殿的路上，油棕林内千万朵小花聚成一条花毯，为公主和王子铺展开来。年轻的汉子们擂起象脚鼓，盛装艳服的少女们沸腾了，为祝福王子和公主的到来，撒着茉莉花瓣，这种彩色缤纷的气氛，这些抒情神话色彩的渲染，都是为歌颂喃穆诺娜和召树屯美满爱情的结合。同时，这种渲染强烈对比反衬了父王召庄香对他们的冷遇，和宫廷内的空旷冷落，巫师的诡言挡驾，这些却给喃穆诺娜和召树屯美好的心灵上，浇了一滴辛酸的辣水，解开了人物厄运篇章的一个序幕。这些人物感情上的起伏变化，都给喃穆诺娜性格上罩上了一层深深的暗影。

新婚之夜，由于喃穆诺娜性格的温存、善良，和对召树屯真挚的爱，她宽慰了愤懑沉郁的召树屯，为召树屯排忧解愁，两人又沉溺在欢欣幸福之夜里。

祸不单行，战鼓催征，惜别的对话，相互的关注和信任，进一步地揭示喃穆诺娜心灵的贤淑和纯洁，捕捉一些生动的细节，加深对人物的刻画，如喃穆诺娜的赠剑。召树屯给喃穆诺娜把小红花重新戴在发髻上，来突出两人难舍难分的挚爱，还有采用了傣族习俗裹毯子的动作，加深人物情感的民族色彩。

召树屯出征之后，着重揭示喃穆诺娜这一人物的人民性，她在

宫廷内无依无靠地过着孤独路人般的生活，似花儿经受着肃杀的秋风一样，由于她顽强的意志和坚韧的性格，王子出征后她生活在民间，同情遭受悲苦命运的依香，她和姑娘们播种，织锦，为瞎阿婆医治眼疾，以至依香的单纯，在巫师面前说出真心话，却遭到巫师无情的陷害，把孤苦的依香打成琵琶鬼。喃穆诺娜挺身而出，拯救了依香，这些都加深巫师对喃穆诺娜的仇恨，加深了巫师对喃穆诺娜的迫害，使人物间的冲突矛盾一步深似一步。为此，巫师在昏庸的国王召庄香面前，借观天象，诬陷喃穆诺娜是魔鬼，是孔雀的精灵，为根除勐板扎国招灾的祸根，竟要喃穆诺娜的血，以祭神灵，把喃穆诺娜推上祭坛，置她于死地，矛盾冲突发展到了顶峰。在处理这场揭示喃穆诺娜性格刚毅的情节上，要抓住几个这样的层次，促使剧情推向高潮。

孤独路人般生活的喃穆诺娜，独在寝宫内痛苦，徘徊。有敲门声传来，但她从不相信还会有谁叩响她的宫门，仔细一听，果然有人敲门，她忙揩去脸上的泪痕，欣喜望外地迎上去。"快！快请进！"当宫女进来说出"父王有请"时，她又将信将疑了，反而不安起来，追问宫女："父王是这样说的吗？"宫女肯定之后，顿时一股暖流涌上心头，认定是王子召树屯凯旋了，给她带来了时过境迁的变化，惊喜得难以自抑，跑到镜子前面自语地问："明白的镜子，我脸上还有没有泪水……"她的激动和兴奋，使她忘记了一切，急切地想见召树屯，将小红花对着镜子插在发髻上，随宫女步履如飞地奔向大殿，至楼梯上前，一望大殿森严肃穆，气氛异常，并无凯旋盛况，她预感到有什么事情将要发生，她迟疑不安，步履踌躇，戒备地放慢了步伐，走向父王宝座施礼，这段戏是一个颠覆性的变化，既有形态的又有内心的。情绪突变，展示出人物瞬间的心情变化。喃穆诺娜坐在一厢，庄重地期待着一切，当巫师说出王国灾祸的根源是内亲时，她为之一震，但并不失态，巫师进一步指出她就是魔鬼，是孔雀精灵，全场骚然。喃穆诺娜惊愕一下，随之又镇静下来，她冷冷蔑视地盯了巫师一眼，全场的视线都投向了她，她已意识到强加的这场灾祸来临，当巫师凶恶地指出解脱灾祸的办法"是用魔鬼的血以祭神灵"时，喃穆诺娜预见到灭顶的灾难无法摆脱了，只有挺身而出，向国王申诉一切，于是将扫落在地的小红花捡起，安详地又戴在头上，稳步地走向父王哭诉真情……当众人铁石心肠冷漠寡情时，她察觉到向刽子手求生是万万不可能的，在这四面楚歌的情况下，抱定凛然一死的决心，为了对召树屯的爱，并为酬报勐板扎善良的人民对她的深情厚谊，要求在钢刀面前跳一次故乡的舞蹈。这些体现出喃穆诺娜那种宁为玉碎不为瓦全，当她认定了道路，勇往直前，在所不惜的刚毅倔强的性格。

喃穆诺娜最后一夜，被禁锢在寝宫内，这场戏有一支心声的歌曲，"往日的欢乐都变成今日的悲痛，亲爱的人儿留在梦中。"这支歌曲并不是唱出她内心的低沉哀怨，而是她内心极度愤慨的控诉。我们也运用了反衬的方法，歌声是悲痛的，怀念的生活是幸福的，相应地这儿用几组往昔同王子一起欢快幸福生活的片段，加强人物心声的控诉，用往日生活的美，反衬喃穆诺娜悲痛的处境。祭坛长鸣号传来，她从怀念中惊醒，喃穆诺娜又极其细腻地把仅有的一只金镯脱下来放到榻上。和召树屯带走的金镯"归并成对""生不成双，死也要成对"，以表示她的坚贞的品格和她心灵的纯洁，榻上放镯和金湖投镯，这儿是有意在艺术上的重复，两种心境下动用信物金镯来揭示人物心情，前后相映生辉，起到深化人物、突出高尚情操的点染作用。如果说，喃穆诺娜在寝宫中歌，是有声的控诉，那她在祭坛上舞，就是无声的反抗，用舞蹈来揭示出她同百姓们的深情，又是对杀害她的刽子手们进行悲愤的揭露，歌和舞都是傣族人民生活的特色，一首歌，一支舞，一层深一层地来塑造。雕琢出喃穆诺娜这一人物的高尚形象。只有把她的"情"刻画深了，意境

高了，才会有喃穆诺娜光辉形象的美。

刑场火焚喃穆诺娜的戏，我们没按剧本提供的祭坛刀刑的线索，而是吸收了傣族习惯用的火烧"琵琶鬼"的生动细节，火烧更有助于塑造喃穆诺娜的形象。熊熊烈火威胁大，气氛浓，强烈感人，喃穆诺娜在烈火中既有助于展示她反抗的形象，又能展现她顽强执着坚贞的性格。此外还有一个细节，也是为了突出喃穆诺娜勇敢的性格而设想的。当王子召树屯来到勐奥东板国之后，父王要对召树屯置靶射箭进行考验，临场前，喃穆诺娜机智地背着传令官，把做箭靶的宫女私自替换下来，将宫女头冠上的蜡条光取下，插在自己的桂冠上，甘愿当召树屯王子的箭靶，她出自对召树屯的爱，采取了积极的行为，一旦王子射中珠光，立即和生死离别的王子团圆重逢。这一笔也是为了突出喃穆诺娜机智勇敢的性格和她渴求见到王子的急迫心情。

喃穆诺娜又是一个贤淑的人，当她和召树屯返回勐板扎国时，见到国王召庄香，国王幡然悔悟，并对她说："儿媳，对不起你呀……"喃穆诺娜却平静地说："我们的不幸，也是你们的不幸……"这句话对她这一善良、贤淑、纯洁、高尚的性格，给了淡淡的而又是重彩的一笔。

在喃穆诺娜这一角色性格的塑造上，要注意秀而不媚、娇而不浮、深沉含蕴、柔中有刚，又不流于外。对喃穆诺娜形象的塑造过程中，每场戏、每个镜头，都紧紧要抓住对喃穆诺娜内心世界的刻画，感情要深邃，层次要分明，表里统一，使她多面的性格得到充分地体现。

召树屯，勐板扎国王子，是傣族人民理想中的英雄形象，是傣族英勇青年们中的一个典型的缩影。他酷爱大自然，善于狩猎，厌恶宫廷中的黑暗势力，向往自由幸福的生活，他诚实善良、热情、果敢、潇洒，他痴情于喃穆诺娜，却遭受了巫师的阴谋和迫害，敢于同父王决裂,去天涯海角寻找喃穆诺娜。

召树屯对喃穆诺娜真挚的感情,是步步深化的,重在"情"字上着笔泼墨。不宜过多地孤立地着眼于神话色彩方面的渲染,艺术上的神话色彩也是为了烘托他对喃穆诺娜的"钟情",体现他和恶势力搏斗的决心和意志。这些是处理召树屯这一人物时的一个基本构想。

从王子召树屯在金湖狩猎,遇上飞来金湖沐浴的孔雀公主,他深深地被七公主喃穆诺娜纯洁、善良的美丽形象惊呆了,是喃穆诺娜纯洁的美吸引了他,这和他在宫廷父王为他举行选美盛会上遇到的那些娇柔做作、卖弄风情的丑陋形象,形成鲜明的对照。喃穆诺娜纯洁善良,激起他真挚的情感,犹如他自己所说:"是你的美丽把我吓傻了。"两人一见钟情,互订终身,然后兴致勃勃地去到宫殿,他们热诚的心,被勐板扎宫殿的死一般的寂静和空荡所震惊,蒙受了父王的冷遇,进而又在巫师的阴谋阻拦下蒙受了侮辱,再次使召树屯王子苦恼、愤懑和不解。

新婚之夜,由于喃穆诺娜的贤淑、温存、真挚的爱感染了召树屯,帮助他摆脱了哀愁与苦闷,巫师却又去边疆骤然挑起战火,召树屯接过父王圣旨战鼓催征,"国家的危亡""美好的爱情"两股巨浪冲击了他,惶惶然,不能冷静,他又是在喃穆诺娜安慰和关注下,并庄重地向召树屯献上宝刀,然后才使召树屯振作起来,向喃穆诺娜"惜别"。这场戏对召树屯形象和性格的展现,是紧紧扣住对召树屯的"劝慰""惜别"这两个情绪过程和心理矛盾,揭示得越细腻、充分,就越能展示召树屯的神情面貌的变化。

凯旋的召树屯,回宫来的第一个愿望就是看到久别的喃穆诺娜,他从身边欢迎的人群中寻找,又向大臣和嫔妃中询问,从父王和母后掩饰的话语中,使他一个失望接一个失望,于是召树屯直奔寝宫而去,在这里,没冲进寝宫之前,没想在楼廊边上冲开

三座门，从节奏和动作上，从音乐上展现他的情绪，若似奔腾的激浪，一旦冲进寝宫寒气逼人，又若似"石沉大海""人去楼空"。只有窗台上两只鸽子寂寞、冷落地在等待着他。召树屯极度悲愤，但不相信喃穆诺娜会抛弃他，可对眼前情景又难以理解，从小宫女口中露出实情，愤怒的火焰顿起，毅然同父王决裂，杀出宫去。父王的训斥，岩坎的劝阻，谁再也阻拦不住他要去寻喃穆诺娜这颗赤诚的心，哪怕是天涯海角，万丈深渊，同样阻拦不住召树屯的决心。这里召树屯感情和心理经受了几次重大的冲击，却是他坚强不屈的性格的展现。

召树屯经历了千险万难，到了孔雀国，而勐奥东板王不能轻信其言，要对召树屯进行考验，这对召树屯是很重要的一笔，是在危急中取得胜利，一要考验他的意志，二要考验他的箭艺，他终于射中了在纱帘中喃穆诺娜本人顶着的烛光，考验，终于使他胜利了。继而渲染他同喃穆诺娜相见时，极其意外的激情，一个是经历了生死离别，一个是经历了重重险阻，这种生死离别的重逢，使人物命运的波澜推到了高峰，他们悲喜交集的情绪……他们的相见，是他们两人坚贞不屈的意志和高尚情操的巨大结晶，是顽强抗争一切丑恶势力之后树起的光辉形象，我们在塑造召树屯形象上，极力避免或削弱他的思想情感的东西，比如王子过三关，就没过分渲染神话性的动作，是抓他人物情感动作的连续性，以防过分渲染神话性而喧宾夺主，有损于召树屯形象的刻画。

在召树屯同喃穆诺娜回勐板扎国时，也舍弃了原剧本上的一些东西，还应突出"除暴安良""为民除害"这一内容。也是他们性格的最后完成。

巫师是故事中的反面形象，是傣族人民所憎恨的秃鹰变成的，为报复召树屯对他的一箭之仇，混进宫廷，被昏庸的国王召庄香封为国师，他生性阴险毒辣，诡计多端，是封建社会中黑暗势力的一个代表，愚昧百姓，制造混乱，把国王攥在他的神权之下，作为他的一个傀儡，这个人物在剧中同召树屯和喃穆诺娜是对立的矛盾，贯穿始终，俗语说他明处是人，暗中是鬼。虽然是神话故事，但对这个人物的处理上和造型上，都应防止程式化或脸谱化，力求真实，达到整个造型上的风格统一，不宜过分夸张，夸张过了就会失真，就会影响对立矛盾的展开，就会削弱艺术上的感染力，要做到人性化，成为现实生活中的真实的人，他的奸险阴谋从不易表露，切忌"凶相毕露""血口喷人"，神话要融合生活矛盾之中。这样来反映冲突，塑造反面人物形象，才能真实，才有艺术。特别是人物造型、体态、动作、语言，都要有真实感，避免一切形式的东西。

勐板扎国王召庄香，是个昏庸、无能、没主见的国王，他听任巫师摆布，依靠巫师和大臣来维护宫廷的封建至高无上的权势和威严，他集"虚弱"和"固执"于一身，性格虚伪，是个傀儡国王的典型。

在封建王国时代，依香是受迫害、受欺凌的一个姑娘，她生性聪敏、纯洁，敢于说真话，而被巫师诬陷为"琵琶鬼"而被践踏。喃穆诺娜拯救了她，同猎人岩坎结合，她不忘喃穆诺娜的恩情，在喃穆诺娜又被巫师打成魔鬼时，依香不顾生死安危，挺身而出，当面揭露巫师的谎言和阴谋，依香善良淳朴，敢于同恶势力斗争。她同岩坎和瞎阿婆都是傣族劳动人民的忠厚、善良的形象。

五

关于剧中主要人物的性格，主要情节的矛盾冲突和相互关系，给了简单的阐述，关于演员在表演上，我们说的要求是：一是气质，二是生活，三是风格。

李秀明同志扮演七公主喃穆诺娜，她性格内向，表演朴实细腻，感情真实、含蓄。扮演召树屯王子的唐国强同志，憨厚朴实，

潇洒英俊，刚柔兼有。这些都是符合剧中人物气质的基本条件，从这个起点，要深一步探索，攀登塑造人物形象和人物性格的阶梯。扮演勐板扎国王召庄香的陈强同志，主要是赋予人物的昏庸特色，并恰如其分地体现人物的特点。扮演巫师的邵华同志着重"真实"二字来下功夫，不虚假，不浮夸，奸险不行于外，凶恶止于心，才能创造一个生动的反面形象，其他人物都要符合于这一基本要求，以求得艺术形象上的统一。

关于风格和生活，主要注意两点：第一是傣族古典历史表演的风格问题。《孔雀公主》是反映傣族一千多年前古代封建王国的生活，有宫殿生活的，礼节的，宗教迷信的，民间风俗习惯的以及其他生活等等，这些内容都是我们所不熟悉的东西，要借助于书籍、资料、绘画、雕塑等知识，或请专家、顾问讲述，或下生活中去了解，总之要能把傣族的风俗习惯，宫殿和宗教的礼节，都能融汇到如何塑造人物中来，形体动作如何处理？人物情感，礼节动作，生活习惯的动作又如何处理？求得傣族历史生活再现的可信性和艺术上的真实性。第二是生活问题。这里强调生活，主要针对神话风格中的表演问题来说的，根据剧本的文学风格所提供的基础，作者所塑造的人物形象，思想感情，心理矛盾和人物语言，都是极其细腻真实的，也是作者区别于其他神话风格创作不同的一个显著特色，我们力求和文学风格的统一。因此，我们如何处理这部影片的艺术风格，着眼点到底放在什么基础上，是值得研究的问题，位置摆对了就不会喧宾夺主，更不会主次不清，我们是既要强调运用神话的笔触来叙说这个优美的故事，描绘出奇异的变幻和丰富的惊险场面，又要着力于刻画情节中所展开的矛盾冲突，人物命运，人物复杂的心理过程，细腻的表情变化，都要求要极其生活和真实地来展示它，反面人物也应如是，避免夸张。

对于剧本人物语言，有的是以诗的词句和韵律出现的，为了统一的表演风格，避免朗诵，而应以人物的生活语气的道白为好。

六

各个造型艺术部门和表演所探讨的问题，在总的方面应该是一致的，研究到"神话风格"就意味着对特技工作，要展开丰富的想象。有的是一种优美的意境，有的是一种非凡的生活，如天上飞、湖里游、下龙宫、过三关等等，这些新的课题，都是要求以神话的色彩来表现它、渲染它，以达到神话般的艺术意境。同时在展开戏剧情节和人物生活的部分，如宫殿、寝宫、竹楼、金湖、森林等等，又是反映真实生活的，这里在造型风格上、表现手法上，就存在一个"虚"和"实"的问题，如何虚实结合，如何做到天衣无缝，如何达到造型风格和艺术方法上的统一，都要进行多方面的探索。但总的要求，还应是以生活色彩为主，兼以神话色彩来促进故事情节，矛盾冲突的展开，收到神话影片的造型效果。

其次是如何反映傣族一千多年前的封建王国的统治生活，风俗习惯，乃至各种人物造型、性格特点、服饰装饰、环境特色、道具陈设、兵器样式等等，对美术造型设计者是平地起高楼的巨大工程。根据各种收集到的资料，进行再创作，在样式上和色彩上，既符合历史的真实，达到艺术造型的需要，在环境布局上，要区别两个国家区域特色，各有区别，内外统一。勐板扎国是在平地上的一个王国，勐奥东板国则应处理在云雾缭绕、青山翠绿的半山间，两者要有个区域特色的区别，傣族是一个优美的民族，在色彩影调上要突出它优美的特色和抒情的风格，也可说这是一部抒情风格的神话影片。

影片中还必须强调民族音乐的特色，傣族是一个善歌善舞的民族，音乐有其民族自己的优美的旋律，有他自己民族特色的乐器。我们影片中的音乐应该具有丰富的民族特色，希望用傣族旋律来塑

造人物，刻画人物，烘托环境，渲染情绪，这样音乐的感情和人物的感情就一致起来了。我们不反对西乐，但必须是民族乐器演奏为主，西乐伴奏，西乐演奏的也是民族旋律，宜多运用民族乐器的独奏，以少见多，突出人物思想感情的变化和发展，这样处理，显得民族的生活气氛更为浓厚。

《孔雀公主》原为傣族流传一千多年的民间神话故事，贝叶经文载有《召树屯》，为保持原有风格，现仍沿用经文开卷，经文结束的叙述方法，只是影片改名为《孔雀公主》。

这部古代傣族历史神话题材的影片，我们在创作过程中，还会遇到诸多繁难和难以预料的问题，无论有什么样的困难，我们都仍将努力探求真实、自然、生活。通过艺术的创作，将假的变成真的，我们虽然拍的是傣族古代的神话故事，但我们的任务和立脚点，是塑造人，表现人的情感和命运，这要在各个部门中力求解决的，解决的关键又在演员的表演，各部门要作出自己的努力，拍出具有民族特色和抒情风格优美情感的影片来。

附录：《新加坡来信》

北京电影制片厂和上海电影制片厂联合摄制的彩色宽银幕影片《孔雀公主》在编剧、导演、演员、表演造型、舞蹈、配音、音乐、美工、服装设计、灯光等方面的精湛程度都是无可争议的。富有丰富的想象创新力。

正义与邪恶之间斗争的主题思想也是健康的，这部片子各方面完美程度超出了我们的意料。

这部片子教育人民怎样做勤劳、正义、有益于人类的人，怎样同阴谋、毒恶、伪装进行不妥协的坚决斗争。为维护人类和平而努力。影片中喃穆诺娜和她的父亲、召树屯和他的父亲、琵琶妹、瞎婆婆、猎人以及恶鹰变化的阴恶巫师的细腻的心理刻画，恰如其分

>> 画家李化吉、权正环画作:《孔雀公主》

　　的对话与对比,完美地反映了这一点。

　　我们热爱和平,维护正义与中国人民一样,新加坡人民,泰国人民,缅甸人民,以及世界各国爱好和平的人们,高度赞赏这部影片的摄制成功。

新加坡共和国侨眷林宗和亲友

1982 年 8 月 24 日

春水东流忆故人①

——忆蔡老

1979 年元旦，由我国著名电影艺术家蔡楚生、郑君里同志编导的《一江春水向东流》重新上演了。蔡老和君里都已被"四人帮"迫害致死，而今物是人非，作为曾经参加拍摄的我来说，感触颇多。在这里，记下拍摄中的二三小事，算是对蔡老的怀念吧。

蔡老是我国老一代著名电影艺术大师，他拍摄了许多成功作品，是我国民族电影艺术的宝贵财富，万古流芳。蔡老既是我的兄长，又是严师。1947 年拍摄《一江春水向东流》时，我在他亲自领导下，学得许多他独特的创作经验和丰富的艺术知识。使我深深感到：仅跟一部戏，胜读十年书。学得既具体，又深刻。蔡老在创作中的许多特点，四十多年后的今天，仍深深地印在我脑际，永不遗忘。

三十多年过去了，现在有些影片画面已经不太清晰，声音效果也不太理想，但是这部影片的诞生却是当年党领导下的进步电影工作者艰苦创业的结果。1947 年，进步电影工作者为了响应党的号

---

① 本文原载于《大众电影》1979 年第 2 期，并增加本人《仅跟一部戏，胜读十年书》（《蔡楚生逝世 20 年纪念会专刊》，1988 年 3 月）一文的有关内容。

召，尽快地生产出影片，以此来教育人民、组织人民，克服了种种困难。《一江春水向东流》就是依靠一架所谓"独眼龙"的旧式摄影机、几十盏灯、一个破旧不堪的录音机，在一个四面通风的摄影棚里进行影片制作的；用的胶片，不仅已经过期好几年，而且都是三本、五本地从商人手里买过来的。制作常常处在"等米下锅"的危机中。工作人员的生活更是没有保障，几个月发不出薪金。为了赶制影片，大家仍然忍饥熬夜，勤奋地工作着，蔡老始终与我们同舟共济。

蔡老体弱多病，导演的临场工作是由君里负责执行的。但每当一个场景拍摄之前，他都要把君里和我叫到家里，首先听听我们对戏的理解和拍摄的设想。然后他极其详尽和细致地阐述他对拍摄的构思和设想，要我们力图准确地掌握人物心理、动作、节奏、感情的真实和表演上的分寸感，乃至构图的处理都要做到恰如其分。他不止一次地对我说："创作中要不断地对影片主题、人物、细节等等，反复探索、反复锤炼、反复推敲……才能有所前进"；"电影创作是个复杂的过程，是绝不能轻易一锤定音的"。

他几次对剧本的阐述，每次都有不同内容上的变化和发展。这次根据这个思路，绘声绘色地说出某些精彩细节。但另一次讲述时，同一细节，又说出不同的设想，让我们评论。这是在考验我们，也是在考验他自己，验证他构思的准确和生动。创作中蔡老思想活跃，感情奔放，不停地探索和追求。

影片有三条线索：

一是张忠民、婉华在游击区积极抗日的线索。

二是素芬、婆婆、孩子在沦陷区的悲惨命运和苦难生活。

三是张仲良由一个进步青年走向腐化堕落，以及庞浩公、王丽珍、何文艳等的糜烂生活，揭露了他们发国难财、发接管财，同时控拆了国民党统治的社会黑暗。

通过三条线的复杂交错、对比，概括地反映出从"九一八"事变到抗战胜利前后这一时期特定的历史真实生活。

原来剧本对游击区积极抗日的斗争生活和国民党消极抗战，发国难财的糜烂生活，形成强烈对比，构成影片的一个重要侧面，这是当时蔡老重要的构思之一。后来考虑国民党当局电影检查的严密限制，怕影响影片的通过。因而蔡老忍痛减弱了第一条线，着力加强后两条线的强烈对比。为了使内容更突出、更生动，蔡老绞尽脑汁，充实了许多新内容，形成了后来拍摄电影的剧本。蔡老和大家反复讨论剧本的事，给我印象很深。"昆仑"时代提倡艺术民主，蔡老首先贯彻这种精神。当时对一位老艺术家来说，真是难能可贵。

记得研究素芬在阁楼上"狂风暴雨之夜"那一场戏时，蔡老说："这场戏虽然没有语言，然而它不仅是描写素芬经受苦难熬煎的命运和遭遇，更重要的是要展示出受着重重压迫下的一个普通中国妇女的心声。表现出素芬内在悲愤的精神世界，做到此处无声胜有声。"这席话对我们塑造素芬的人物形象是很好的启示。蔡老是一位现实主义艺术家。他善于运用简练的场景，手法洗练地再现现实生活，以达到强烈的艺术效果。

蔡老重视临战前的创作思想准备。我们在拍摄每一个场景前，特别重要的场景，君里和我们都要到他家去"集思广益"。叙谈每人的理解、设想和意见。无所不谈，已形成习惯。蔡老师善于听取大家的意见，更能生动地说出他丰富的设想。比如，在研究上集《天亮前后》最后一个场景"山雨欲来风满楼"时，素芬一家，在沦陷区苦难煎熬，在风雨飘摇的阁楼中怀念丈夫张仲良，像断了线的风筝，天涯海角不知在何方……认为这样结尾，深沉、含蓄、引人深思。蔡老却认为，不宜清淡，否则，会减弱主题。他说：当张仲良投靠到王丽珍怀抱的同时，素芬一家正在残破的晒台

198

楼中，遭到疾风暴雨袭击，如遭灭顶之灾的痛苦。她在挣扎，她在控诉，既是与张仲良荒淫无耻的对照，又是对社会黑暗的揭露。用音乐抒发出此时此刻素芬苦难的内心感情。我们要以强烈的感情拍好这场戏。

蔡老坚定的设想，对大家启发很大，促使我在这场摄影创作上，着力于塑造人物上，揭示出人物的内心感情。

素芬在沦陷区的上海，日夜思念着她的丈夫归来。影片中"惦念"和"梦幻"等场景，就十分洗练地表现出一个善良、纯洁的妻子在怀念着离别多年又不知在何方的丈夫。她所怀念的是她初恋时和结婚后的积极抗日、追求进步的张仲良形象，素芬的感情是纯洁的。再如，我们在拍摄张仲良在重庆、上海沉浸在红灯绿酒，糜烂生活的种种图景时，蔡老怕我们处理得不够淋漓尽致，不够大胆有力，事前亲自用中国墨笔画，绘出许多生活素描，设想了许多生动的细节。他说："对黑暗社会的腐朽生活，揭示得不痛不痒，我们的片子就没有力度。"如果说这两段戏还能够揭示两个阶段、两种人的不同生活，还能够激发人们对素芬的同情，对张仲良和那个腐朽社会憎恶的话，不能不首先归功于蔡老的精心构思。

蔡老素来重视影片的后期工作，他认为剪辑工作是影片再创作的关键。因此《一江春水向东流》的后期剪辑工作，他亲自动手，亲自掌握。和剪辑人员待在一起，一道吃，一道住，一道工作。自我封闭在剪辑室里，与外界概不接触。夜以继日地轮番奋战，剪了接，接了剪，来回翻腾，寻找理想的艺术效果。君里和我们去看望他时，他有条禁令，没有剪辑好的素材，是概不让人看的，因此，我们也就不开口了。

蔡老常说："十月怀胎，一朝分娩。孩子好坏，就看接生婆的手艺了。"这句通俗的语言却成了电影艺术的至理名言。蔡老正是身体力行者。一个多月的辛勤劳动，蔡老更加消瘦了，而影片却焕发了艺术光彩。连我们亲手拍的素材，都感到面貌大变，令人惊讶。这就是蔡老的艺术功力。

影片《一江春水向东流》创作过程中的日日夜夜都是值得追忆的，作为电影艺术家的蔡老的艺术活动更是值得怀念的。四十多年过去了，蔡老那种严肃认真、一丝不苟、精益求精的艺术作风，永远给人留下了不可磨灭的印象。

难忘的合作①
——怀念成荫同志

成荫同志比我小两岁，可他却先我而去了，这是我万万没有想到的！记得就在他去世的前几天，我们还在电话里谈创作计划，他豪情满怀地对我说："还准备拍两部片子。"我也诚挚地向他表示："等你本子搞好了，我还给你拿机器。"而今，这些美好的愿望，只能在我心田回荡！

十多年来，我和成荫同志合作过两部影片，他导演，我摄影，我们在工作中结下了很好的创作友谊。我们共同享受过创作的欢乐，也共同承受过创作的痛苦，我们一道去苏联实习，他是中国电影实习团的副团长，我是团员；我们也同时关过一个牛棚，遭到人格的污辱和毁谤……我和成荫同志合作是在1951年开始的，那时他刚刚完成优秀影片《钢铁战士》就匆匆来到上影厂，着手筹备影片《南征北战》的摄制。我有幸在这部影片中担任摄影，这是我第一次和成荫合作，也是我第一次拍摄反映战事题材的影片。新中国成立前我一直在国统区工作，对解放区的生活，对解放军的官兵关系、军民关系及战场上的搏斗等等，都是生疏的。除了从书本和文字材料中获得一些理性知识外，感性知识简直可以说是"零"。怎样才能

---

① 本文原载于《电影艺术》1985年第10期。

准确地、真实地、生动地把毛主席的军事思想和机动灵活的战略战术，通过人物，通过战斗生活和战场气氛摄入镜头反映到银幕上去呢？为此，我苦苦地思考着……成荫同志是深深懂得我的心情的，为了使我缩短创作上的这个距离，他和我到鲁中南深入生活。我们背着背包从山东益都步行上沂蒙山区。那是腊月里，天寒地冻，路途崎岖。从益都进入沂蒙山区，虽只百十来里地，可没走一半路程，天就黑下来了。抬头望望四周，一片瓦砾，没有人家，因为战后不久，群众尚未回归家园，我们如若进入了无人区！这时，只见成荫沉着地来回巡视着，他很快地选择好了一块尚存有碎石堆积的残壁旁，作为避风角落的宿营地。于是我们打开背包铺在泥土和碎石堆上，和衣躺了下去。第二天清晨睁眼一看，四周都是狗屎！然而我尝到了"把大地当卧床，把夜空当篷帐"的野战军生活的滋味。虽苦，但苦中有乐，其乐无比！就在那天夜晚，成荫同志躺在碎石堆上和我谈着他的经历，他怎么参加革命的，他怎样几次通过封锁线，又如何脱离危险的，还讲了一些敌后的战斗故事。听着他绘声绘色的讲述，我的思维活跃起来了，剧本中的人物、场景也不断地在眼前闪现，虽然还不具体，但已经可以感觉到了。后来，摄制组成立了，成荫同志要求创作干部一律下生活，不论是解放区来的，还是国统区来的，不论是有战斗生活的，还是无战斗生活的，也不论是老电影演员还是新电影演员，一律都到连队当兵，和战士们共同生活，共同操练，和战士交朋友、谈心，要求我们到生活中寻找创作的依据。成荫同志就是这样执着地遵循生活是创作的源泉。要源于生活、高于生活的创作准则，使我受到很大 的启迪。

1956 年，我们从苏联实习回国，视野有所开阔，感受到世界电影在向新的领域开掘，电影不仅能反映宏观世界，也能深入揭示人物内心细腻的微观世界。那时，苏联影片《生活的一课》《没有说完的故事》，意大利新现实主义的影片《罗马十一点钟》《偷自行车的人》很吸引我们。这些影片反映的内容都是现实生活中普通人的生活、爱情、事业,着力刻画人物的命运和感情的波动,蕴藏着深刻的思想和哲理,却没有一句干巴巴的政治官话和图解政策或解释主题的对白,给观众的感染力很强。成荫同志很喜欢这些片子,从中受到很多启发。他迫切希望能把新的感受和体会体现到自己拍摄的影片中去,使我国的影片从公式化、概念化的框框中挣脱出来。所以,当他读到张弦的小说《甲方代表》后就很感兴趣,很快就帮助张弦把小说改编成电影文学剧本,并取名《上海姑娘》。我们又在一起合作了。

成荫同志认为《上海姑娘》题材新颖,角度新鲜,风格样式也很别致。他在这部影片的创作过程中,有强烈的突破旧框框、追求新的表现形式的欲望和想法。他希望能拍出一部清新、淡雅、带有散文色彩、耐人寻味的影片。

记得成荫同志在作导演阐述时谈到他的艺术构思,是想通过技术员陆野的眼睛来看上海姑娘。陆野开始是以一副矜持的、自傲的、带着偏见的态度对待白玫等上海姑娘的,认为她们是娇滴滴的上海小姐。然而这些上海姑娘,她们是 20 世纪 50 年代的大学生,是建国以后培养的第一批大学生。她们豪情满怀地走出大城市,来到西北建筑工地,把知识和青春献给社会主义建设,要做建设的主人。虽然上海姑娘比较讲究穿着,爱吃零食,也带有一点儿上海人的骄傲,生活里叽叽喳喳,但她们在工作中态度是严肃的,是一丝不苟的,对违反科学、只求进度不讲质量的恶劣现象是不能容忍的。在原则问题上不退缩,这就是以白玫为代表的上海姑娘们的本质,她们是时代的先进分子!上海姑娘的这一系列的表现,使陆野的思想感情起了变化,纠正了自己的偏见和一些陈腐的世俗观念,领悟到不要自以为是地从表面看问题,而要透过现象看本质,从而使他对白玫从歧视到尊敬,从隔阂到产生爱情。而这多种矛盾又都围绕着一座新兴城市某

工地的施工建设进行，在这特定的环境中塑造人物。

由于众所周知的原因，这部影片遭到了非难。在时隔二十多年后，我又在银幕上看到了它，真是感慨万端。既有亲切之感，又有深深的遗憾。因为成荫同志的许多想法在摇篮中就被扼杀了。有的原来已经体现在银幕上的后来又在强令下遭砍伐，弄得支离破碎，他的艺术构思被破坏了。我为我们的影片痛心，为成荫痛心！

成荫同志对创作是精益求精一丝不苟的，特别是在人物的刻画上；对人物形象、人物性格要求很严格，从我军指挥员到战斗员，从营长、连长到众多的战士，都要做到人各有貌，有各自的性格，并要求通过在表演、语言、化装、服饰诸多方面体现出来，真实地反映出时代气息。他不仅在我军人物的群像上不断地琢磨，就是对敌方人员也都要求表演上达到生活、真实，不容任何夸张的表演，不容人为地搞脸谱化的东西。如张军长和李军长，他们都是国民党的实力派，但这两个人物在性格上又有鲜明的对比。张军长是国民党年轻将领中盛气凌人的少壮派，李军长是一个老奸巨猾、老谋深算、自以为是的傲慢者，从他们不同的性格中展示矛盾，以揭露敌人间的钩心斗角、明争暗斗的丑恶勾当！成荫同志要求演员恰如其分地从人物各自不同的心理状态出发，通过情绪，通过形体，通过动作体现出来。他常说："任何人物夸张过了线，一切艺术的真实，前功尽弃。"这是他处理人物的一个总纲，也是他严格地遵循着革命现实主义的创作方法。

因此，我们在摄影创作上，塑造人物形象上，着重于人物形象的真实感，在用光上、构图上杜绝一切人为的痕迹，以达到"不露形迹的技巧，是最高的技巧"。

《上海姑娘》是我国第一次用彩色片来拍摄现实题材的影片。因为影片要求以清新、淡雅的抒情风格来反映生活，因此，我们在造型上——人物的肤色、服饰和环境、陈设等都选择中间色为基调，不用色彩上的强烈对比去展示色彩。在光和色彩上都采用柔和、谐调的处理方法，以突出人物形象，并给观众带来生活化的美感。在镜头的运用上，多用运动镜头，强调镜头的内部调度，基本上不用短促的切入切出手法。

为了加强生活气息，要求影片的逼真性。我们本来计划全部用实景拍摄，但在实践中有些设想未能实现。因为那时用的是苏联胶片，感度低，用的照明器材是炭精灯，体积大，室内无法打光，只好把宿舍里的戏搬回到摄影棚内拍。但就在这样困难的条件下，我们还是尽量地多拍外景，如工地办公室就是在工地上搭景加工而成，这样处理效果很好，后景丰富，真实感强。在拍实景时运用自然光和炭精灯结合起来拍摄，在当时也是我们组的一大尝试。

成荫同志的案头工作，做得很细致，他的分镜头剧本一旦定下来后，很少修改，保证了拍摄工作顺利进行，这是他深思熟虑的结果。他不仅自己心中有数，而且要使大家，尤其是主要创作干部心中有数。他从不盛气凌人把自己的意图强加于合作者身上，而是充分地探讨，追寻出最富有表现力的拍摄手段，以达到理想的银幕效果。在拍摄《南征北战》进入高潮的一段戏时，为展示人民解放军向敌军进行反攻，打得敌军溃败如山倒的真实情景，成荫同志希望能在一个连续性的画面中，既看到我军英勇作战的磅礴气势，又看到敌人丢盔卸甲的各个细部的狼狈之状，我们在一起磋商许久。我们认为要达到这样的银幕效果，依靠以往惯用的方法，把摄影机架在普通的移动车上进行推、拉、摇、移是远远不够用了，必须借助于起重机拍摄方能完成任务。可是解放初期的技术条件很简陋，为摄影服务的起重机尚未在我们的摄影棚出现。为了追求理想的艺术效果，我们决定亲自动手设计，土法上马，制造了一台木制起重机。没有机械设备做车轮，就用一个大树墩来代替机座，我国电影第一代起重机摄影器材就这样诞生了。别看它既粗糙又笨重，还真解决了

大问题。成荫和我就在这台"起重机"上拍下了在硝烟弥漫的广阔而又起伏不平的原野上，我军英勇的步兵、炮兵、骑兵部队，势不可挡地向敌人追击猛攻，扫尽战场上的残余之敌，然后摄影机下降，拍摄我军押解大批俘虏由远而近纷纷而过。随着人物的流动，镜头摇摄，画面中呈现出大批的枪支弹药、大炮坦克……战利品堆积如山。接着人声鼎沸，镜头迅速升起摇俯摄，我大批支前部队和民兵及乡亲们从四面八方欢呼胜利蜂拥而来。然后镜头摇摄下降落在被人群包围着的敌军坦克中，推近，坦克的顶盖掀开了，伸出了一面摇摆着的投降白旗，敌军司令张军长灰溜溜地从"乌龟壳"里钻了出来，举手待擒……这一系列复杂的内容，能在一个镜头里一气呵成地拍摄下来，在当时来说确实是不易的。通过摄影机的运动，加强画面的内部调度，产生连续性、完整性的画面造型艺术，是 20 世纪 50 年代初期新的电影造型艺术的探索。成荫同志敢于尝试、勇于突破的精神是可贵的。

　　成荫同志性格开朗，工作起来大刀阔斧，很有气魄，但又是一个极细心的人。他的全局观点和群众观点是很强的。记得在拍摄敌我双方山头争夺战的一场戏时，为有力地体现我军在运动战中和敌人争时间、争速度的特点，我们设计了一个长距离的移动镜头，摄影机要凌空伸出山头崖壁数十米长，方能拍摄到双方交战的瞬间的一系列细部动作，即敌人在我军居高临下，猛烈的火力袭击下惨败的情景，他们倒的倒，逃的逃，一败涂地。这组镜头因在陡峭的山崖上悬空拍摄，有一定的危险性，成荫同志在拍摄前对安全工作做了细致的布置。他组织了解放军战士在摄影机下做保护工作，万一遇到什么意外，机器和人不会落地，而是落入战士的怀抱。这使我很受感动。

　　成荫同志不仅有丰富的创作经验，而且有丰富的战斗生活经验。他会演戏，会写剧本，会导演，更重要的是会做人的工作，善于调动摄制组每一个同志的积极性,共同为拍好影片进行创造性的劳动。在关键时刻,在困难面前他总是自觉地到第一线去挑重担。我还清楚地记得当我们大队去拍摄大军横渡大沙河的那场戏的情景:当时正逢春寒,气温很低,大沙河上结着薄冰,前来协助拍摄的战士们到了河边,正在琢磨怎样下脚时,只见成荫蹭蹭两下卷起裤腿,第一个赤脚跳进冰河,涉水而去。榜样的力量是无穷的,在他行动的鼓舞下,战士们一个个争先恐后地踏着有冰凌的河水,蹚向对岸,拍摄任务又一次顺利完成。成荫同志的高尚情操,卓越的艺术才干,为艺术创作的献身精神,深深地印入我的脑际,令我难忘!

我和成荫同志在合作中是默契的、亲密的、艰苦而愉快的。拍摄《南征北战》的时间已过去多年,然而我们朝夕相处的那些日日夜夜,仍然清晰地印在我的脑际;我多么渴望那样的创作气氛再度重现啊!

杰出的电影摄影大师黄宗霑^①

黄宗霑先生是美国著名的电影摄影艺术家。他的摄影艺术，早就在国际上享有盛名，为同行们所敬仰。

黄宗霑先生的一生经历，是坎坷不平的。他没有进过高等学府，是依靠勤学苦练，自学成才的。在他从事电影的五十七个年头中，拍摄过一百二十多部故事片，还导演过故事片、纪录片、电视片。早在20世纪三四十年代，黄宗霑就成为美国好莱坞八大著名摄影师之一，其才华为世界影坛所公认。后来他十次被提名竞选"奥斯卡"最佳摄影奖，并两次获得这项美国电影艺术的最高奖。他在摄影艺术上的非凡成就，以及他的许多论述，给后人留下了宝贵的财富。

20世纪30年代我看过他的几部内容进步、艺术精湛的影片，其中某些场景至今仍萦绕在我的脑海之中。如《自由万岁》，这是一部反映墨西哥民族革命斗争的影片，给我印象最深的是骑士们的出击场面，拍得粗犷、有力。这在20世纪30年代初的银幕上，还是第一次出现如此壮观的千军万马场面。那种万马奔腾、壮志凌云

---

① 本文原载于《电影艺术》1982 年第 8 期。

的雄伟气势，充分展示了骑士们不屈的斗争意志，而在炎热的沙漠中，风沙飞卷，人们汗流浃背、口干唇裂的画面，则反映了斗争的艰苦，这些场面是经过精心构思的。尤其是黄宗霑独创性地运用了时近、时远、时长、时短的跳跃性画面（现称之为两极镜头）产生了动荡而强烈的艺术效果（据说有些镜头是骑在马背上拍的）。它既表现了骑士们的英勇气概，又刻画了主人公（华莱斯·皮雷扮演）粗犷、善战的性格。20世纪40年代我又看过黄宗霑拍摄的影片《灵与肉》，是写一个拳击家的生涯和他不屈的意志。随着情节发展，人物命运面临严峻时刻的各个场景，摄影师都有许多神来之笔。在拳击的紧张搏斗中，每一个细节、每一个动作都令人忐忑不安、惊心动魄，使观众受到似若身临其境的强烈感染，为主人公命运担惊受怕。特别是主人公搏斗到最后关键时刻转败为胜的瞬间，影片把人物的一招一式及其精神状态，描写得淋漓尽致，生动感人。据介绍，黄宗霑为了取得艺术上的真实效果，他穿上了四轮溜冰鞋，手提"阿埃莫"，穿梭在拳击者之间，用镜头参与了这场拳击搏斗，才猎取到了这些精彩的素材，使影片获得极为真实、生动、扣人心弦的艺术效果。我从银幕上就深深地感受到黄宗霑在这一创作中倾注了他全部的激情和心血，给我留下强烈的印象。

黄宗霑在摄影艺术上独具匠心，不断地攀登高峰，使自己在艺术上永葆青春的主要原因，是他对待艺术严肃认真、一丝不苟、勇于创新的精神。他从不满足已有的成绩，没有在荣誉面前松懈，直到他生命的最后时刻，他所想的仍然是在探索电影摄影中的新课题。黄宗霑创作的特点之一，是遵循生活的真实，以生活为创作的基础，所以人们称他为"写实派"。他常说："摄影师的任务是表现剧本的内容"，又说："我们（摄影师们）必须寻找自己的道路，寻找我们自己的艺术方法。"为此他不辞辛劳，不拒艰难，严肃认真地对待每一部影片。直到他的晚年（1969年），他为拍摄一

部反映煤矿生活的彩色故事片《亡命双雄大决斗》，还亲自深入到一千二百英尺深的矿井中去观察生活，获得具体的生活素材，作为创作的生活依据。在这部影片中，矿井采煤生活是重要场景，实地拍摄是很难办到的。为此，黄宗霑主张用二百吨黑煤，用三个摄影棚连着搭出一个狭窄而又深邃的煤矿坑道，使拍摄的艺术效果更为理想。我们在银幕上看到了阴暗、潮湿的坑道，煤水的冲击，煤矿工人的笨重劳动，煤层塌方……气氛极为真实。特别是巧妙地用小石英灯暗藏在煤层的布景中，以突出煤矿的深邃和明暗层次，而光源只来自矿工的帽上和坑壁上的那些小油灯。为了反映贫困、压抑的煤矿底层生活，他还做了大胆的尝试，把彩色片拍成像黑白片那样，以取得特定的艺术效果。正如黄宗霑自己所说："大胆设想才能产生特殊、意想不到的艺术效果……"这部影片是他晚年在摄影艺术上的又一成功之作。

黄宗霑在摄影创作上的第二个特点，是善于用光。本来如何运用光影，是摄影艺术中的一个至关重要的课题。在拍摄黑白片时期，摄影师们都很讲究影调、光线，人们一眼就能看到创造者用光的功力。彩色片出现之后，光的艺术、光的作用渐渐被有些人遗忘了，或者再不探索新的课题了，认为色彩可以代替一切了，这是不对的。黄宗霑直到晚年还谈到光的重要性。他说："没有光就没有摄影"，"光是画面的灵魂"，"光是主要的，色彩是次要的"等等。色彩的明暗取决于光的强弱，这个浅显的道理谁都知道，所以用光的艺术在摄影中应该是第一位的。光能表达作者的思想和感情。黄宗霑说过："用光要和画家用色那样，什么地方宜重彩？什么地方宜轻墨？都要作一番思考……"他还说："画面构图是容易的，只有赋予了光线的质感和感情，画面才能获得生命力……"前面提到影片《亡命双雄大决斗》，由于运用光的控制，他把彩色片处理成黑白片的效果，这种大胆设想也说明了光的艺术作用。我在青年时代就知道黄宗霑善于拍摄人像，知道他在用光上很有办法。当时好莱坞还曾给他取了个美名，称他"低调黄宗霑"。我认为这不仅说明他在用光上简练、干净，排除画面中不必要的东西，以突出主体；而且看出他在用光艺术上的特点。从他在20世纪40年代拍摄的黑白片《金石盟》中，就能看到他在用光的强弱和明暗对比上的许多特点。他运用光线的明暗布局，使一幅幅画面像彩墨画那样吸引着观众。既突出了环境，又突出了人物，整个影片的摄影风格是统一的。在这部影片中能看出他在用光上的笔触和功力。黄宗霑一生在创作中始终是孜孜不倦地在研究对于光的运用，如在影片《赫德》（1963年）中可以看出他用光极为简洁，影片的景色拍得很单调沉闷，与内容极为吻合，因而使他得了最佳摄影奖。

黄宗霑在摄影艺术上的建树是多方面的，他的关于构图、画面节奏（动与静）、色、光的运用等论述，都有独特的艺术见解。他丰富的理论和艺术经验，是他一生不断探索、不断创新、不断总结的结果，值得我们很好的学习和借鉴。

《20—40年代中国电影回顾展》^①观后感

这次举行《20—40年代中国电影回顾展》，看了许多过去没有看到的影片，受到一次较深的教育。看到中国电影所经历的创作道路，所谓"温故而知新"。

很显然，中国电影艺术的大众化和现实主义的创作传统，不可能产生在20世纪20年代，那时的电影，其主流是宣扬封建文化，抄袭贩卖帝国主义货色，典型的殖民地半殖民地的文化，是资本家的盈利工具。这都是历史事实。直到20世纪20年代末期，中华民族灾难临头，国民党的黑暗统治大大暴露，人民再无心看这类货色，电影业危机四伏。当时想利用有声电影这个新鲜玩意儿来吸引观众，也没有能挽救资本家的厄运。

20世纪30年代初，党领导的"左翼"文艺运动兴起，注意到电影这个有力的宣传部门。电影对民众有极大的吸引力，又有很大的社会影响，因此成立了电影小组，并鲜明地提出"反帝、反封建"的响亮口号。当时夏衍同志、田汉同志、阳翰笙同志都亲自到上海几个大影片公司，如"明星""联华""艺华"等单位去活动。

---

① 1983年7月，中国电影资料馆举办《20—40年代中国电影回顾展》，共放映该时期电影44部。

一是抓具有强烈现实意义的剧本，二是输送干部。最初就有夏衍同志改编的《春蚕》，田汉同志的《民族生存》，阳翰笙同志的《铁板红泪录》等剧本。《春蚕》是揭露旧中国20世纪30年代农民贫困、农村破产悲痛图景。《铁板红泪录》是反抗封建恶霸残酷压榨、压迫和反压迫的尖锐斗争的。

当时正是"九一八""一二·八"日本帝国主义侵略，民族危机之时。广大观众对于揭露社会黑暗的许多斗争生活，是同情的，是有共鸣的，也是人们所渴望的。因此左翼电影颇受观众的欢迎。左翼电影形成了一个新的高潮、新的运动，居于电影的领导地位。许多进步思想的影片占领了当时的银幕，同时许多老艺术家在繁重的创作生活中，为了更好地反映生活、反映斗争，不断探索着电影创作中的现实主义道路。他们创作的许多影片都真实、亲切、感人，富有巨大的生命力。

蔡楚生同志曾经对我说："电影创作，绝不能闭门造车。要了解生活，熟悉人物，理解斗争。我是有许多教训的……"他这短短的几句话，给我留有很深的印象，这是在20世纪40年代我能独立工作时正需要这些经验之谈、这些名言来指导自己的创作。当时我粗浅地理解到现实主义不仅是一个创作方法，也是创作的指导思想（现在来说，也就是立场、世界观的问题了）。

老一代的许多艺术家一方面追求剧本的思想性，反映真实生活，反映真实斗争；一方面按照现实主义的创作原则，塑造好真实、生动的人物银幕形象，这是他们在电影艺术上的一个极大特点，也是我们中国电影艺术从20世纪三四十年代延续下来的现实主义传统吧。

我们拍摄的影片《一江春水向东流》就是在蔡楚生同志严格地按照现实主义的创作原则来要求的。他因身体不好，是由君里执行的，他的意图都交代得很详尽，他对我们的拍摄素材每次都要反复

研究、推敲。

例如，张忠良走向堕落，沉醉于糜烂生活的某些片段，我们拍摄得过分夸张，过分淋漓尽致。夸张过头了就虚假，人物不可信，后来被剪了。

又如，素芬在沦陷区的苦难生活中，纯洁的心惦念着千万里之外，对丈夫的思念（对张忠良的幻想），两次拍摄都缺乏艺术的想象，被取消了。

又如，以素芬在沦陷区的悲惨遭遇和张忠良在大后方的荒淫生活，这两条线紧紧地互相交叉，形成强烈对比。但有些细节，感情的分寸弱了，掌握得不够，缺乏对比色彩，就破坏了总体构思。还有其他……夸张和不足都是现实主义创作原则所不允许的，蔡楚生同志要求分寸感特别严格。这些艺术实践都给了我很深刻的教育。

几十年来我就是按照现实主义的道路和创作原则来指导自己的创作的。真实地、生活地反映时代、反映生活，努力塑造好鲜明的、生动的人物形象。

现在世界上有很多创作方法。这个"派"那个"流"都有他们的新理论。我们进行研究，探讨乃至实践都是应当的，不实践就不能取得真知。

但也有许多外国的电影大师（包括美国导演）仍旧留恋着20世纪40年代所谓的"写实派"的有名影片，值得引起深思。

如果有人歪曲、诬陷以至企图扬弃中国电影艺术数十年来积累的现实主义创作丰富经验，无疑是放弃了电影创作阵地。

（1983年9月）

纪念与追忆

　　电影是科技与艺术的完美结合。谙熟于电影技术的专家，会利用所有的技术功能去游弋于艺术创作的空间，掌握电影技术的头脑会有更丰富的想象力，从而提升电影的艺术表现方法。

　　黑白片在朱今明手里运用自如，气象万千，达到了一个全新的高度。远不止"墨分五色"的阶调配置，光质及方向强弱不断变化着的光线处理，浓淡及层次各异的烟雾施放……大大增加了影片的历史真实感和厚重感。

>>20世纪 70 年代末，摄于黄山

超越与奉献

——悼人民电影艺术大师朱今明[1]

文/汪洋[2]

1989年6月10日下午，电话里传来噩耗：今明心脏病突发猝然辞世。我脑袋"嗡"的一下，怎么？今明，你就这样走了？竟没有给老朋友留下一句话！

十几天里，我吃不香睡不熟，已停掉的烟，重又一支支燃在手中，眼前总是今明的影子。半个多世纪的交情啊，从上海亭子间的小伙伴，到转战南北的抗日救亡演出；从苏联的实习生活，到为开拓新中国电影事业，共同度过的日日夜夜……今明，你不是对我说还有许多事要做么？如今，你安详地睡在鲜花丛中，默默地面对朋友们的哀泣。终于，我不得不面对这一现实：我失去了一位挚友，人民失去了一位电影艺术大师。

1935年，我和今明在明星影片公司相识。他那时整20岁，比我大一岁，我知道他1933年在"左联"从事戏剧活动，1934年到明星公司搞摄影。那时，他由于踏实、肯钻，什么活儿都干，几乎干一行专一行。我敬重他，喜欢他，没事就到他那儿去。那段时

---

① 本文曾以《超越与奉献》为题，摘要发表于《人民日报》1989年7月7日第八版。
② 汪洋，北京电影制片厂原厂长。

间，他也常去"左翼剧联"领导下的"上海业余剧人协会"搞舞台照明，被誉为舞台照明美术家。说起来还有段故事：1934年，他们演出话剧《天外》，一次装台，银幕快降到地面时，意外地被梯子支住一角，灯光射过来，映出明暗不均的弧线，谁也没有注意这偶然产生的现象，今明却喊起来："快来看，多美的浮云！"他由此触发了创造灯光天幕的设想。

此事酝酿了一年多。他约我和他一块搞灯光，当时我在"明星"当美工助理，两人谈得很投机。于是，他设计，我画图，跑工厂，制灯具……不知熬过了多少夜晚。继《娜拉》和《钦差大臣》公演成功后，于1936年公演了《大雷雨》。当第三幕徐徐拉开的时候，观众席中突然爆出雷鸣般的掌声。为谁？演员还没有出场。哦，原来是迷人的伏尔加河景色震惊了观众。皎洁的月光，闪烁的星星，暗淡的夜色，真绝了。中国戏剧舞台的第一个天幕诞生了。

五十多年前的这段往事总让我感慨。天幕在今天算不得什么，但在那个时代就是了不起的创造。有朋友称他是发明家，有朋友称他一生都在进行天才的创造，有朋友称他永远似一团火。这种精神伴随他度过了一生。直到昨天，文艺界的朋友还从外地打来唁电，称今明是"历尽苦难（新中国成立前他坐过三次牢，'文化大革命'中又蹲了几年'牛棚'），痴心不改"。

抗日战争爆发后，我们都投身于火热的抗日救亡演出。1938年，我们在嘉陵江边分手。我去了延安，他和赵丹、徐韬、王为一经邹韬奋介绍，要到新疆开展抗日进步戏剧活动。我们相约在延安会合。不料，一别就是十年。1940年，盛世才制造"杜重远事件"，今明等先后被捕入狱。直到1945年，盛世才倒台，才经多方营救出狱。

1949年7月，在全国第一届文代会上我们重逢。我在他的笔记本上激动地写道："今明，我们分开了十余年，今天又汇合在一起，愿今后在共同的事业中永不分离。"那时候，今明已拍摄出《一江春水向东流》《万家灯火》《希望在人间》《三毛流浪记》等轰动影坛的片子。今明先后与我国著名电影艺术家蔡楚生、郑君里、赵丹、沈浮等合作，耳濡目染，与第一代电影艺术大师们共同把我国电影艺术推向现实主义新的高峰。我叹服，震惊，也为老朋友感到自豪。

新中国成立初期，今明先后拍摄了沙蒙、张客导演的《上饶集中营》和成荫导演的《南征北战》等优秀影片。上海解放前夕，今明同志接受中共上海局文委交给的重要任务，冒着生命危险，挤进纷乱的人群，偷拍下国民党溃退前狼狈、混乱的真实景象和上海人民准备迎接解放等场景，这些珍贵的资料，以后不断被编入一些历史纪录片，那也是今明生命的记录。

1954年，我们作为中国电影实习团的成员一块儿赴苏联学习。1956年从苏联回国后，今明从上海调到北影，任技委会主任和总摄影师，我们就没有分离。那以后，直到20世纪60年代初期，是北影的一段黄金时代，拍出了一大批优秀影片，影坛戏称为"领导全国新潮流"，有些影片现在依然被列为世界级的不朽名作。作为一厂之长，我当然深知今明在其中的分量。

身为一流的摄影大师，今明的杰作不是几部而是一批。他把巨大的场面调度和镜头运动结合得非常出色，这在电影界是有口皆碑的。1952年拍摄的《南征北战》算是一例。那里面，既有汹涌澎湃的战争场面，又有局部细微的战斗描写。整个摄影机随着激烈的战斗运行，穿街过巷，从野外打到室内，连贯的军事运动，使人如临其境。要拍出宏大的气势，达到逼真的艺术效果，惯常的推、拉、摇、移已远远不够，今明首创的土造升降机，用以再现解放战争的壮观场面，这是他的又一天才发明。同行们赞他"艺高人胆大"，一点儿也不夸张。当然，现在电影厂用的都是高级玩意儿了，但后

人不会忘记"第一个掘井的人"。

今明以擅长拍千军万马的场面和复杂的社会活动著称影坛，但是，他的电影语言也不乏细腻、隽永。看他拍的东西，谁都承认他拍片讲究极了，每一个镜头都精益求精，没有丝毫的马虎。1976年，今明和水华到海南岛拍《西沙儿女》的时候已是61岁的人了，整天和年轻人一起泡在海水里，站在滚烫的碎珊瑚礁沙滩上，腿脚都泡烂了。为了准确把握阳光和海水的关系，他要求摄制组每小时记录日照和色温变化，详细记录了光线运动的规律。他的徒弟们（现在都是北影的骨干），常常激动地提起这些往事，感人至深。

不错，今明的知名度还是高在摄影方面，但同仁们在叹服他精湛的摄影技艺时，无不称道他对电影创作的多方面贡献。在摄制组里，他是不可或缺的核心人物，有人在背后戏称他为"二导演"。他的导演工作始于20世纪60年代。他曾经花了很大的精力，打算拍一部浪漫主义色彩的、具有民族特色的芭蕾舞电影《白蛇传》，后因种种原因没有拍成。他以后陆续导演的《彩蝶纷飞》《春天》《蔡文姬》和《孔雀公主》，只是部分地实现了他的抱负。《孔雀公主》拍得美极了，遗憾的是，当时人们更多地关注"现代片"，没有怎么宣传它，"墙内开花墙外香"，倒是很多外国朋友来信赞誉它。1983年获第二届马尼拉国际电影节特别奖，捷克斯洛伐克"卡罗维发利国际电影节"儿童故事片首奖"水晶蝴蝶杯"奖，并在国内获得特技摄影金鸡奖。

最近，有许多朋友提议开今明电影艺术研讨会，我非常赞成。他在电影语言方面的探索，反映了它的历史感和思想的力量，这正是一个大艺术家所具有的素质。1964年拍《烈火中永生》时，彩色片已在国内流行，而最先在国内成功地试用彩色片的今明，却提出拍黑白片，用深沉的基调，来表现我党那段艰苦卓绝的斗争。我和水华（该片导演）都同意了，拍出来果然极为理想，已不单纯是历史的再现。

1959 年，把话剧《风暴》搬上银幕是今明一大贡献。舞台戏改成电影不易成功，今明恰恰熟悉这两个领域。所以，金山（该片导演，并在其中饰演施洋律师）向我点朱今明的将。我一听就放心了，把事交给他没有不成的。有一场施洋律师车站说理的戏，要表现施洋的雄辩口才，人物调度，变化多端，摄影机先后移动了 10 个镜头，长达 340 英尺的镜头，今明一气呵成。我们的摄影师们今日依然称之为"中国电影史上的造型绝句"。由于镜头运动的连贯，金山的表演情绪层层激昂进入最佳状态。当时，没有现在这么好的条件，是"米奇尔"式摄影机，取景框在旁边，镜头偏一点儿都不行。今明一次成功。事后，金山几次对我说："朱今明是一流的艺术家，以后我搞电影，还要和他合作。"

水华同志也是与今明多次合作的老导演，他对我说："今明是当之无愧的杰出艺术家。与今明合作，永远是愉快的。拍一部片子，他会把全部身心都投入进去。从剧本修改到案头作业，分镜头、风格、样式、气氛，考虑得细致极了，绝不因为是摄影师而不参与其他方面的创作，因而成为摄制组的核心人物。"我们在电话中谈及今明，他失声痛哭，说这是自王大化辞世后他第二次痛失手足。

水华、石一夫等老导演称今明是"良师益友"。几天前，我见到北影一批中年摄影师，他们也这么称呼今明。有些没有跟他一起拍过戏的同志也深情地喊他"今明老师"。李晨声说，今明老师的存在使他感到一种正直的力量。正是这种力量，激励他们为人民，为正义，为真理而工作，而坚决摒弃那些肮脏的东西。

今明的辞世在影坛引起的巨大反响出乎生者的意料。治丧办公室和他的亲属收到来自全国各地一百多份唁电。有五百多人到八宝山与他的遗体告别，一些年迈的老艺术家抱病前往。与今明熟悉的、共过事的、在京的同志们几乎都来了，还有许许多多的后生晚

辈。我们国家的首都刚刚经历了一场政治风波，人们的情绪尚未能平静下来，当此时刻，人们却对一位艺术家的去世表现出极度的深情。在遗体告别仪式上，我看到去了那么多人，看到多年不见的动人场面，曾闪过一个念头：或许，今明在此时才真正实现了他人生的价值。

自然，涌入脑际的也还有不少遗憾。作为当时的厂长和至交老友，我未能帮助他尽展自己的才华。由于某些原因，今明渴望拍的几部片子一直未能如愿，有些拍出的片子也是不得已而从命，有些片子拍得非常美，却因为方方面面的意见，要反复修改，剪接，以至于损害了原有的艺术风格。对这些，今明只是付之一笑，极少提及，他甚至不愿去总结、回顾自己的成功之路，而依然把注意力放在未来。就像20世纪40年代，他在盛世才的监狱里，靠一本俄文词典读完了高尔基的原著《母亲》，用破罐头盒制成二胡自娱，靠几根破针，学会了编织、刺绣，他始终对生活充满了信心。看到年轻一代取得了成就，他由衷地高兴，看到电影事业出现问题，他焦虑不安、痛心疾首。1989年初，他小脑三处出血，病危住院，我们去医院看他，他念念不忘的依然是他为之献身的中国电影事业。

这些日子，人们在怀念他的时候，无不提及他高尚的艺德。与他共事过、接触过的人都说，生活里他是位和蔼慈祥的老者，工作中却"六亲不认"；为了中国的电影事业，他全部地奉献了自己，却从不为个人索取一点一滴。我突然悟到，之所以说他艺德高尚，不光是个做人的问题，他已经完全超越了自我。

今明的一生，是无愧于人民的，唯有想到这里，我的心才能平静下来。

安息吧，今明……

遥念一江春水向东流

文 / 祖绍先 ①

两代宗师朱今明先生离开我们二十六年了，今年是他百年诞辰。怀着无限崇敬的心情，缅怀这位为中国电影事业作出卓越贡献的老一辈电影艺术家。

还是在北京电影学院美术系上学期间，我就知道朱今明先生的大名，是北京电影制片厂四大摄影师之首。那时他正在拍摄电影《烈火中永生》，该片是由小说《红岩》改编的。小说《红岩》在20世纪中期是风靡全国的文学作品，深刻地影响了一代青年人的人生观。当时学院组织我们全班师生到北京电影制片厂实习参观，在摄影棚里，观摩该片的拍摄现场，由著名美术师秦威先生介绍场景设计，并一一介绍导演张水华先生、摄影师朱今明先生以及主演赵丹、于蓝、张平、庞学勤、胡朋等著名演员与师生见面。能见到这些心目中仰慕已久的电影艺术家，给全体师生留下了极为深刻的印象和美好回忆，同时也奠定了向他们学习、努力学好专业、投身电影事业的愿望和信心。

我第一次聆听朱今明先生的教诲，是在20世纪70年代中期。那时，北京电影制片厂已经迁址到学院东路3号，新建的一组摄影

---

① 祖绍先，中国电影美术学会会长、北京电影制片厂原副厂长。

棚包括一个特技摄影棚正式启用搭景，拍摄革命样板戏《海港》。我当时分配在特技车间工作，在新建的特技摄影棚里，由著名特技摄影师张尔瓒先生主持，正在筹备安装红外线屏幕工程。在电影胶片时代，合成摄影工艺，北影引进的是苏联的红外线活动遮片法，俗称活动马斯克（mask）。这种设备，在20世纪50年代前后是一种有效的合成摄影方法。但这种系列设备，尚没有专门的电影机械厂生产，完全是北影自行引进原理，自行研制并安装，所以在当时是一个技术含量很高的工程。朱今明先生是1954年由文化部组成的"中国电影赴苏实习团"的成员之一，主要考察苏联的电影技术及设备。所以，在北影新址二次改装红外线活动遮片合成摄影设备，各种技术参数，都要最后由总摄影师朱今明先生确认。安装期间，朱今明先生与张尔瓒先生付出了大量的精力与智慧，从与保定胶片厂试制宽幅磨砂胶片，到人工染色，试验红外线透射率，确认10×20米巨幅光体墙的白炽灯泡瓦数、间距等等，前后用了近一年的时间。这期间，朱今明先生不间断地在特技车间与创作人员和工作人员一起开会研究，讲授设备的工作原理、技术要求，最终圆满地在新建特技摄影棚里，成功安装了红外线活动遮片合成摄影设备，并投入使用。通过参与这项设备的安装和调试，我学到了在电影学院学不到的知识，同时也深感朱今明先生既是一位有独创性的艺术家，同时也是一位知识渊博的电影技术专家。使我在后来的电影生涯中，在电影技术领域打下坚实的基础，并受益终身。我查阅当时的学习笔记，比如，他说："为什么我们下这么大的功夫安装红外线特技合成摄影系列设备，是因为这种方法的操作，全面验证了一个电影制片厂技术含量及水平的高低，它几乎涉及了电影技术的全部内涵。""一个电影制片厂特技车间的工作水平高低，可以辨别出电影制片厂产品的艺术水平高低。这是因为电影首先是技术，有了高超的电影技术条件保证，才能为电影创作提供丰富的艺术想象力，并予以实现……"这一席话，几乎让我牢记一辈子，成为我在后来的电影生产实践中所遵循的法则，也成为我在晚年给后一辈电影人及为电影学院新生授课时的口头禅。

我在朱今明先生指导下并与其在同一摄制组拍摄的影片是1974年生产的《烽火少年》。"文化大革命"的十年浩劫，朱今明先生受到不公正的待遇，已经多年没有拍片了。所以，当他接受厂里下达的拍片任务，已年近花甲。但他以极大的热情投入了全程的拍摄，从修改剧本，选演员，选外景，分镜头，他都协助导演做好每一程序的工作。以选外景为例，他不辞劳苦，乘坐一辆吉普车，从北京郊区的八达岭长城，门头沟的雁翅，到河北省兴隆县的铜矿，到吉林省长白山地区的四道沟，行程几千公里，把这些不同地区的环境，整合为影片中统一的场景，达到完美的和谐。这部影片厂方指定的是保定胶片厂生产的代代红黑白负片，他积极支持这项决定，为国产胶片在电影生产中的应用启动了良好的开端。我当时在摄制组担任特技美术师职责，他亲自安排了十几个特技镜头，并给我确定了实施方案，使我在该片中，运用透视合成方法，完成了一组长城的雪景镜头，一组险要山路中角色策马追逐，敌人中枪落马滚下山崖的镜头，一组影片结尾时队伍胜利行进在漫山遍野的春花之中的镜头。我第一次在朱今明先生指导下，采用了照片、绘画和模型，利用透视原理，有效地完成了这些特技镜头的拍摄实践，并学到了其中的一些规律及技巧要点，使我终身难忘。

第二次是在朱今明先生指导下完成了影片《蔡文姬》的字幕工作。1978年，为纪念郭沫若先生逝世一周年，由文化部下达任务，把北京人艺排演的话剧《蔡文姬》搬上银幕。众所周知，北京电影制片厂的长项是名著改编和舞台艺术片。为拍好这部由郭沫若先生编剧的经典剧目，重新恢复工作的北影厂长汪洋同志决定，由朱今明先生担任导演兼摄影师。朱今明先生要求我该片的全部字幕采用

郭沫若先生的手迹，即郭体行书。我当时想起了一本字帖，是《怀仁集王羲之书圣教序》，其序文是唐太宗李世民所撰，由释怀仁搜集了王羲之之手迹排成碑文流传于世。其中有些字是由怀仁利用王字的偏旁部首拼合而成，少量个别字则由怀仁仿王字意补成。我把这件历史美谈讲给朱今明先生，他十分理解集字的困难，但还是要求我想办法完成，这是他对该片总体创意的一个组成部分。我接受了任务之后，即到各图书馆借阅载有郭沫若手迹的图书、画册、信函等，按照字幕文字底稿，去寻找每一个手迹文字。我又持文化部的介绍信，到什刹海体校旁的郭沫若故居，向郭老的留守秘书求助，得到他的大力支持。经请示上级领导同意，他提供了数十幅郭老的手迹原件，有条幅，有对联，有诗词，以及信函、公文等墨迹。按陈列馆规定，这些墨迹是未整理未公开的藏品，不可以出馆，我只好把字幕文字底稿抄件交给留守秘书，请他按文字搜寻墨迹文字。我则过几天去一次，按他已找出的墨迹文字，现场用硫酸纸进行双勾。因为当时国内还没有复印机，这样，我连续去了几次，大概勾勒出了二百多字。回到工作室，将勾勒的手迹文字添墨，再用照相机逐字拍摄，获取单字字形底片。为什么要用照相机拍一次字形呢？因为大的字有十几厘米方圆，要缩小字形，而印刷品刊印的手迹文字才只有一厘米见方，须放大字形。最后都利用暗房放大机把每个手迹文字放大成 2.5 毫米见方的单字照片。我也借鉴怀仁的方法，将没有找到的手迹文字，利用偏旁部首拼合，拼合不了的手迹文字，我只能按郭老的笔意去仿写。经历了一个多月的时间，终于依据字幕文稿的文字，配齐了郭老的手书文字，完成了朱今明先生的这个创意，为影片统一的艺术风格增添光彩。类似电影字幕如何表现的细节，朱今明先生都会精心构思与设计，可见他对艺术创作一丝不苟的敬业精神。还有一案例，是朱今明先生执导的民族歌舞片《彩蝶纷飞》的片头设计，他聘请了国画大师叶浅予先生画了二十几幅舞姿各异的速写，作为字幕衬画，很有传统民族特色，在电影界传为佳话。

20世纪80年代初，由中国电影家协会主编，委托中国电影出版社出版《中国电影家列传》，要刊载朱今明先生的小传。当时汪洋厂长将撰写朱今明先生小传的任务交给了我，于是有了我以采访形式，与朱今明先生做了两次长谈，使我对朱今明先生的从影生涯和艺术造诣，有了更加深刻的认识和了解，崇敬之心，难以言表。

朱今明先生可谓是中国电影史上的两代宗师。新中国成立之前，他就职于上海昆仑影业公司，除担任摄影师之外，还主持并负责电影技术工作。他以摄影师身份拍摄的第一部影片，是陈鲤庭导演，他与吴蔚云联合摄影的《遥远的爱》。之后，又与编导蔡楚生、郑君里合作拍摄了《一江春水向东流》，与编剧阳翰笙、导演沈浮合作拍摄了《万家灯火》《希望在人间》以及《三毛流浪记》等影片。这些片目，在中国电影史上，占有重要篇章。尤其是影片《一江春水向东流》，公映之后，继影片《渔光曲》，创造了当时电影票房的最高纪录，公众盛赞这部影片："标志了国产电影的前进道路。"新中国成立之后，《一江春水向东流》多次在国内外公映，均获得好评，长映不衰，是中国电影史上具有重要地位的一部影片，也是朱今明先生摄影艺术成就的代表作之一。他所拍摄的《万家灯火》《三毛流浪记》等影片都曾于共和国诞生前后，在国内外多次公映，家喻户晓，广受赞誉，足以说明朱今明先生在民国时期就是一代宗师。

1949年上海解放后，在党的领导下，朱今明先生参加了电影技术行业的接管工作并筹建上海电影制片厂，担任上影技术处的负责人及总摄影师，并于次年光荣地加入了中国共产党，当选为上海市人大代表。从此，他全身心地投入新中国的电影事业，奉献了一生。20世纪50年代中期，为发展我国的电影事业，文化部组织以

汪洋为团长的"中国电影赴苏联实习团",朱今明先生奉调参加实习团,负责全面考察苏联的电影艺术、电影技术方面的情况。他专题对彩色片工艺、宽银幕电影、立体声电影以及特技合成摄影进行考察。1956年实习回国后,朱今明先生留在了北京电影制片厂工作,担任技术委员会主任兼总摄影师,后又兼任北京电影学院摄影系主任,荣任中国电影家协会常务理事,改革开放后又荣任中国电影摄影师协会名誉会长。这里,要讲一下技术委员会和总摄影师这一制度和职务的缘由。新中国成立之后,各电影制片厂都设立了艺术委员会和技术委员会,由资深的电影艺术家和技术专家组成,专门负责该厂生产影片的艺术水准和技术指标,对影片的艺术质量和技术规范严格把关。两个委员会的成员及总导演、总摄影师、总美术师等人,则对每部影片在剧本期间发表意见,在投拍之前予以各类业务指导,在拍摄期间不间断地审查样片,最后参加完成片的厂审。在我的经历中,每次看样片,画面中的任何技术瑕疵,都逃不出朱今明先生的眼睛,可见他的技艺高超。朱今明先生在上影及北影,都担任技术委员会主任及总摄影师,足以说明朱今明先生在电影技术领域中的权威性,称他为新中国的一代宗师是当之无愧的。

朱今明先生是电影艺术与电影技术集于一身的大师。在上影期间,他先后拍摄了《上饶集中营》《南征北战》等影片。其中《南征北战》在国内享誉几十年,"文化大革命"期间,电影大萧条,唯独《南征北战》以"老三战"之首公映了十年,奇怪的是很少有人知道这部影片的摄影师是谁,原来是电影放映公司奉命把片头的演职员名单给删剪了。朱今明先生拍摄的这部革命战争题材的影片,气势宏伟,再现了人民战争的壮观场景,同时又富有强烈的时空真实,浓郁的生活气息,革命的乐观主义,塑造出性格各异的人物群像,获得了几代人的口碑。在北影工作的前十年,他拍摄了十几部影片,其中《风暴》和《烈火中永生》堪称朱今明先生摄影艺术的代表作。以《风暴》为例，是北影为建国十周年的献礼影片。他所追求的是：每个定焦镜头或运动镜头，既有场面浩大的全景画面，也有中近景画面，都要拍成历史油画的效果而具有时代感。尤其是人物造型，要塑造出有特点的群像。早在"昆仑"时期，他已悟出摄影艺术的真谛，认为电影摄影的艺术创作，除了真实地反映生活之外，在艺术上的处理主要是如何运用光线，烘托环境气氛，刻画人物形象和心理活动。他认为："光"是摄影艺术的灵魂，"光"能使电影画面产生影调、色彩、层次、节奏的变化，产生艺术感染力，从而打动人们的心灵。在处理"风暴"一片的用光时，朱今明先生从欧洲中世纪荷兰画家伦勃朗的肖像画中汲取灵感。伦勃朗是著名的肖像画家，他善于抓住对象的瞬间神情而表现出内心状态，善于在统一色调中运用明暗效果，使画面产生光影对比形成韵律和节奏，被时人称为"伦勃朗光影"。朱今明先生在该片摄影阐述中明确在造型的用光上，采用"伦勃朗光影"效果，使电影画面产生构图严谨、主次分明、色调和谐、反差有度，形象传神的油画风采。

影片《烈火中永生》与《风暴》有异曲同工之妙，有所不同的是朱今明先生是带着真切的感情来拍摄这部影片的。因为这部影片的主演之一赵丹先生是他多年好友，朱今明与赵丹、顾而已、钱千里等是中学同窗好友。共同的爱好使他们组织了"小小剧社"，经常在一起排演一些舞台节目，从而结下了深厚的友谊。朱今明先生十九岁那年到上海明星制片公司学摄影专业，就是赵丹先生介绍他去的。他与赵丹还有一段非同寻常的经历，就是1939年夏，几个人在新疆进行抗战戏剧演出活动，遭到反动军阀盛世才的迫害，共同经历了五年的牢狱生活，使他们的意志和友谊也经历了烈火的熔炼而愈加坚定。此次合作，二人对剧本中那些坚贞不屈的革命英雄品格激动不已，同时也引发了他们在新疆监狱的回忆。朱今明先生

采用大量的实景拍摄，用运动镜头和光线变化，再现了当年黑云密布、沉重而压抑的气氛，真实地表现了环境的时空效应。该片公映后，轰动全国，成为当时进行革命传统教育的优秀教材。

提起朱今明先生与赵丹先生的友谊，我还经历过一桩小事。1979年底，日本东宝樱花株式会社邀请汪洋、朱今明、杨静等人赴东京参加《天平之甍》首映式，汪洋厂长指派我准备几幅国画和书法装裱后作为礼品，朱今明先生来我工作室找我落实此事，我向他提个建议：您与赵丹是哥们儿，何不请赵丹画几幅画作为礼品更有分量。没过几天，朱今明先生再次来我工作室，兴致勃勃地拿出一卷画作，正是赵丹先生的亲笔画作，同时赵丹又请他的朋友著名海派画家富华先生画了几幅，一同交我去装裱。朱今明先生喜形于色地说：哥们儿就是哥们儿，打个电话，没几天，赵丹就把画寄来了。虽是小事一桩，足以彰显了他们的深情厚谊。

朱今明先生又是一位电影技术领域中学识渊博、溉贯中西、肯于钻研、与时俱进的专家，可以用诸多第一来说明。前文讲过，朱今明先生到上海明星公司后，开始学习摄影专业，从而开启了他的电影生涯。在明星公司的各个工种，他都接触过。当时，上海的左翼戏剧工作者成立了"上海业余剧人协会"。朱今明先生成为"业余"骨干成员，从事舞台装置艺术工作。其间，他探索了舞台照明方法，独创性地运用了天幕照明，在《大雷雨》剧目中，布景上出现了静静的伏尔加河岸等几个场面，使观众如身历其境，创造出了剧情规定的舞台场景气氛。此举在当时中国舞台剧史上第一次运用天幕照明方法，开启了舞台布景与灯光结合的革命，他也因此在上海被誉为舞台照明美术专家。

旧中国时代的电影技术设备，基本都是舶来品。朱今明先生与前辈吴蔚云先生一起苦心钻研，仿效美国生产的"米曲尔"摄影机，在简陋的工艺设备条件下，自行设计并制造了我国第一台"维纳氏"摄影机，并投入使用，令后人自愧不如。

在上影期间，由朱今明先生主持，自力更生，集体研究和反复试验，成功地完成了自行洗印"阿克发"系统彩色胶片的工作，为我国第一部彩色影片《梁山伯与祝英台》的拍摄提供了技术保证。

在北影期间，由朱今明先生和张尔瓒先生共同主持，将从苏联实习时引进的红外线活动遮片合成摄影技术，在特技摄影棚自行设计安装了红外线屏幕，自行设计了配套的"一镜分光双像双片"特技摄影机，使这项合成摄影技术第一次成功在我国启用。

从20世纪中叶始，为实现电影技术设备和器材的国产化，朱今明先生付出了大量的心血。电影的三大技术领域，即光学技术系统、机械频率系统、感光胶片的生产制造、洗印工艺系统，以及辅助器材、照明灯具的更新，这些错综复杂的生产和制造关系，每一次国产化的攻关，包括引进技术、自行设计、多方协调、反复试验、制造样品、质量检测，到试用改进，都有朱今明先生参与的身影，都是国产化的第一次。他的敬业精神令人叹服，事无巨细，事必躬亲，为我国的电影技术的国产化鞠躬尽瘁。

朱今明先生从20世纪60年代就兼做导演工作，这也是顺理成章的事。电影是科技与艺术的完美结合。谙熟于电影技术的专家，会利用所有的技术功能去游弋于艺术创作的空间，掌握电影技术的头脑会有更丰富的想象力，从而提升电影的艺术表现方法。朱今明先生晚年的封镜之作是影片《孔雀公主》，这也是他多年的夙愿：拍一部大型特技故事片。他亲自选题，亲自担任导演和摄影指导，不顾年迈与劳作之苦，同特技摄影指导张尔瓒先生一起，要展示北京电影制片厂特技摄影的实力，多方筹备，反复实验，理性分镜，精心操作，终于完成了北影建厂以来第一部特技大片。影片《孔雀公主》荣获第三届电影金鸡奖最佳特技奖。国际上荣获第二届马尼拉国际电影节特别奖，荣获捷克斯洛伐克第十四届儿童电影节头等

>> 祖绍先作并书纪念朱今明宗师百年诞辰《虞美人》词

奖"水晶蝴蝶奖"。这是对朱今明先生最好的告慰。

朱今明先生为人宽厚，平易近人，做事认真，一丝不苟，谦虚谨慎，严于律己，淡泊名利，甘于奉献。他的渊博学识、敬业精神和高尚品德体现了老一辈电影艺术家的典型风范。作为晚辈及学生，得到他的教诲和指导，使我终身受益。在和他接触的十几年中，他都以同事相待也使我感动钦佩。斗转星移，日月如梭，朱今明先生离开我们二十多年了，在纪念朱今明先生百年诞辰之际，也是中国电影诞辰一百一十周年之时，他的音容笑貌也像电影一样，一幕幕回忆在眼前，怀念之情，不禁潸然。他的成名之作是永远载入史册的影片《一江春水向东流》，片名取自李煜词作《虞美人》中的尾句，千古绝唱，回味无穷。我步其原韵填词如下，聊表百年纪念：

传艺之恩情未了，何憾知己少。才贯中西君子风，影界泰斗尽留口碑中。

两代宗师青史在，丹心莫曾改。天壤相思摒离愁，遥念一江春水向东流。

（2015年3月20日）

中国第一位舞台照明美术家朱今明①

文 / 王为一②

你也许观赏过新中国成立前我国几部著名的影片：《一江春水向东流》《万家灯火》《希望在人间》和《三毛流浪记》，以及解放后的《上饶集中营》《南征北战》《烈火中永生》和《风暴》吧？相信这些影片给你留下了较深的印象。然而，你是否知道在上述几部名片中运用光影、色调、构图等艺术手段塑造人物形象和制造环境气氛的摄影师是谁呢？他就是中国第一位舞台照明美术家朱今明。在《风暴》和《烈火中永生》等描绘时代风云的历史巨片中，他以简练、概括、粗犷的风格和色彩浓郁的笔触，强调色调处理的绘画感和时代感。在国内外引起很大的反响，他的摄影艺术由此进入了一个新的境界。

朱今明在中国电影摄影的技术方面作出了显著的贡献。我国第一部彩色片《梁山伯与祝英台》的摄影和洗印等技术问题，就是在他主持和组织下进行多次反复试验后完成的。他拍摄的影片很多，20世纪60年代以后，他发挥了自己丰富的摄影经验，以及实现他的"人物美、自然美、社会美和民族美"的创作追求，他导演的音

---

① 本文原载于《广州日报》1989年9月4日。
② 王为一，著名电影导演。

乐舞蹈片《彩蝶纷飞》和《春天》，舞台纪录片《蔡文姬》和神话故事片《孔雀公主》。《孔雀公主》片充分利用摄影技巧，成为一部非常美丽抒情的神话片，在国内外多次获奖。

我和今明是在20世纪30年代初认识的。当时他和赵丹、顾而已等中学同学从家乡南通逃到上海。他们都爱好文艺活动，喜欢登台表演。赵丹的父亲是戏院老板，无条件提供演出场所。据今明说，他在舞台上因善出洋相而大受欢迎。赵丹、今明等被这种具有进步思想和艺术魅力的话剧所吸引，自发成立了"小小剧社"，不断上演进步剧目，为逃避当时反动政府迫害，他们不得不逃往上海。今明一边在电机厂做工，一边在电机专科学校学习。赵丹进了上海"美专"，成了我和徐韬的同学，并和今明先后参加了"左翼戏剧联盟"。今明在活动中两次被捕，释放后，由赵丹介绍入明星影片公司学习摄影和洗印，一面仍从事舞台照明活动。

1936年，上海业余剧人协会第三次公演俄国名著《大雷雨》，其中第二幕景是夏夜的田野，两对情人先后在此会面，如何在舞台上表现出这抒情的景色呢？直到剧场彩排那天晚上，当《大雷雨》第二幕的大幕拉开时，奇迹出现了：舞台深远处一片广阔的湛蓝而透亮的夜空中悬挂着一轮皎洁的月亮，还有几颗闪烁的星星，这景色把座池中看彩排的人都惊呆了，今明在中国舞台艺术上开创了一个新纪元。

这个景很简单，整个舞台台面是一个月夜的晴空，舞台深处仅有一个小山坡，当星月夜空出现时，听到远处几声青蛙叫，夏天的感觉就出来了。整个舞台气氛和情调真是美极了！难怪正式公演时，只要第二幕一开幕，必然会得到观众赞赏的掌声。剧场的观众能为景而鼓掌是从未有过的事。今明当时方二十出头，仅凭着简陋的设备，首创了中国戏剧舞台的第一个天幕照明，获得星月夜空的艺术效果，他被誉为中国第一位舞台照明美术家当之无愧。

1989 年 3 月，今明病重，不久便收到了他病逝的消息。我常常忆起他，他那张含笑的遗像，一如他生前谈笑风生的模样。我凝视良久，想到今明、赵丹、徐韬和我 60 年的深交。现在只剩下我一个了，不胜悲痛之至！现记下今明点滴事迹，以抒哀思。

悼恩师——朱今明同志[1]

文 / 于振羽 [2]

今明同志和我们永别了！我以万分震惊的心情听到这个噩耗。多么健壮的身子，怎么可能？"中国共产党党员，著名电影艺术家，第五届影协荣誉理事、中国电影摄影师学会名誉会长、北影厂技委会主任朱今明同志因心脏病突发，经多方抢救无效，于1989年6月10日下午1时45分逝世，享年74岁。"然而竟是事实。

我止不住涌出的泪水，脑中闪出不久前对他的采访。今明同志从20世纪40年代到80年代拍摄了二十余部影片，其中《一江春水向东流》《万家灯火》《风暴》《烈火中永生》《孔雀公主》是有口皆碑的传世佳作，是我国电影摄影的杰出代表。

今明同志是江苏南通人，1932年毕业于南通崇敬中学。他自幼喜欢文学艺术，与赵丹是总角之交，与钱千里、顾而已等在中学时是同窗挚友。他们组织"小小剧社"、《枫叶》刊物，共同探讨文学和戏剧。由于他们演出进步剧目，为当地政府所不容，1933年被迫结伴逃到上海，一面做工，一面在电机专科学校学习，同年参加了"左联"。

---

[1] 本文原载于《电影通讯》1989年第8期。
[2] 于振羽，北京电影制片厂摄影师。

1934 年今明同志因支持工厂罢工和干扰特务组织演出节目，两次被拘捕，释放后，被学校停课，工厂开除。于是，由赵丹介绍进了电影界的明星公司学习摄影，开始了他的摄影生涯。

为了熟悉电影工艺，他干了许多工种，还观摩了大量苏联影片，打下了坚实的基础。与此同时，他还利用业余时间参加"业余剧人协会"演出，做舞台照明领班，丰富艺术实践。在"业余剧人协会"，演出《大雷雨》时，他刻苦钻研，组织同仁首创中国舞台天幕照明的月夜星空效果，为他赢得了舞台美术家的称号。

"七七事变"后，今明同志参加上海演剧三队，投入了抗日演出。

1939 年他与赵丹等人赴新疆开展抗日爱国的宣传活动，由于军阀盛世才制造的"杜重远事件"于 1940 年被捕入狱，直至 1945 年出狱。在狱中他坚持学习，阅读了不少进步文艺书籍。

抗战胜利后，根据周总理的指示，由阳翰笙同志领导，今明同志负责技术工作，在上海筹建了昆仑影片公司。从此今明同志踏上人民电影的道路，成为一名自觉的战士。坎坷的经历，不仅使他形成革命的文艺观，而且为他后来的创作奠定了扎实的基础。他以炽热的追求，如饥似渴地学习摄影技术，研究电影艺术创作，在摄影技术和艺术上很快成熟起来。

1946 年至 1949 年他与吴蔚云等同志先后拍摄了《遥远的爱》《一江春水向东流》《希望在人间》《万家灯火》《三毛流浪记》等影片。他在《一江春水向东流》中，以月亮上掠过几缕浮云的镜头，渲染素芬思念丈夫的悲戚哀怨的心情，从物景升华出意境，情景交融，相当成功。《万家灯火》中智清在小巷里走着，生活陷入绝境，感到天旋地转，自己像游魂似的晃荡着。今明同志把摄影机摆在锅上，利用锅底的球面，摇晃着，拍出了智清在困惑中的心灵感受。这些创新之举体现了今明同志在用光和画面摆动方面的摄影技术手法和对生活真实感的追求。

　　上海解放前夕，今明同志机智地把摄影机伪装在箱子里，偷拍下了国民党溃退时狼狈、混乱的真实景象。这些珍贵的历史资料，被编入优秀纪录片《百万雄师下江南》中，为此今明同志获得了文化部授予的优秀影片一等奖奖章。新中国成立初期，今明同志先后拍摄了《上饶集中营》《南征北战》《结婚》等影片。在《南征北战》中，他设计了一台土造升降机，使国产影片中首次出现了升降结合调度多变的长镜头画面，为展现人民战争波澜壮阔的宏伟气势作出了示范。

　　1954年初，今明同志作为"中国电影实习团"成员赴苏学习考察，1956年回国后，调北影任总摄影师。1957年至1965年，他以精湛的技艺，从严的要求，拍摄了《上海姑娘》《飞越天险》《风暴》《春雷》《烈火中永生》《龙马精神》以及歌舞片《百凤朝阳》等十余部影片，并导演了歌舞片《彩蝶纷飞》。

　　今明同志一向注重技术为艺术服务。他在《飞越天险》中，把飞机布景搭在一个巨大的半圆球体上，在摄影棚拍出了飞机在高空飞行的真实动态，为影片增添了惊险的效果。

　　在《烈火中永生》中，为了拍出雾重庆的室内效果，他设计了大型的多盏光源的散光灯，创造出了柔软的雾天室内气氛。

　　在《上海姑娘》中，他以准确的曝光，饱和的色彩，明朗的影调，赋予该片强烈的时代气息。

　　今明同志拍摄的《风暴》更为人所熟知。他以简练、概括、粗犷的笔触，强调彩色处理的绘画性和时代感，以国内罕见的340英尺多调度的长镜头——"施洋说理"，完成了这部描写时代风云的巨片，为当时名家所惊赞，称颂今明同志为第一流的艺术家。

　　十年浩劫期间，今明同志遭到了政治上的迫害。他以不屈不挠的精神经受住了这场严峻的考验。1973年他重新恢复了工作，相继拍摄了《烽火少年》《牛角石》。1977年后他开始做导演工作，先后拍摄了音乐片《春天》，舞台片《蔡文姬》，神话故事片《孔雀公主》。该片以其浪漫主义的色彩和浓郁的民族风格，1983 年获马尼拉国际电影节特别奖，捷克斯洛伐克卡罗维发利国际电影节儿童片首奖"蝴蝶杯"奖。

今明同志在中国影坛辛勤耕耘半个世纪，为繁荣和提高电影艺术事业作出了不可磨灭的贡献。在回顾自己的电影生涯时，他常说："我搞摄影，一是掌握光，一是画面构图，运用它拍戏，拍人物情感，不搞虚无缥缈。""艺术要真实，不真实就不可信。""要讲究节奏，没有节奏就很难生动。""摄影不是工匠，是艺术创作"。"要有追求、有探索，要辩论、要创新。""没有创造很难有好的艺术品。"这些真知灼见，既反映了他的创作个性，也道出了他形成朴实无华的艺术风格的成功奥秘。

今明同志在工作中精益求精，一丝不苟，尊重别人，关心后代，毫无保留地贡献自己的才华和智慧。无论谁求助于他，他都热情地坦诚相助。每当谈起与今明同志合作中的感受时，大家无不异口同声谓之良师益友。

良师益友今天竟悄悄地、永远地离开了我们，是那么突然，使我们毫无准备。我们悲痛失去一位诚挚坦荡、品德高尚、技艺超群的良师益友，悲痛中国电影事业失去一位卓著的艺术家。今明同志的杰出代表作和艺术大师的风范将与世长存，发扬光大，将永远是后代的楷模。我们当以更好的成绩慰藉您生前的殷切希望。

安息吧，恩师——今明同志！

（1989 年 6 月 24 日）

杰出的电影摄影大师朱今明[1]

文 / 李晨声[2]

1962 年，我从北京电影学院摄影系毕业，分到北影，奉命到《东方歌舞》摄制组打杂。这是个超豪华的摄制组，网罗了北影四个创作集体的首席摄影师——二集体的聂晶、三集体的钱江、四集体的高洪涛。导演是一集体的朱今明。面对这些早已如雷贯耳的大师，我真有些手足无措。首先遇到的就是称谓问题。师兄们指点说：对钱江要叫钱师傅，聂晶喜欢叫他老聂，高洪涛要称高老，朱今明则要人称他今明同志。

"今明同志？"面对这样一位德高望重的长者，我总觉得张不开口。所以尽量避免接触，好在我们之间隔着太远的距离。然而，他站在我面前了："你是新来的吧。"我马上想到应有个礼貌的称呼："老师！不，导演……""叫我今明同志！"他严肃而又和蔼，"对这部片子有什么看法？"又是一个猝不及防，我再次陷入混乱。其实对这部拍摄中的影片，我有着太多的感受。我喜欢缅甸古典双人舞中的四层纱幕，《八木小调》中日本少女用彩伞旋出的图案，印度《拍球舞》中活泼的镜头内部调度，《脚铃舞》处理得奔放热情……

---

① 本文原载于《电影艺术》2008 年第 3 期。
② 李晨声，国家一级电影摄影师、导演。

钱江抒情俊逸的风格，聂晶瑰丽奇崛的特色，高洪涛的老辣沉稳都得到充分的展现，并和谐地统一在朱今明完整的造型设计和色彩总谱之中。我东拉西扯，他却耐心地听着。

"今明同志——"有人又在喊他，他实在太忙了。"有机会咱们再接着聊。"望着他远去，边走边哼着南通腔的旋律，一边手之舞之足之蹈之，逐小节地向征询者说明镜头的剪接点、拍摄角度和摄影机运动的路线……我深知，这段舞蹈乃至整部影片，他早已烂熟于胸。

以后，就是近 30 年的相处，却再也没有重提这个话题。这台被拍得美轮美奂的精彩节目，不知为什么始终未能问世。打倒"四人帮"之后，东方歌舞团的艺术家们来北影询问影片的下落，寻找他们被雪藏的艺术青春。然而，影片包括原底全部荡然无存，不知去向……

艺术启蒙

朱今明的祖父满腹经纶却时运不济，家道中落。留给子孙的除了经史子集外，只有祖坟上的几亩薄田。朱今明的父亲是个穷秀才，在县里谋个小差事，由于洁身自好，不谙世事，反被诬陷入狱。母亲变卖家产，奔走相救，最后一病不起，撒手人寰。少年朱今明一改本来活泼的性格，变得沉默寡言，终日关在斗室中苦读，无意中为他今后的艺术生涯进行着必要的积累。在南通崇敬中学，朱今明与同学赵丹、顾而已被称为"三剑客"，每有戏曲、魔术、文明戏等演出，他们必看"蹭戏"，看完之后竭力模仿。特别是看电影后更是兴奋，卓别林、基顿成了他们的模仿对象。朱今明用一个方盒子装个旧货摊上买的破镜头，用玻璃干版记录下同学的影像。谁承想，这个儿时的游戏竟成了他日后的事业。

　　"三剑客"成立了"小小剧社"，他们的演出轰动全城。1930年，上海左翼剧联领导的"摩登剧社"来到南通，指导他们成立了左翼剧联南通分盟。他们演出的进步话剧引起了反动当局的惊恐，准备逮捕剧社的骨干，"三剑客"到上海紧急隐身。朱今明白天在电机厂做工，晚上到夜校学习。他还积极参加上海左翼剧联的活动，经章泯介绍成为上海左翼剧联的正式盟员。1934年，朱今明在秘密酝酿罢工时被捕。两个月后，由工友保释出狱，但被工厂开除。从此，他和上海左翼剧联的穷哥们儿挤住在一起，继续进行左翼戏剧活动。在一次特务包场的演出中，朱今明因散发传单被捕，被当作共产党嫌疑犯押至老闸捕房。70多天后，敌人因得不到证据而开释。赵丹介绍他进明星公司学摄影，为他以后的电影创作打下了基础。

　　1937年的"七七"事变点燃了全民抗战的烽火。朱今明怀着满腔热血，参加了中国共产党领导的救亡演剧三队。他们从上海出发，一路演出，经常州、无锡、镇江到武汉，最后抵达重庆。1939年5月，因得知盛世才在新疆实行"反帝、亲苏、清廉"等进步政策，朱今明与赵丹等携带妻儿来到新疆。正当他们准备去苏联学习时，盛世才制造了震惊中外的"杜重远阴谋暴动案"，朱今明等入狱，他遭到毒打以至于门牙脱落。5年后，经周恩来营救出狱。但因误信他们早就死亡的谣传已妻离子散。

初试身手

　　抗战胜利后，阳翰笙遵照周恩来指示，率领朱今明等赴上海建立电影阵地。朱今明拍摄的第一部影片是《遥远的爱》。导演陈鲤庭大胆起用了这位历经磨难的青年摄影师，并要求摄影前辈吴蔚云大师，一定要通过这部戏把朱今明带出来。吴蔚云是中国最早、成就最大的摄影师之一，经验十分丰富。工作时，他对拍摄体用眼一扫就能说出"光圈要开到黄豆那么大",或者"光圈收到绿豆那么小"。办法虽土,却从无差错。

中国的电影教育起步较晚,多数老一辈的电影摄影师没有完整系统的学习机会,全靠师傅带徒弟——从背电瓶、扛三脚架开始,经过漫长岁月的熬炼,逐渐过渡到掌控机器。他们往往止步于对客观世界的简单复制,对戏剧演出的单纯影像记录,成为技术熟练的匠人。此外,还有极少数从国外科班学成归来的,由于缺乏实践,不熟悉生活,亦少有成大器者。

朱今明此前的经历为他奠定了坚实的基础,同时他又走了一条完全不同的道路。在吴蔚云的悉心指导下,他的业务突飞猛进。《遥远的爱》无论是影调的控制,还是在演员的纵深调度、光线设计、镜头运动及画面构图等都较以前的国产片有明显进步。陈鲤庭在他的《电影轨范》中,充分肯定说:"吴蔚云、朱今明的摄影,应该使我们对他们的成就注意……取景的适当和摄影的优美创造了国产电影的新纪录……也是找到了中国电影艺术的正路的。"

《遥远的爱》初战告捷,标志着朱今明已经从简单掌握摄影技术跨越到熟练运用摄影技巧;从对影像表层的复制功能深入到创造性地运用电影造型语言的纪实功能、揭示功能、再现功能及表现功能,从而建构出电影本体性很强的完整银幕形象。吴蔚云由衷地喜爱这个青年摄影师,一面热心为他介绍对象,重建家庭;一面鼓励并推荐朱今明独立担纲拍摄著名导演蔡楚生、郑君里编导的巨片《一江春水向东流》。

步入辉煌

1946 年 9 月《一江春水向东流》开拍。影片有三条情节线:一条是张忠民进行的抗战活动,一条是女工素芬的悲惨命运,一

条是张忠良的堕落生活。影片运用蒙太奇手法进行交叉对比，把道德批判引申到政治批判和社会批判，显示了批判现实主义的巨大艺术魅力。

朱今明的摄影处理非常贴切地衬托了导演民族化的叙事模式和艺术风格。全片的造型处理由两个对立的影像系列构成：对以素芬为代表的广大抗日群众，运用了线条鲜明的塑形光。强调光线线条和明暗关系的变化，用尽可能丰富的阶调和反差适度、对比鲜明的光效着重突出人物，准确地表现他们丰富的内心活动。同时细腻地展现环境，营造具有强烈生活气息的艺术氛围。对沉沦后的张忠良、王丽珍、庞浩公之流的糜烂生活，朱今明则采用了软光处理，类似单线平涂的画面效果，展现了这种纸醉金迷奢华生活的肤浅和堕落。

作为第一次独立创作的摄影师，朱今明没有像一般初出茅庐者使出浑身解数地卖弄技巧，以至于用力过猛而痕迹过重。相反，他注意从生活出发，追求真实而艺术的银幕效果，俨然是一派大师风范。影片为了更真实地再现抗战，采用了不少纪录片镜头，其中大多数是很大的群众场面。朱今明又拍了一些摄制组有力量组织的小场面，通过巧妙的调度，与故事本体天衣无缝地衔接起来，形成了鲜明的纪实风格，大大增加了影片的真实性与感染力。

张忠良、素芬的定情与素芬抱着孩子思念丈夫遥相呼应。朱今明动脑又动手，精心设计了风云流动、月游云海的抒情画面。他制作了两大块纱框，再把棉花厚薄不匀地铺在纱布上，不等速地在灯前拉动，下面紧接云遮月的空镜头，成功地营造了"月移云影动，流光正徘徊"的诗情画意。

老校长带领群众下山消灭鬼子一场，在仰拍的山冈上，出没的人物和动作被处理成剪影，衬以呈中性灰的天空，具有浓郁的黑白版画韵味。祭奠抗日牺牲的老父，民众处于极强的侧逆光下，形成反差强烈的半剪影效果，像一尊尊雕像，凝聚着蓄势待发的复仇怒火。这些极富绘画性与雕塑感的电影造型语言，体现了摄影师兼容并蓄、厚积薄发的艺术功力和志在创新的艺术追求。

由于反动当局的打压，影片拍摄的技术手段极其匮乏：仅有一个镜头的老式贝尔浩摄影机；三本、五本地从商人手里买来的过期胶片，完全谈不到对胶片乳轴号的选取，而且不时断档，经常处于等米下锅的危机境地。尽管如此，朱今明还是克服了重重困难，在出色完成故事本体的叙述、抒情、表意之外，又千方百计用这台"独眼龙"机器拍摄了在当时称得上高难的特技镜头——张忠良在无望的挣扎后，终于跌进了王丽珍的皮包，成了她的情夫。在根本没有特技设备和专业人员的困境下，朱今明和美工师韩尚义土法上马，巧妙地利用模型接景、多次曝光、逐格拍摄等多重技术手段，不露破绽地完成了这组镜头，实现了导演的奇思妙想，使观众耳目一新。

《一江春水向东流》连映 3 个月，观众达 70 多万人次，创造了我国前所未有的高票房。夏衍等致信摄制组祝贺："要是中国有更多一点的自由，更好一些的设备，相信你们的成就必然会十倍百倍于今天。""能在这样的束缚下产生这样伟大的作品，我们就更想念你们的劳苦，更感觉这部影片的成功。"值得一提的是，从来不关注摄影的中国电影评论界，对朱今明的崛起发出了美誉："年轻的摄影师！""优秀的摄影师！""中国影坛突起的摄影健将！"对此，朱今明却无暇顾盼，又马不停蹄地投入了昆仑公司的新片《万家灯火》的拍摄。

再攀高峰

由阳翰笙、沈浮编剧，沈浮导演的《万家灯火》，描述了国民

党统治后期大城市的小资产阶级的生存状态。影片真实细腻地表现了他们深沉的悲哀、无望的挣扎、必然的分化、最终的觉醒或沉沦。朱今明遵照技术为艺术服务，形式为内容服务的现实主义创作原则，和导演取得了"镜头跟着人物走，跟着人物的情绪走，一切以人物为中心，力求做到人物与镜头水乳交融，生命抱合"的共识。因此，《万家灯火》呈现出更清淡、更细腻的摄影造型风格。对生活逼真地再现，对细节精准地描模，对人物心态生动地刻画。

影片开头，从鳞次栉比的城市远景推入其中一个窗口。与之呼应的结尾处，又从这一家窗口拉成城市之夜的大远景。白居易"万家灯火城四畔"情境的再现，是由朱今明构思，并通过模型摄影创造的。简洁的摄影造型语言形象地阐释了编导的意图，深化了主题。当时就受到阳翰笙的极力推崇。

在人物的塑造上，朱今明十分注意人物与环境的关系。随着时空与规定情境的变化，灵活地变化着光质光效与拍摄角度，真实自然而富于美感。在表现人物巨大的内心冲突与情感跌宕时，他大胆地突破常规，让镜头走向人物心灵深处，使摄影机有了生命，大大拓展了摄影造型的表现力。主人公胡智清被公司辞退，在公共汽车上又被诬为小偷，遭到毒打，跌跌撞撞往家跑。影片营造了一条狭窄的石板路，只用了一只 24 寸的灯打逆光，正面不用任何辅助光，除了人物和环境的大轮廓及湿漉漉的路面反光外，画面大部分隐没在黑暗中。人物只占画面的四分之一，逆光和地面反光恰到好处地勾勒了人物踉跄的身影。为表现他头晕眼花、天旋地转的主观感受，朱今明忽而手持摄影机跟着演员颠簸着，忽而把摄影机放在一排玻璃管后跟摇过去，忽而把摄影机架上自制的半球形云台，忽而又把摄影机减格后从高处扔下……这一段摄影的华彩乐章把主观和客观，心理感受和外部动作有机地融合在一起，形象地表现了人物此刻的晕眩、绝望。

搞过摄影的人都知道，表现室内的空间"拍大容易拍小难"。原因很简单，布景的第四面墙可以拆除，镜头有足够的空间可以拉开。即使拍实景，为了把人物动作拍全，只能用广角镜头，线条透视的夸张，也必然把小空间拍大。这与《万家灯火》要表现住房日益紧张的小职员生活毫不搭界。处理不当，会大大伤害影片的真实性，以至于完全背离他们苦心经营的现实主义风格。熟悉城市生活的朱今明，通过多用纵深的群像构图与合理调度，通过门、窗的前景拍摄全景等手法聪明地解决了这个矛盾。母亲和弟弟一家来沪后，狭小的房间用床单隔成两间，灯亮后会产生"皮影戏"的效果，巧妙地展示了狭窄尴尬的处境。此外，"搭建晒台屋""租用亭子间"几场，都在狭窄空间造成的压抑感上做足文章，以极强的真实感撩拨着观众的情绪，激发他们对现实的严峻思考。

《万家灯火》获得了极大成功。乔治·萨杜尔认为它"近似新现实主义"，意大利电影界的朋友则进一步表示，"中国在新现实主义的探索上走在了我们的前头"。在 20 世纪 80 年代香港影评人举办的"中国十大电影"评选活动中，该片被评为第三名。它成为朱今明电影摄影作品的代表作之一。

新中国成立前后

在创作上不倦攀登的朱今明，开始有意识地在他拍摄的每一部新片中，根据不同的题材样式，进行新的探索和追求。在《希望在人间》中，他巧妙地运用光线和烟雾，创造出扑朔迷离的悬疑气氛。拍《三毛流浪记》，他努力克服困难，尽量在熙来攘往的上海闹市中进行"偷拍"，逼真地再现大都会中被人遗忘的阴暗角落和底层人群的生活情状。有些段落简直无懈可击，堪称经典。可遗憾的是："与主人公家喻户晓的漫画形象造型，显得有些不够协

调……"朱今明在他的创作总结中如是说。这个反思无疑是精当的，说明他在影片造型的总体把握上有了更高的目标和追求。

1949 年春末，没等《三毛流浪记》杀青，朱今明就神秘地消失了。处于地下的上海文委要他拍摄敌人溃退前的丑行。最大的困难是如何隐蔽摄影机，要携带方便、运用自如。否则，不仅个人危险，且完不成任务。他终于想出了办法，在手提箱里装置好机器，秘密地混入纷乱的人群，在许多重要场合，拍下了敌人溃逃时的恶行与狼狈相，也拍了人民群众准备迎接解放的各种活动。这些珍贵的史料镜头后来编进了大型纪录片《百万雄师下江南》，此片荣获文化部颁发的优秀影片一等奖。

上海解放后，他参加筹建上海电影制片厂，担任制作委员会主任、技术处长兼总摄影师。他盘整残缺的技术设备，组建和充实技术队伍。同时，领导了中国第一部彩色戏曲片《梁山伯与祝英台》的胶片试验与洗印工作。

此前，中国从未拍过彩色电影，更不要说建立自己的彩色洗印系统了，这是具有开创意义的工程。朱今明、万国强、查瑞根、王雄等同志查资料、做试验，硬是在简陋到只有烧瓶、试管的查验室里，用手工合成了显影剂 TSS（二乙基对苯二胺），用木架、瓷缸制成了每分钟只能洗 4 英尺胶片的洗片与漂白设备。

拍戏用的 AGFA-B 型日光片，感光度低，只能用高色温的碳精灯。厂里没有足够的照明设备。陈毅市长在美蒋飞机频繁轰炸上海的严峻形势下，白天将防空探照灯借给厂里拍戏，入夜前就得进入高炮阵地严阵以待。克服了种种难以想象的困难，中国第一部彩色戏曲片《梁山伯与祝英台》终于完成了。周恩来总理、陈毅市长审看双片后，热烈鼓掌，与参加工作的人员一一握手致谢。朱今明这才如释重负地松了口气。

底样片素材送到捷克斯洛伐克的洗印厂制作大量拷贝，厂家对

上影提供素材的技术质量表示满意。同时，为中国同行这么快就掌
握了复杂的彩色片洗印技术感到惊讶。对洗印技术深入的研究和实
践，为朱今明摄影创作的高飞插上了翅膀，为他进一步的艺术追求
和想象的实现，提供了坚实可靠的技术保证。

新的风格

1949 年，带着获得解放的狂喜，朱今明参加了第一次文代会。
老友们对他勉励有加。洪深希望他"做到老，学到老"，曹禺写下
"以你的诚恳与天才和人民一道创造新中国的大众电影艺术"，蔡楚
生要他成为"新时代摄影工作者的旗手"，史东山希望他"在弟兄
们中间起带头作用"，黄佐临则高呼"预备，camera! 为人民服务！"
在新生活到来之际，如何拍电影、如何为人民服务，这是摆在朱今
明面前的课题。

在上影期间，朱今明拍摄了沙蒙、张客导演的《上饶集中营》。
他在黑白片的拍摄中探索一种明暗对比强烈且又层次丰富的阶调配
置，线条简练而又变化多端的构图处理，用颂歌式的造型语言来表
现皖南事变中落难的新四军在狱中的英勇斗争。他的摄影风格较之
以前，开始发生明显变化。

1951 年，他又应成荫、汤晓丹之邀，拍摄了战争巨片《南征北
战》。在中国电影史上，《南征北战》开创了史诗式战争片的样式。
在朱今明的创作生涯中，如此规模、如此题材的影片也是首次，过
去的生活积累不够用了，过去的创作经验也亟待更新。朱今明打起
背包跟着导演成荫从山东益都步行到沂蒙山区，深入生活，剧中的
人物、场景逐渐在他头脑中鲜活起来。在摄影造型语言上，他继续
从《上饶集中营》开始探索，一改此前追求生活自然的纤细笔触，
变为浓墨重彩大开大阖的粗犷豪放气派。他运用大面积的黑白影调

对比，大俯大仰的极端角度，大远大特的两极镜头，多光质、多方向的光线处理，多角度、多景别的镜头运动，推、拉、摇、移综合运用的长镜头等富有冲击力的造型手段，表现史诗规模的革命战争场面。

为拍向敌人发动总攻的高潮戏，导演、摄影一起构思了一个连续性的大场面，既有我军发动总攻的磅礴气势，又有敌军兵败如山倒的狼狈景象。朱今明感到仅有推、拉、摇、移不够用了，还要加入升降的运动元素。可当时为摄影服务的升降机还没有出现。只好土法上马，自己动手。"制作一台木质的升降机，没有机械设备做车轮，就用一个大树墩代替机座。我国第一台电影升降机就这样诞生了。它既粗糙又笨重，还真解决了大问题。成荫和我就在这台起重机上拍摄下了：在硝烟弥漫的广阔又起伏不平的原野上，我军英勇的步兵、炮兵、骑兵部队势不可当地向敌人追击猛攻……然后，摄影机下降，我军押解大批俘虏通过镜头，随着人的运动，镜头摇摄，画面中战利品堆积如山。接着人声鼎沸，镜头迅速升起摇俯摄，我大批支前部队和民兵及乡亲们从四面八方欢呼胜利，蜂拥而来……"朱今明这样回忆着当年难忘的一幕。

把多元的拍摄主体，通过摄影机的运动与镜头内部的调度巧妙结合，一气呵成地拍摄下来，产生连续性、完整性的视觉效果，它成为中国电影的华彩乐章之一。这是朱今明在20世纪50年代初为建立我国全新的电影造型语言作出的宝贵贡献。

《南征北战》的摄影成功，表明朱今明完成了他风格的转变。这是他创作臻于成熟的重要标志，意味着他对丰富多样的现实生活的审美特征有了独特的新发现，并且相应地在摄影造型艺术上得到了成功的体现。

《南征北战》作为故事片尽管还不尽如人意，可是由人物、环境造型、战斗氛围的渲染而形成的厚重的真实感、历史感却是无可比拟的。江青在"文化大革命"中组织重拍的《南征北战》在它面前黯然失色。

两部经典

1954 年，朱今明参加了中国电影实习团赴苏联学习考察，圆了在新疆期间留苏的梦。在一年半时间里，他们快速学习了莫斯科电影大学的基本课程；听了罗姆、罗沙里、格洛夫尼亚、库里肖夫、戈托夫斯基等大师的讲座。他们多次在特列季雅柯夫画廊，听摄影大师安德烈卡尼斯的名画分析课。安德烈卡尼斯从光线、色彩、构图等专业角度详尽分析了列宾、苏里柯夫充满戏剧性矛盾冲突的著名作品，讲述苏联摄影师如何从列维坦、西什金的风景画中汲取营养获得灵感。苏联许多优秀影片特别是名著改编影片中浓郁的油画感，使朱今明印象深刻，给他今后的影片创作带来很大的影响。

为了掌握宽银幕电影的技巧，朱今明参与了《伊利亚莫洛维茨》摄制组的工作。每个镜头打灰板的底片，他都细心地剪留了画格，破译了当时还很神秘的宽银幕电影曝光与构图的规律。在罗姆的《第六纵队》的拍摄现场，摄影师吉甘运用烟雾的技巧，给他留下难忘的印象。除了摄影课，其他业务部门的课程，他也每场必到。在一年半内，他从没缺过一次课。他的学习笔记摞起来有几尺高，还不包括更多的图表、曲线、试验数据在内。中国专家学习的刻苦精神，引起了苏联同行的好感和尊敬。

系统的理论知识和眼界的开阔，为朱今明创作的进一步腾飞打下基础。留苏归来，朱今明调到北影担任总摄影师和技委会主任。在拍摄了清新、优美的《上海姑娘》后，又充满激情地投入了经典影片《风暴》与《烈火中永生》的创作。

《风暴》反映的是 1923 年京汉铁路"二七"大罢工的历史，改

编自中国青年艺术剧院的重点剧目。金山编、导兼主演。影片的视觉总体建构和复杂的场面调度自然由朱今明担当和把关。他阅读了大量资料，反复研读剧本，和金山不断推敲，突出重点，改变叙事模式，重新结构时空，使之真正电影化。对于这部中国工人阶级觉醒时期的壮丽史诗，朱今明为之确立了沉重的青灰色基调。服装、道具、置景都严格地根据总的基调选择、制作。他做过把大部分场景放在阴天拍的设想，但因生产周期不允许，最后决定大量放烟，弱化胶片在还原色彩时的鲜锐倾向，加强纵深感，增强气氛，突出主体。

他反复与洗印专家王雄研究在画面适度留银的课题。他深知留银多了，画面容易粗糙；留银少了则色彩过于鲜艳，流于轻浮。经反复实验，决定采用淡漂白的工艺，严格控制漂白液中铁氰化钾的含量，使漂白的含银量始终如一。这样处理的结果，可大大增加画面的油画感，又凸显了黑白两色——他最喜欢的两种颜色在银幕调色板上的地位。他摒弃一切缤纷杂乱的色彩，"不要做好色之徒"是他的口头禅。与基调对立的红颜色，他是作为重要的戏剧因素引入的。在开端的"流民图""泥泞生涯"中，绝对回避红色。随着斗争的展开，红色渐渐进入。斗争激化，孙玉亮挥舞大旗与军警搏斗，英勇牺牲，红旗不倒。在弥漫的硝烟中，红色成了主体。最终，林祥谦、施洋被害，工人区成了一片火海。此时，红色几乎占据了整个画面，既是对反动派暴行的愤怒控诉，也是预示着革命高潮的到来。

在用光上，他明确要求全景用光尽量简约，塑型感强，保证光影不乱。而在人物近景的处理上，为表现细腻的内心活动，突出人物的形象及性格特征，丰富画面的阶调和层次，他能用到十七八种光。真正做到了惜墨如金，泼墨如雨，挥洒自如，随心所欲的境界。

复杂多变的镜头内部调度也是《风暴》突出的特点。它大大地丰富了电影语言，充分揭示了戏剧冲突，有力地刻画了人物性格，完整地表现了环境与氛围。老君庙林祥谦演讲一场，朱今明设计了一个长镜头，把号召工人参加工会的演讲与群众拥来、欢呼及挂工会牌子的内容有机结合在一起。镜头从林祥谦的中景拉开移到院内，最后到大门口。画面变化生动新鲜，大大扩充了镜头的信息量。

施洋在江岸车站当众说理，长达4分多钟。朱今明为这个长镜头设计了10个调度点，演员在运动中与变化中的对象或陈述或辩论或同情或痛斥，镜头不断地推、拉、摇、移。景别在运动中不断变化，不断由客观到主观，由主观到客观，由并列到对比，又由对比到并列。其间还安排了180度的镜头运动，增加了画面的动势。4分钟的演讲过程，处理得生动丰富，变化多端，不仅没有使人感到枯燥，反而紧紧抓住并震撼着观众的心灵。这一艺术处理堪称长镜头的范例。特别要提及的是当时拍戏用的是旁侧取景的密曲尔机器，镜头一动起来，取景的误差极大，全凭形象记忆来校正。因此，老电影里镜头一般运动较少，更不用说《风暴》里如此高难的运动镜头了。实拍时，朱今明一条成功，可见其超人的形象记忆力和对摄影机的掌控能力达到了炉火纯青的境地。

在狭义的电影摄影业务中，大体分为两个流派：欧美派的摄影师一般不把机器，注意力全在光线的掌握和运用，讲求调子的优美和流畅。苏联学派的摄影师都坚持自己掌机，十分讲究构图尤其是运动中的构图，严格要求每个运动瞬间构图的完整性和绘画感。中国电影从20世纪二三十年代以来，基本上仿效欧美，以"调子透"为最高追求，画面构图则往往流于一般的四平八稳。朱今明则综合了两派的优点，既注重光效的设定和运用，又严格掌控机器，追求构图与运动节律的完美。他们在设备匮乏落后的技术条件下博采众长，刻苦钻研，取得了不亚于世界先进摄影水平的骄人业绩。

每当外国同行问朱今明喜欢拍什么片，他总是毫不犹豫地说：

"拍黑白片最见功夫，我喜欢拍黑白片。"1964年已经很少有人拍黑白片了，朱今明却说服厂长汪洋、导演水华，把北影的重点片《烈火中永生》拍成黑白片。在他看来，要成功地再现黎明前的黑暗，再现雾重庆的迷茫氛围，再现白公馆、渣滓洞的诡谲窒息，再现魔窟中闪光的烈士精魄，非用黑白片不可。

朱今明调动了自己在旧社会三次坐牢的情绪记忆和形象记忆，逼真地再现了人间地狱的狰狞与恐怖。他用直射光刀劈斧凿般地勾勒出铁牢的大轮廓。用被高光和死角突出了的大面积不同密度的中性灰描绘环境。用丰富细腻的光效塑造人物。用多层次的烟雾虚化后景，渲染狱中的惨淡气氛。他建议美工师压缩一排排牢房之间的距离，便于完成不同牢房难友互相联系的镜头，同时强化了如人在井底的压抑感，增加了仰俯关系与垂直调度的可能性。黑白片在朱今明手里运用自如，气象万千，达到了一个全新的高度。远不止"墨分五色"的阶调配置，光质及方向强弱不断变化着的光线处理，浓淡及层次各异的烟雾施放……他成功地创造了"江姐进城"的凄风苦雨，狱中"追悼会"的壮怀激烈，"同乐会"的乐观温馨，"绣红旗"的肃穆庄严，"就义"的慷慨从容，大大增加了影片的历史真实感和厚重感。杰出的电影摄影大师朱今明在银幕上矗立起一座座英雄的雕像，谱写着人间的正义。

悲喜春秋

江青来看《烈火中永生》双片，不等放完就声言要进行批判。她还阴阴地说："噢，这部片子，他们不愿意拍彩色的？"他们是谁？拍黑白片又何罪之有？ 1966年的"文化大革命"彻底揭开了这个谜底。正在兰考筹拍《焦裕禄》的朱今明被揪回北影批斗，关进牛棚，立案审查，3年后被告知：无历史问题，可称"同志"。此时，江青又发指令："朱今明不是拿机器的问题，而是坦白从宽，抗拒从严的问题。"成了"钦点"的要犯后，朱今明立刻被单独关押，双人监管，轮番逼供。他实在交代不出问题，痛苦得几乎自杀。5年后，才解除管制。一个始终怀着赤子之心的优秀电影艺术家，被无端地剥夺了 8 年的自由及无法挽回的创作生命。荒谬的是，此后朱今明问起究竟要他交代什么？无论当时的军宣队，还是专案组，无一能回答。

粉碎"四人帮"后，朱今明又拍摄了《西沙儿女》等 3 部影片，并担任《春天》《蔡文姬》《孔雀公主》的导演兼摄影指导。其中《孔雀公主》曾获马尼拉国际电影节特别奖、卡罗维发利国际电影节儿童故事片首奖——"水晶蝴蝶杯奖"、中国电影金鸡奖的最佳特技奖。他拍的有些影片剧本不理想，家人劝他不要接，可他喟然地说："有什么办法？我总得工作呀。"

在他心底始终有一团火，渴望不断地创作。他一直希望在彩色片的拍摄中实现国画中水墨淡彩的效果，以黑白影调为干，敷以淡彩，探求彩色片创作中的民族化与风格化。他注意研究海水在不同的光照与色温下的色彩变化，期待着拍一部以大海为主角的影片。他想拍《白娘子》，想拍舞剧《海侠》……

然而，病魔剥夺了他最后的机会。在他弥留之际，我来到他的病床旁。脑出血造成他严重的语言障碍，他极其吃力地说："现在，电影搞成这个样子，有些片子在新中国成立前正派的人不屑于拍，也不屑于看……"看他说话那么吃力，我再三劝阻，可他还是坚持要把话说完，"不要顾一时的荣辱，不要为金钱所动，不要忘记党的电影工作者神圣的责任。要搞真正的艺术，要拍好片子……"表明了一位坚守信仰的艺术家的心迹。

1989 年 6 月 10 日，这位襟怀坦荡、纯洁坚强、成就卓著的老艺术家离开了人世，离开了他珍爱的电影。

朱今明的摄影风格

文 / 黎锡 ①

朱今明是中国著名的摄影师，解放初曾任"上海电影制片厂"总摄影师，后与汪洋、钱江等被派去苏联，在"莫斯科电影制片厂"学习两年，回国后成立"北京电影制片厂"，是按苏联模式办厂，摄影师在影片创作中有较大话语权，在开拍前的筹备阶段已参与讨论，美工师的设计图，都要经摄影师的签字首肯。当年北影有四大摄影师——朱今明、钱江、聂晶、高洪涛，风格稍有不同，朱今明的画面结构、场面调度，十分有力，同时，他又是一位评论家。钱江的摄影有诗意、耐看。聂晶的摄影善于变化，很花巧。高洪涛的摄影很扎实，不卖弄。

那时，我常常到朱今明家里请教，得到他和赵元像家人一样的热情接待，耐心地解答我的疑难，他的子女晓明、加加和小力，都成了我的好朋友。记得有一天晚上，晓明和他的未婚妻小飞响应祖国号召，即将远赴西藏，支持边疆建设，今明老师和赵元大力支持他们去艰苦环境锻炼，当晚他们家中充满温馨的气氛，至今仍留在我的记忆里。后来，晓明和小飞经历长期的锻炼和考验，成为各有

① 黎锡，北京电影制片厂原摄影师，现香港专业电影摄影师学会会员，香港电影史研究者，获"香港民政局"颁发"嘉许状"。

专长的优秀领导干部。

我在 1956 年参加"北京电影制片厂",担任今明老师的摄影助理,他多次对我讲:"摄影就要与人物同呼吸、共命运",一句话,言简意赅,指出了摄影在影片创作中的定位。"同呼吸、共命运",就是要运用摄影的造型手段,烘托人物,突出主题。他反对纯自然主义的摄影,指出构图、光线、色彩的处理,都要有目的,要突出主题。他也反对摄影师过分卖弄,喧宾夺主。特别是近数十年来,胶片感光度大大提高,对于一般的室内环境,或者较明亮的夜景,不需要加上灯光,用胶片或数码摄影都可以拍摄下来,容易造成自然主义的记录。今明老师指出摄影创作的手段和目的,值得今天摄影创作者借鉴。

影片《风暴》的导演是金山,但实际上今明老师分担了导演的许多工作,影片的分镜头和场面调度都是他处理的。例如施洋大律师为工人领袖林祥谦辩护,很长的大段独白,如按常规的处理,要分成一二十个镜头拍摄。今明老师采用一个连续镜头拍摄,主要是追随着施洋大律师,也反映了林祥谦与妻子的无奈与愤慨,随着施洋大律师的雄辩,越说越激动。最后,他变为审判者,高举着手,宣告历史的判决!镜头也随之急速推成特写,施洋的手伸出画面外,不按一般处理把手保留在画面里,表现了要冲破这种不合理审判的樊篱,非常有力。采用这种连续镜头拍摄,虽然在场面调度、灯光配置方面带来较大困难。但是,有利于演员的表演能够一气呵成,淋漓尽致地充分发挥,带给观众最强而有力的感染力。

在影片《烈火中永生》中,许云峰(赵丹饰演)面对特务头子徐鹏飞(项堃饰演)的审讯,今明老师让许云峰站在高高的台阶上,气势凛然地直斥徐鹏飞的无理和卑鄙。在深暗的渣滓洞内,强烈的明暗反差和俯仰角度对比,表现了今明老师爱憎分明的摄影处理。

今天的影片技术已跨进了一大步，节奏加快，在摄影处理方面，为了突出人物、突出环境气氛，有时人物用剪影，暗化了许多不必要的环境细节，强烈的明暗对比，更加强调场面的意境。今明老师的纪实美学理念和开拓求新的创作精神，在今天仍有巨大影响力，是中国电影摄影事业不朽的艺术遗产。

金牌摄影朱今明^①

文 / 江平 ^②

在中国影坛，朱今明堪称金牌摄影师。

翻开中国电影史，朱今明先生担任摄影的主要作品有《遥远的爱》《一江春水向东流》《万家灯火》《希望在人间》《三毛流浪记》《上饶集中营》《南征北战》《上海姑娘》《风暴》《龙马精神》《烈火中永生》《春天》……几乎都是经典名片。

朱先生是江苏南通人（旧称通州）。百年里，南通走出了近百位电影人，仅优秀摄影师就有四位：拍过《平型关大捷》的罗及之，拍过《夜半歌声》《狼牙山五壮士》《永不消逝的电波》《东方红》的薛伯青，拍过《新儿女英雄传》《龙须沟》《停战之后》《万水千山》的高洪涛，加上朱今明，家乡人称他们为"通州摄影四杰"。

朱今明原名朱镜明，乳名明侯（老南通人不论男女，称呼时都在名字后面加个侯字，是指望加官封侯图吉利的意思），1915 年 8 月生于南通市区西南营，和赵丹、钱千里、顾而已同庚同学。少年时因赵丹父亲开办"新新大戏院"，常有免费观摩的"特殊待遇"，除汪优游、王莹、郑君里等人演出的话剧和周信芳、杨小楼、金少

---

① 本文选自江平：《我与电影人的亲密接触》，中央文献出版社 2008 年 1 月版。
② 江平，国家一级导演，曾任国家广电总局电影局副局长。

山、程砚秋等领衔的京戏，最让朱今明等小伙伴着迷的是电影。常常是，手里拿着一副"缸爿夹油条"（南通的一种早点），兜里放上几块脆饼，在黑乎乎的电影院里一"蹲"就是一天。看完了，哥几个就模仿片中的人物，"粉墨登场"学给大人看。朱今明不爱演，就装模作样地找来个装"美孚"的洋铁皮箱子代替摄影机，煞有介事地当起"摄影师"。那年月，进口的"洋箱子"稀罕，加上朱今明天资聪颖，电器玩意拆拆装装无师自通，赵丹就给他起外号"洋箱子"。

"洋箱子"上中学时，和赵丹、梁志仁（现上影著名导演梁廷铎的叔叔，也是喜剧明星梁天的堂叔公）、钱千里等在顾而已当校长的父亲（著名演员顾永菲的爷爷）支持下，搞了个"小小剧社"，专演进步话剧。朱今明是布景、道具、场务全包。后来，中国"左联"在南通成立第一个分盟，"小小剧社"是基本力量。"从那一天起，我就是革命者了"，多少年后，朱先生和我讲述他的人生经历时这样自豪地说。

我很小就认识朱先生，因为同乡和校友的缘故，他特别关照我这个"细洋箱子"（南通人对聪明伶俐的小伢儿的昵称），领着我认识了电影圈内许多前辈。我在剧团除演戏外还要搞道具、学化妆，朱先生就安慰我："搞道具也有出息呢！我和汪洋都是搞道具弄灯光起家的。只要工夫深，铁棒磨成针。"

1982年，我从北京探望外公和外婆，替朱先生在南通无线电厂工作的侄子捎了家乡的自灌香肠去北影见他。朱先生和夫人赵元老师竭力留我吃了便饭再走。给他们捎带东西，本来就是举手之劳，几根香肠也不值钱，可老两口为招待我，光卤菜就买回来好几样。见我有些不安，朱先生笑眯眯地拍着我的肩膀用南通话说："吃小菜，不要只顾闷头扒饭。"

赵元老师对朱先生家乡来人总是热情有加，更何况我还是剧团的"细洋箱子"呢！在北影，赵元算得上是老同志了，从《烈火中永生》给水华当副手，到和谢铁骊联合导演多部集的《红楼梦》，再到独立执导获奖儿童片《十四、五岁》，赵老师也成就不凡。可是，朱先生在世时，她就甘当贤内助，几十年任劳任怨，风雨同行。朱先生对我说："赵元是北影的导演，也是我家里的总导演。"

朱先生豁达、开朗、厚道，对家人、对朋友、对观众都如此。1934年，赵丹介绍他去明星公司学摄影，当时的上海电影界特别"欺生"，用朱今明的话说是"新来的小鸡要被啄三啄"，可他特能忍耐，只知埋头做事，卖死力气，别人欺负他，少给他工钱，他都装糊涂一笑了之。他的搭档汪洋曾跟我如此评价朱今明："你的这个老同乡，凡事都想得开，看不惯的事就睁一只眼闭一只眼，天生就是当摄影师的坯子。"

说起北影老厂长汪洋，他和朱今明可谓真"赤膊兄弟"。当年在上海演话剧，成员有赵丹、章泯（现北京电影学院副院长谢晓晶之父）、蓝苹、顾而已等，朱今明和汪洋觉得文明戏布景单调，京剧舞台又太陈设化，两人便潜心研究，倒腾多时，终于独创性地在中国舞台上第一次发明使用了天幕照明。演出《大雷雨》时，他俩用"美孚"油桶、饼干筒、罐头筒等"洋箱子"折折剪剪、敲敲打打，土法上马，制作了云灯、风车、浪滚、雨帘，在天幕上出现了耀眼的星光、闪烁的星辰，一会儿乱云飞渡，一会儿电闪雷鸣，一会儿风雨交加，把算得时髦的大上海观众都看"傻"了。谢幕时，观众非要见灯光师不可，掌声经久不息，而朱今明和汪洋累得连路都走不动了，跌跌撞撞到台口，观众发现两位"呼风唤雨"的好汉竟是二十出头的"小赤佬"，欢呼声响成一片。事后赵丹笑道："明侯这个'洋箱子'，把我的风头全抢光了！"

朱今明和赵丹生死之交。他俩从小就是邻居，志同道合。20世纪30年代末因向往革命，想从新疆去苏联，和赵丹、徐韬、王为

一被反动军阀盛世才关押五年，受尽折磨，一行人都妻离子散、家破人亡。被周恩来同志营救出狱后，两人先回重庆，再返上海，数度合作。1954年朱今明留学苏联，回国后任北影总摄影师兼北京电影学院摄影系主任，两人最后一次携手是拍《烈火中永生》。他们一同坐过牢，一同受过刑，共同的苦难岁月让两位从小相伴的艺术家都难以抑制激动情怀，赵丹在镜头前"抛头颅"，朱今明在机器后洒热泪，珠联璧合，相映生辉！

朱先生在中国影坛是摄影大家，可他从不夸耀自己。有一回，我听他的老师吴蔚云说，解放军渡江时，朱今明曾冒死抢拍了百万雄师下江南的大量珍贵镜头，我立即想起银幕上那千舟竞发、万炮齐鸣、浊浪滔天、排山倒海的壮观场面。问朱先生，当年哪来的勇气和胆量扛着摄影机在江滩炮火中拍摄，他回答得很平淡："只想江南受苦的老百姓早点解放，只想不打仗，我和阿丹他们几个好早点过江回老家看看爷娘。"

朱先生爱家乡，越老越思念故里。我每回去看他，老人家都一次次问及小时候看电影的新新大戏院怎样了，哪条小巷哪条马路有没有又随随便便拆掉了……1986年冬，我带了南通的麻糕去看他，他动情地回忆："小时候，阿丹他家还开了爿茶食店，我们去店里戏（玩的意思），赵家老爹就拆开一条麻糕，我们四个侯，总是让着阿丹，他是'头碗菜'，总要多吃几片……唉，阿丹抑郁走了，而已'文革'中蒙冤去世，现在，只剩下我和千里了。阿丹死之前想吃麻糕，那时南通还没飞机，带不来，没吃成啊……"

朱先生说到这里，不禁老泪纵横。我亦感慨万端，心中对他和赵丹大师充满景仰：因为电影，他们连在一起，几十年了，他们拍的胶片磨旧了，磨断了，可任凭风云变幻，他们的友谊从来没断，不是手足，胜似兄弟啊！

朱今明大师因病于1989年6月10日在北京逝世。

我们心目中的朱今明[①]

口述 / 赵元、杜煜庄、王宝琪、陈燕嬉、温智贤、霍庄
记录、整理 / 安静

赵元：他就是这么个人

朱今明的一生堪称坎坷。从 20 世纪 30 年代起，他就在左联领导下参加了革命文艺工作，屡屡遭到反动派的迫害，三进牢狱，有一次还坐了 4 年大狱，心灵和身体备受摧残，落下的一身牛皮癣折磨了他一生。尤其在寒冬腊月里，癣疾发得厉害时，他在两边通风的简陋平房里，蹲在一个并不暖和的煤炉旁赤着身子抹药，还得用油纸裹住周身，那种痛苦无奈的情景让我至今难忘。但这都没有动摇他的意志，他出狱后已过了而立之年，但还是迎头赶上时代，很快就拍出了《一江春水向东流》《万家灯火》《三毛流浪记》等优秀影片。

在拍摄《万家灯火》时，蓝马饰演的那个小职员被公司辞退后，失落、悲愤、痛苦，茫然地徘徊在街头。今明在这个人物背景上设计了一个不停闪烁的"$"形霓虹灯，用以加强人物起伏不平的情绪，深化了在金钱世界的压榨中，老百姓走投无路的精神世

---

① 本文原载于《电影艺术》2008 年第 3 期。

界。在表现主人公借贷无门，偶然在公共汽车上捡到了一个钱包，却被当作小偷挨了一顿毒打时，今明先用一个大远景，以纵深调度来烘托主人公的孤立无援，他自己设计了一个半球形的摄影机云台，解决了摄影机在移动时可以随着人物情绪晃动的技术难题，他甚至用手抱着摄影机拍摄，加深了人物内心那种天旋地转、头晕目眩的情绪。

在接到拍摄《南征北战》的任务时，今明的心情既激动又不安，由于他的革命生涯基本上是在文艺战线，没有在军队里生活过，对于解放军中的官兵关系、军民关系、与敌人战斗的情景都十分生疏，光是从书本上得到的那点知识，是不可能准确地反映毛泽东军事思想的。于是他就和当过八路军、解放军的导演成荫一起到鲁中南、沂蒙山去深入生活，实地采访参加过战斗的军民。有时候他和成荫一起躺在碎石岭上，听成荫讲述战斗经历，如何突破封锁线，如何遇敌脱险等。就这样，许多战斗场面和人物性格在今明心中形成了。

今明认为要展现解放大军摧枯拉朽的气概和敌人丢盔卸甲的狼狈，用当时的设备是很难表现的。和导演成荫切磋再三，朱今明自己动手，制作了一台木头升降机，用一个树桩子当移动轮，架上机器拍下了很多气势磅礴的大场面，这也许就是第一台中国人的摄影用升降机吧。很多人不会想到，影响很大的经典黑白影片《南征北战》，就是这样拍摄成功的。

1949 年 7 月，今明来北京参加第一届全国文化艺术工作者代表大会。其间，著名表演艺术家蓝马在今明的代表纪念册上写下了这样一段话："有很多人嘴里喊着前进！前进！可心里并不是那么回事。而你并不是这样，从未听见你说什么，只是看见你埋头工作。而且朝着正确的方向摸索、学习。"蓝马质朴的文字，生动地勾画出了今明憨厚的气质。

朱今明是个热心肠的人，对工作从不挑剔，完全听从组织安排。20 世纪 50 年代初，长影导演严恭在河北涉县拍摄《结婚》，由于某种原因，中途更换演员和摄影师，长影请求上影支援，由于严恭在 40 年代曾和朱今明合作拍摄过《三毛流浪记》，故恳请上影调朱今明去担任摄影工作。1959 年水华导演在拍摄《革命家庭》时，要在天津补拍一些镜头，厂里请朱今明去临时帮忙。这类临时性的工作，朱今明都毫不犹豫地去完成了任务。1963 年春节刚过，朱今明在河北邢台农村参加"四清"工作，突然厂里来了急电，要朱今明去拍摄《龙马精神》，他打起背包就直接到了《龙马精神》的河南外景地。

在旧社会，文人相轻，有点技术绝活儿得保密，既可免得自己失业，又能出人头地。但朱今明对身边的工作人员却是毫无保留地传授经验，当年在昆仑公司当过他的助理，后来成了著名摄影师的沈西林、郭奕跃就很有体会地说："今明老师一有空就给我们讲课，要我们注意戏，教我们如何营造气氛。"晚年，他看到有创意、有特色的青年人的作品会特别高兴，即使并不认识，也会托人前去致意。他曾为一名刚显露才华的年轻摄影师去经商表示惋惜，找他母亲说："太可惜了！太可惜了！"他认为这是电影事业的损失。北影照明工人都亲切地称呼朱今明为老头儿，说他拎来一瓶酒，带上花生米和他们喝上几口儿，和他们谈的却都是用光问题，提高了他们的业务知识。

人们形容今明是个"热水瓶"，外表冷冰冰的，工作起来却如一团火。上天、下海、爬山越岭，到处都留下了他的足迹和汗水。20 世纪 50 年代，他拍摄《飞越天险》时，戴着氧气面罩，在飞越青藏高原的飞机的颠簸气流中亲自掌机拍摄；在拍《西沙儿女》时，他已年过花甲，由于海浪很大，舰身起伏的落差很大，连海军战士都不停地晕船呕吐，但他却坚持在甲板、船头上拍摄。北影的

人都知道，朱今明工资不低，但平日里总是穿着老旧的衣衫，手腕上戴的是一块20世纪40年代买的老手表，从不讲究生活享受，一旦投入创作，就会全力以赴地去拼命，他就是这么个人。

今明在工作上的敬业精神和严格要求在业界是得到公认的，也确实有人惧怕他那种过于较真儿的做法。"文化大革命"前北影厂的生产制度相当严格，例如布景制作图纸必须经过美工、导演、摄影、制片部门签字，制作完成后还需他们验收。今明常常会为了某些欠缺之处当众要求改正，甚至提出一些原来在图纸上所没有的改动意见来，弄得人家很为难。北影生产副厂长朱德熊是著名电影美术师，终生都是朱今明的密友，连他都说："朱今明一拿起摄影机来就'六亲不认'。一次，为了布景上一些色彩的事，他板起面孔指责我，弄得我很下不来台，几十年的友谊都不顾了。"还有一位很有名气的女演员，也是今明多年的老朋友，竟为了她在现场没有走准位置而遭到今明的当众呵斥；而戏拍好了，今明又照旧和这位女演员有说有笑，好像什么事都没有发生过。

多年过去了，今明也在各种运动中经了风雨，悟到了急躁、发火是一种粗暴，而尊重别人在生活和工作中又是何等重要。他在晚年寄到外景地给我的信中，说得最多的，就是要求我注意工作方法，不要强加于人，要接受教训、尊重别人。应该说，朱今明在晚年，和善、好相处多了，很少听说他发脾气的事。

杜煜庄[①]：像朱今明那样工作

从1975年拍《西沙儿女》起，直到朱今明老师拍的最后一部戏，我都和他在一起工作。其实从1959年底他来电影学院给我们

———————

① 杜煜庄，北京电影制片厂摄影师、导演。

讲课时我就认识他了，当时的讲题是《风暴》的摄影创作，但几天听下来，他根本没有讲什么摄影上的技术处理，而是把剧本、导演、表演、美术、画面效果混合在一起，从整部影片到每一场戏在艺术上如何处理而讲的。当时有的人弄不清他是在讲导演课还是讲摄影课，却对我们摄影系学生震撼很大，经过课后讨论，我们明白了技术只是手段，绝不能当作目的去追求，所有工作都要去为影片的整体艺术效果服务。他的讲课使我们清楚了当一个技术匠和当一个电影艺术家的区别所在，明确了只有像苏联摄影大师乌鲁谢夫斯基在《雁南飞》、朱今明在《风暴》中那样工作，才算得上是电影摄影师的创作，是我们应该努力的方向。

在拍摄《蔡文姬》和《孔雀公主》时，朱今明是导演，我却是个出道不久的新摄影师，名摄影师出身的他，对我不太放心也是正常的。没有想到，在拍摄现场他从来不看我的画面，对我极为信任，只是鼓励我把戏拍好。所以，我就下定决心，每天上场就把场面调度设计、灯光位置等详细说明公布在拍摄现场，努力把每个镜头拍好，拍美，节奏流畅，不让他失望。有一回，刚拍完一个镜头他就问我："怎么样？"我回答说："你觉得戏好就行，我这里没有问题。"不料他火了："你当摄影师是不管戏的？谁来问你推拉摇移好不好！"他并没有因为自己是名家大师，而对我们降低要求，有时干脆让我去指挥现场，他自己把着机器拍摄，让我体验一下当导演时看到的情景和当摄影师时通过镜头看到的感觉有什么区别。

他这样做使我明白了导演在取景器外面看到的戏，与摄影师在镜头里看到的一切，在分寸、感觉上是不一样的，大到导演的意图、演员的表演、美工师的创作，小到服装、化妆细节，都要通过摄影师的感觉去变成画面，最终表达给观众。在那个年代，还没有连接在摄影机上的监视器，导演只能等到洗印出样片后才能看见银幕效果，一旦发现有缺点已经晚了，不是重拍就得懊恼遗憾，所以

摄影师的工作显得特别重要，担当着拍摄工作最终把关者的责任。他要求我一切都从戏出发，从剧本到导演、表演去把握每一个镜头的画面效果。还迫使我提前到置景现场和美工师研究，布景拍摄到胶片上会是什么效果。这为后来我自己担任编剧、导演的工作打下了坚实的根基。

朱今明老师对下一代的关心培养还有很多例子。"四人帮"垮台不久，我就硬是把池小宁从修配车间要过来当了摄影助理，我因为教过他图片摄影，知道这个孩子不错。拍《初升的太阳》（此片因剧本原因后未出品）时，池小宁是第一次接触电影拍摄，我就让他去做跟焦点等重要工作。朱今明急了，责备我："有你这样培养新手的吗？"要我带池小宁去另外一个组拍摄较为次要的戏。

一天，厂里来电要求我立刻返京去办一件重要的事。我回到摄制组后，朱今明特别高兴地告诉我池小宁很能吃苦，要池小宁留在他身边工作。原来，在我离开工作现场的那几天，大庆下了一场大雪，朱今明要抢拍在大雪中的戏，池小宁二话没说就脱了大衣，冒着严寒爬到电线杆上架设好摄影机，保证了拍摄工作。后来，汪洋厂长向我了解池小宁的事，说朱今明告诉他，池小宁是全厂最好的助理，值得培养。从此，池小宁与我就一直和朱今明在一起工作。朱今明老是说池小宁是我一手带出来的，我说池小宁应该算是朱今明的关门弟子。后来池小宁考上了电影学院，1986年我在东京工作时，又亲眼见到他在日本自费留学挣学费的那种艰苦日子，池小宁终于成了著名摄影师，我想朱今明的在天之灵也应为培养了一个好后生而欣慰。

有些人认为朱今明很严厉，其实他是一位通情达理、很好相处的人。在西沙群岛，有时戏拍完后我们开玩笑，把他抬起来扔到了大海里，他从来没有恼怒过，而是和我们年轻人一起在蔚蓝的海水中嬉戏。在大庆，我们打了几只野兔子回来，他会掏钱买瓶酒，和照明工人一起去喝上几口，借此和照明工人们谈谈如何打好光，如何创造光影效果。我和他在一起工作久了，在创作上难免会产生分歧甚至争执，他从来没有倚老卖老地训斥过我。凡是经过他思考后认为我的想法较好时，他会直接对我说："你这个意见是对的，就照你说的拍。"在生活中我和他也如同自己家里人，从未因为有过争执而有所隔阂。

影片《蔡文姬》在筹备时，北影和北京人民艺术剧院发生了矛盾，人艺方面认为《蔡文姬》已经演出过 200 场，得到了社会上的认可，属于人艺的经典节目，所以一切都不许改动。但北影有拍摄优秀舞台艺术片的许多经验，何况还有秦威这样的大艺术家把着《蔡文姬》的美工关，哪能把舞台演出照搬到银幕上去！双方的争执解决不了，只好在人艺院长曹禺亲自主持下，召开了一场北影和人艺的辩论会，北影的主要创作人员是由导演朱今明带着去参加的。

当时曹禺刚写完《王昭君》，对汉朝和匈奴的关系颇有研究，开始辩论不久，曹禺就发现北影方面不但是拍电影的行家里手，对建安文学和历史问题的研究也造诣匪浅，发言引用的多是《汉书》《后汉书》《三国志》中的原文甚至注释；更主要的是北影真心实意想把《蔡文姬》拍得更好，于是曹禺断然中止了辩论会，当场决定：一切都听北影的！第一批样片洗印出来后，人艺方面就十分满意，从此北影和人艺的表演艺术家就在一起通力合作，影片拍得又快又好，我们和人艺的名家大腕都成了好朋友，直到今天还在来往，这是在朱今明导演主持下的一次愉快合作。

王宝琪[①]：一日为师，终身难忘

1956 年我从电影局调到北影摄影部门工作。当时北影刚从中央

---

① 王宝琪，北京电影制片厂摄影车间机械师。

新闻纪录电影制片厂分出来，只有旧中国中电三厂洗印车间楼下的两个房间，两台旧阿莱新闻摄影机，一切都极为简陋，拍故事片用的摄影设备可以说基本没有。朱今明老师刚从苏联实习回来，一切都得在他领导下从头建设，他一面着手培养工作人员，一面做计划向上级打报告，从国外进口了拍故事片用的机器设备。他力主买进的那几台英、法、美国的大中型摄影机，后来拍出了显示北影水平的《青春之歌》《风暴》《林家铺子》《红旗谱》等国庆 10 周年献礼影片，多年来也一直是北影的主力装备。

新机器一到，今明老师就给我们上课，讲机器的构造及如何使用、维护。我担任机械员工作，过去没学过机械，他对我就更加耐心的讲解，告诉我们镜头如同人的眼睛，保护镜头就如同保护自己的眼睛一样重要。

我参加的第一部片子是为今明老师拍《上海姑娘》去当机械员，今明老师要求我每天必须在其他人员到达前半小时到现场，把一切准备工作提前做好，做到架好摄影机等导演和其他人员，而不允许其他人到现场等待摄影部门，这个做法在北影形成了良好风气，直至今日还是制片厂的规矩。今明老师规定，外出时制片部门必须给摄影机准备一个单独铺位，在火车上要给机器安排在下铺，避免机器受震动、掉下来。机械员必须随机器同行，做到人在机器在，要求我们像战士爱护武器一样爱护机器。他常说，全摄制组所有人的劳动成果，最后都集中到摄影画面之中，摄影部门马虎一点，全部劳动就会大打折扣。如果说北影拍的影片水平高，很重要的一点是今明老师带头从点滴小事做起，严格要求，绝不含糊。

今明老师对摄影技术是很精通的，有一个小例子很说明问题，拍《烽火少年》时，外景地第一站就是吉林水道沟，严冬零下几十度，进了屋仍然是冷冰冰的。放下行李后，今明老师第一件事就是对我说，要保证机器正常运转，防止胶片受冷冻发脆，让我们给机器做了个棉罩，在里面装上数个能发热的炭棒，保证了在冰天雪地里摄影机能正常工作。

陈燕嬉[①]：朱今明在《风暴》中设计的长镜头

在拍摄影片《风暴》的时候，金山是导演，同时又是主演，所以很多导演工作只能靠朱今明来完成了。在拍摄金山饰演的施洋大律师对欺压工人的警察局局长说理的那场戏时，金山要求整场戏的动作和台词不被镜头切断。于是，朱今明设计了一个连续性的场面调度，先后移动了 10 个镜位，用长达 4 分钟的运动镜头，340 英尺胶片，这场戏一气呵成。这样复杂的摄影和演员相配合的场面调度，给影片造成了鸿篇巨制的气势，那时还没有可变焦距镜头、斯坦尼康等先进设备，全得用很麻烦的原始手段来实现，这在 20 世纪 50 年代的我国影片中可谓罕见。

温智贤[②]：他体现出一个老党员的高尚品德

我第一次与今明老师接触是在影片《烽火少年》组。1974 年厂里要培养一批年轻人，我是其中之一，分配我到《烽火少年》组任摄影师，在今明老师指导下工作。当时我很激动，他是精通电影的行家，能和他一起工作定能学到很多东西。但也很紧张，听说他脾气不好，要求极严，我不免有些战战兢兢。

不知怎么回事，拍了几天戏后就不让我掌机器了，我被撂在一边心里很不舒服，心想：我是个新手，难道马上要我和老摄影师一

[①] 陈燕嬉，北京电影制片厂著名录音师。
[②] 温智贤，北京电影制片厂摄影师。

样吗？这可能吗？当然，我知道这不是今明老师一个人的意思，主要是导演，她自己是新手，不希望摄影也是新手，生怕影响质量。过了一段时间，今明老师察觉出我情绪低落，于是他建议分两组拍摄，为我创造能独立拍片的工作条件。他的态度令我心服口服，此时我才感悟到他这个人并不可怕，反而很可爱，他所做的一切都体现出他对工作的负责，对年轻人的期望。

有一次拍外景在等待太阳光效时，机器架好后今明老师叫我练练掌机，我把住机器摇了起来，他在旁边看着我的动作说，再摇一个 360 度。我就左手抓住摇把，右手扒在两个片盒中间，正准备摇时，啪的一下他把我的右手打了下来：不对！接着他告诉我掌握机器的要领，尤其是掌控大型摄影机该注意的事项，机器在运动中摄影师的手脚应如何配合，怎样掌握节奏，怎样控制速度等。并亲自为我示范，来了一个大摇甩，镜头准确地落在画面的火药点上，叮嘱我要好好练习基本功。

我很欣赏今明老师的布光理念，他喜欢有层次的光影，要求我们不要简单地谈主光、副光，不要只看测光表，要学会目测，用眼睛去观察整体效果。他告诉我们，演员的表演区必须用测光表量准确，其他地方得用眼睛，靠自己的艺术修养和感觉去判断、调整，用光、影、色彩去塑造人物，营造剧情要求的整体气氛。

今明老师对工作要求的严格，我很有体会。去水道沟出外景前，我们拍了 200 呎未经显影的标准试片带在身边。在外景拍摄时，今明老师每晚都要我们把样片和标准试片扯下一段，一起冲洗给他看过，不管多晚他都要求你完成。有时我想太晚了，太冷太累了，是否可以不冲了。不行！回答是生硬的，没有商量的余地。甭管多晚他都在屋里等着，他要得不多，只要 6 格片头。虽然当时条件差，水温等达不到标准，但他拿起几格片头与标准试片一对比，对一天所拍的画面心中有了数，才肯去安心就寝。

霍庄①：老头儿思想非常前卫

北影有人把朱今明称为水火摄影师。因为他拍戏除了讲究光影色彩外，还爱用水、火、烟、雾等手段营造气氛。北影有位忠厚朴实的跟戏老木工赵振华，始终是老头儿的好朋友、老搭档。他们之间真是配合默契，凡是老头儿想要铺设移动轨、搭高台、放烟、洒水时，赵振华都心领神会，做得恰到好处。他俩堪称大师和普通工人合作的绝配。

著名喜剧演员陈裕德说过这样一件事，在拍《龙马精神》时，他饰演留根这个人物。当拍到有人要给留根相亲这场戏时，他从屋里走出来，扭捏地说："那多不好意思呀！"陈裕德认为这么一个游手好闲的粗人说了这样一句细话，本身已经有了喜剧效果。不料一声"停！"摄影机停了下来，是朱今明喊的，他说："戏太干，能不能再找点动作？"陈裕德一时没了招数，在四处转悠时发现门上有个小破洞，于是来了灵感，再表演时，除了加强这句台词的性格反差外，还同时回身，扭捏地用手指去抠着门上的破洞。这个动作让朱今明和导演石一夫都十分满意。在这部片子中，朱今明是摄影师，但他却对表演一丝不苟。我和老头儿是因为电影剧本《炼狱》才开始近距离接触的。以前听说他很厉害。但在和他有所接触后，发现他是一个非常和善的老人，我每次去他家汇报剧本进展时，总是见他坐在卧室的一把转椅上看书，见到我来，老是笑着说一句："你来了？"语气完全像是对一个幼儿园小朋友。当时我已过不惑之年，一直不解其意，我在他眼中就那样小吗？但今天追忆起来，却感觉很温馨。《炼狱》讲的是一位科技人员在"四人帮"迫害下坚持科研，得到一位知名大科学家的支持，最终党中央派了一位负责

---

① 霍庄，北京电影制片厂编剧、导演、制片人。

人去给他平反的故事。老头儿选择这个题材，可以看出他是很有社会责任感的。老头儿阅读了许多报刊，深感在"四人帮"作孽的年代里，中国在科学技术上落后太多了，文艺工作者有责任在这方面作出贡献，他说这些话时流露出的真情实感，我至今记忆犹新。为了落实老头儿的想法，我对剧本提出了多种想法但他都不满意，他提出要突出主人公的执着，说科学家题材很难写，写执着就更难。他强调要把科学题材写得很美，要把原型人物的爱情写进去，他觉得他们在患难中的爱情值得很好的表现，要写心灵的美。他给我讲了拍《孔雀公主》时为什么最终选定了李秀明，说他很注重心灵中的美，李秀明演戏不错但并不漂亮，很多人说她不适合演公主，他就是因为在李秀明的眼神中看到了心灵，所以最终选用了她来演七公主这个角色。他说要把《炼狱》写好，就要把这故事中的爱情凸显出来。我一边写，他一边考虑导演构思和班子等问题，他提出想让潘虹来饰演这个女主人公。我们去长春采访时，刚好碰到潘虹在长影拍《人到中年》，我们还在一起吃了顿饭。可惜的是后来由于种种原因，《炼狱》没有拍成。在那段时间里，我向老头儿表示过想当导演。每逢导演室学习开会后，水华导演总喜欢到老头儿家坐坐。老头儿语重心长地对我说："你想当导演我支持，你虽然写过几个剧本，但要想当导演，还是得从当场记做起，要留心各种事物，我和水华聊天是谈创作，你应该记录下来，这会对你的事业有用。"但我没有按老头儿的话去做，现在看来确实是一个很大的遗憾。回想起来，水华的有些话是令我震惊的。比方说水华在筹拍鲁迅先生的《伤逝》时，我听他身边的人说，他打算把《鲁迅全集》通读一遍，有些重要篇目还要精读，为此他花去了很多时间。后来他又感到鲁迅的这部作品和契诃夫有某种联系，他又要把契诃夫的著作去读一遍。对他这样认真地为一部电影做准备工作，有人颇有微词，我也有些疑虑。不想，这些议论我在老头儿家里也听到了，水华说："现在搞鲁迅的作品怎么成了一件很随便的事了！我倒不是说只有我水华才能拍鲁迅，但拍鲁迅的作品总要有个起码的严肃态度吧。我读了鲁迅和契诃夫，到现在我还是觉得吃不透，内心里感到很饥渴，需要学习。"水华走后我问老头儿："拍电影，即使是拍鲁迅，真要读这么多书吗？"老头儿说："这就是水华！他在艺术上的严谨，我们都需要向他学习，他这种精神现在很多人都是缺乏的。"

还有一件事至今记忆犹新。我在刚调进导演室时，导演室领导告诉我："你还不能进摄制组，你主要是去给水华组稿。"对此我是认真去做的，但我没想到的是给水华组稿竟是这么难。我给他不知送去多少小说，他都不满意。令我难以置信的是，他竟自己选中了一篇不足2000字的报告文学。主要内容是说一条街上新开了两家私人饭店，开张后互相竞争的事。令我吃惊的是水华这个老革命，素来以政治上的严谨出了名的，怎么就选中了这样一个内容尖锐又没有什么文学性的题材呢？

后来老头儿病了，我去看望他，正好水华也来了，话题就自然转到了选择题材上。我没有想到，两位已届古稀之年的老革命，在谈及中国经济改革时，思想竟是那么前卫，他们说得最多的是，周总理曾对北影许多老艺术家讲过的那句话："社会主义把你们都给养懒了！"他们谈起了叶楠的一个短篇小说《一车西瓜》，写的是一位坚信社会主义的老农民，推着自己种的一车西瓜进城，想要卖给国营供销社。路上有两个青年要用高价买他的西瓜，老农说什么也不干。到了城里，国营供销社已经下班了，他再三恳求供销社收下他的西瓜，供销社不但不收，态度还很蛮横，把这个老农民气得够呛。在无奈中，他只好把一车西瓜都卖给了那两个青年。两位老艺术家对这个题材连声叫绝，认为它反映了我们社会中的种种弊病，可以为改革开放唱一曲赞歌。当时，改革开放刚刚起步，人们还在为包产到户是否正确，市场经济是否就是资本主义而争论，而这两

位老革命，竟然如此旗帜鲜明地打算用艺术手段表现这场变革，着实使我吃惊。但老头儿却对我说："水华选的这个题材很好，在创作中你应该好好向他学习。"

朱今明、聂晶、钱江、高洪涛

——中国电影摄影的一代宗师（座谈摘录）[①]

说起电影，人们往往把目光注视于导演和明星。其实，电影是门视听艺术，摄影师对视觉形象的创造有举足轻重的影响。不知出于社会偏见，还是无知，理论界对摄影师的劳动，关心甚少，因而对中国电影摄影研究，至今还是一块未开垦的处女地。

我们认为，包括中国在内的各国电影摄影师，为创造电影文化作出了大量默默无闻的贡献，这是一笔宝贵的精神财富，非常值得总结和研究。尤其对老一辈摄影师的研究更是需要抓紧，因为有的已逝世，有的已离休，再不抓紧，就有可能使他们的经验失传。

为了继承传统，更为了在继承基础上创新，本刊以探讨著名摄影师朱今明、钱江、聂晶和高洪涛的创作成就为题，邀请北京电影制片厂的部分校友和学院教员进行了几次座谈。参加座谈的有于振羽、黄心一、王兆麟、张世濒、杜煜庄、邹继勋、孙昌一、郑煌元，以及韩健文、曹作宾等同志，以采访先后为序。本文由本刊记者阿璞根据录音整理。

---

① 本文原载于《北京电影学院学报》1987 年第 1 期。

>> 北影 "四大师"，左起：聂晶、钱江、朱今明、高洪涛

一、转折点·里程碑

（一）于振羽

　　我先后给朱今明同志好几部戏当过助手，在他培养和帮助下自己又独立创作。其他三位大师的作品也是熟悉的，对我成长也有很大的影响。他们使我明白了摄影在电影中的位置。

　　朱、钱、聂、高他们这一代对中国电影的贡献，不只是拍了一批传世佳作，而且把中国电影摄影推到新的境界。新中国成立前，包括解放初期一段时间里，摄影在电影创作中是不被重视的，被人认为只是技术，记录演员的演出，如果说有所谓艺术性，也只是把大明星拍漂亮。20世纪50年代中期，随着新中国电影起飞成长，再加北影当时派出大批人员赴苏联学习，对摄影的功效和作用才逐渐被认识。他们这一代是个转折点，把摄影从单纯的技术转向了参与电影创作，使中国电影摄影发展为造型艺术。

在以前，中国摄影师大多只管曝光正确、操作适度，不太过问影片内容，怎么拍、拍什么全听导演的。从他们这一代就变化了，成为导演的合作者，在造型上有自己的见解和主张。他们不但给导演出主意，有时也与导演争论和"吵架"，这表面上看是闹矛盾，实际上是帮忙，共同提高影片质量。就《风暴》来说，朱今明在筹备时曾对我们说："作为一个摄影，要完全吃透剧作的主题和人物的性格，从而对全片的造型风格、节奏起伏、色调关系以及镜头调度提出方案。"他在拍摄中与金山导演商讨，出了不少好点子，这些我将另有一篇文章专谈朱今明对《风暴》的贡献。有时这两位老朋友争得面红耳赤，谁也不让谁，结果，影片的造型水平上去了。金山是个了不起的表演艺术家，但在电影语言上有欠缺，朱今明恰恰从这方面帮了他大忙。

（二）孙昌一

摄影参与艺术创作，这是电影的一大进步，这一条苏联经验还是值得重视的。现在有些人片面解析"以导演为中心"，在创作关系上认识混乱，似乎摄影只要充当一个执行者就可以。从20世纪五六十年代北影成功的影片看，要想达到一定艺术高度，一定要处理好导演和摄影的关系，发挥摄影能动的创造力。

（三）杜煜庄

我跟了朱今明八年，从《西沙儿女》到《孔雀公主》，尽管主

要的几部代表作，如《一江春水向东流》《南征北战》《风暴》《烈火中永生》都未赶上，但耳濡目染，也是受益匪浅。

他在交代创作意图时，经常谈剧本、谈戏、分析人物、讲分镜头……开始我是不太理解的，认为他到底谈导演构思，还是谈摄影构思呢？后来，我明白了两者是分不开的。我自己独立拍片后，更体会到：导演要有造型的觉悟，摄影要向导演渗透，相互结合起来就有共同语言，就能提高影片的质量。看来互相渗透这是客观的艺术规律。朱、钱、聂、高他们那一代已经意识到，并摸索出比较成功的经验。

《孔雀公主》一片朱今明任导演，我当摄影。我刚开始独立拍片，对技术掌握比较仔细，眼睛老盯着什么亮度、光圈，还有光比多少，注意推、拉、摇、移运动摄影时机器是否把稳了。结果他批评我："你不管戏，当什么摄影师？"他自己当导演也是要求摄影向导演工作渗透，他的意思不是要你替代导演工作，而是吃透剧本、理解角色，从摄影造型上来完成电影的整体工程。

（四）黄心一

他们这四位的影片不仅是转折点，而且也是中国电影史上的里程碑。20 世纪 50 年代后期至 60 年代初，是北影的一段黄金时代，全国最高水平的影片不少出在北影，如《风暴》《烈火中永生》《林家铺子》《祝福》《青春之歌》《小兵张嘎》和《万水千山》《停战以后》……（记者插话：那时领导全国新潮流的旗帜在北影，大家眼睛都望着那几位大帅、大师），有些影片现在还得到了国际承认，列为世界级的不朽名作。现在回想起来，当时之所以能达到这么多、这么高的成就，原因很多。其中有一条经验，就是较好地消化了苏联电影创作经验，意识到电影不是舞台戏剧，要有造型意识、画面意识，追求电影语言，所以十分重视摄影师的创造作用。特别是朱今明、钱江两位大师从苏联回来之后，结合中国的实际，运用苏联的好经验，在北影产生很大影响，把我厂影片的造型水平一下子就带上去了。

从西方资本主义国家那里引进了"作家电影"的观点，有个别人把"导演中心"发展到导演主宰一切，其他各部门只要当工具就行了。

我发现，这几年来拍戏与他们几位大师不大一样。过去，我看他们和导演合作十分默契，共同仔细研究分镜头，总体构想和分场处理都有案头设计，像崔嵬、成荫、水华等大导演都十分尊重摄影师的劳动，充分发挥摄影的作用。现在有的摄制组就缺乏这种气氛，常常明天要拍的戏，今天摄影师还不知道有哪几个镜头，常常到了现场再说。

有的导演也懒于和我们充分交换意见，只通知我们要带什么器材，要变焦镜头、要高台等。有人说西方电影导演都是这样的，我不太相信。在摄影造型上没有对生活的仔细观察，没有深思熟虑、反复推敲，要出好作品是不可能的。

（五）邹继勋

我从电影学院毕业后，主要跟聂晶同志拍戏，他对我教育很多，从他身上我也学到了摄影是如何进行艺术创造的。

印象最深的是拍《小兵张嘎》，他那时才42岁，但艺术上已经成熟，在造型设计上，导演崔嵬充分放手让他发挥，他们之间建立着非常和谐的合作关系。今天再回头看这部电影，它的镜头表现力是那么强烈、激动人心，我看就是这种良好合作的结晶。

老聂在酝酿和筹备拍片时，并不单纯做技术掌握。他主要着眼于艺术表现，调动摄影技巧来参加银幕"表演"，完成视觉形象。

例如影片中日寇"扫荡"白洋淀，在小庙前要烧死老奶奶这场戏，他建议大量放黑烟，并用广角镜头仰拍，使天空大有"黑云压城城欲摧"之势，很好地表现了当年的时代气氛。再如，嘎子跟罗金保去找游击队那个长移动镜头，也是他出的主意。这个镜头和朱今明拍施洋演说（见影片《风暴》）都是中国电影的造型绝句，那时我们也不知道有什么法国长镜头理论，他们在实践中自己闯，摸索了新的电影语言，大大提高了影片质量。

那时，崔嵬理解聂晶，信任聂晶，同样聂晶也尊重崔嵬，尊重导演这个中心，这种良好的合作关系非常令人怀念。不知怎么搞的，现在摄影创作受牵扯的东西很多，想追求一点儿东西，不大有人配合呼应。从他们老一辈的经验看，重视电影摄影造型在创作中的地位，才可能使电影语言有所更新、有所突破。

（六）王兆麟

我从 20 世纪 50 年代到 80 年代长期同钱江同志一起工作。先是他的助手，后来自己也成了摄影师。并且我们一起到苏联学习电影摄影，当时我是翻译。因而，我想就钱江同志的成就，谈谈摄影在电影中应有的地位。这里主要谈摄影的地位，而不是摄影师个人应占什么位置，争个什么名。

在中国电影界，对摄影造型作用的认识，对摄影造型意识的觉醒是较晚的，这不仅在导演、演员或艺术领导层中是这样，即使是摄影工作者本身也是这样。长期以来，把摄影仅仅当成技术人员，影协、电影局都是技术部门管摄影，创作会议很少让摄影师参加。但是 50 年代中期，我们去苏联学习电影，派出了一个很大的学习团，朱今明、钱江直接跟苏联摄制组学习拍彩色片和宽银幕；同时苏联专家也来了一大批，在电影学院讲课。苏联电影使人耳目一新，乌鲁谢夫斯基、安德烈卡涅茨、科斯玛托夫、伏尔巧克……

令人目不暇接。一个传统观念打破了，原来摄影不仅是技术，而主要是造型艺术。

我们在苏联发现，摄影师是同导演一起编在创作集体或×××大师工作室中的（记者插话：目前我国有些制片厂把摄影师工作的部门叫摄影车间，车间两字的含义就是加工地，不是设计和创作部门）。苏联导演都有摄影修养，而摄影都参与创作。这些观念带回来后，使钱江的创作有了质的飞跃。

钱江同志对艺术创作的使命感、责任感是特别明确的，他在摄制组首先是作为艺术家出现的。这并不是说，他不管技术，他掌握技术也很认真，但目的是运用技术为艺术表现服务，他多次教育我："技术，远不是摄影师的全部工作。"他接受创作任务后，主要精力用在吃透剧本上，他不仅仔细分析未来影片的主题、结构、角色和风格样式，而且要体验生活、翻阅大量资料。他青年时代有坎坷的生活经历，受过绘画训练，功底很厚。丰富的生活积累和艺术修养，使他进行摄影构思时，站得高，看得远，不局限于技巧、技术的小圈子里。所以他常说："先不要想用什么技巧，把本子搞透了，表现手法就自然找到了。水到渠成，瓜熟蒂落嘛！"这方面，如果再重读一下他在拍摄《祝福》时写的摄影阐述和创作总结，就更能理解他了。在这篇文章中，可以看到他的文学修养，他对影片的理解并不亚于导演，他与导演不同的是，他的任务是设计和运用银幕造型手段来塑造形象、体现主题。

钱江和朱、聂、高等人，在20世纪50年代中后期开创的一代摄影新风，至今对我们影响很深，他们把中国电影摄影事业推到新的高度，带动了全国摄影水准的高涨。

（七）韩健文

1958年高洪涛同志拍《万水千山》，我从学院下厂跟他学习。

老高由于在旧社会生活很苦，上学并不多，从学徒开始自学成才。新中国成立后他成熟很快，克服纯技术观点跨进艺术创作。他拍的《万水千山》是我国第一部宽银幕故事片，气势宏伟。摄影上有大将、大师气派。老高为人忠厚，很少夸夸其谈。有些人不了解他，以为他是个想法和追求不多的摄影师。我跟了他拍《万水千山》的外景，发现他也是位了不起的摄影艺术家，无论对影片整体风格或分场处理，极有艺术追求。他只是不善辞令，没有写下来或说出来。

从《万水千山》中两组大场面的戏来看，老高具有相当高的艺术造诣。

一是他在拍飞夺泸定桥时，充分调动了各种摄影造型手段。28年前的摄制情景，我至今还难以忘却，因为这场面在我国电影史上稀有，当时演员真在铁索桥上爬过去，我们用了三台摄影机从不同角度同时拍，真是惊心动魄。开拍前，高洪涛同志做了充分的酝酿，尤其在构图上下功夫。这是气氛浓的高潮戏，老高打破自己的常规（过去他一般喜欢用正常视角），采用大俯大仰的角度来强化镜头跳动节奏。为了拍到红军从摄影机顶上爬过铁链的镜头，他要求从靠岸的河面搭起一个高台，直至铁索附近。另外，在这场面中他大量施放了不同色彩的烟雾，并有意识地利用火苗和火光来制造气氛，因而达到了惊天地、泣鬼神的宏大气势。还值得一提的，就是他拍这场戏，巧妙地抓住铁索桥的线条透视，在构图上极有纵深感，无疑，这也加强了造型表现力。

还有一场戏使我难忘的是，他利用黄昏拍红军夜行军，在金沙江边红军举着火把排成一条金色的长龙。他充分发挥了光色表现，并利用宽银幕横向构图的特点，把画面拍得有色有声，气吞山河。

高洪涛同志没有机会出国留洋，也没有条件上艺术学院，但他并不落后于时代。他是我国老一代摄影师中又一种典型，在实践中学习，在实践中成长，萌发了摄影参与艺术创作的自觉性。

二、风格各异·个性鲜明

（一）张世澂

我们北影这四位摄影师，被人们称为大师绝不是因为他们资格老，而是艺术上成熟，形成了各自个性鲜明的艺术风格。以我个人看高洪涛的特点，就是质朴无华。在审美观念上追求生活化、再现生活，他不太愿意让摄影技巧跳出来抢戏。他的写实风格，用来拍革命历史题材，如《停战以后》《西安事变》等，形式和内容特别吻合。

（二）郑煜元

质朴无华四个字确实可以概括高老的风格。"文化大革命"后，我同他一起拍《西安事变》，我发现他尽力避免画面形象的夸张、扭变；他在光学镜头使用上，不主张随便动用大广角或超长焦。记得有次拍游行示威，他为了防止过分变形，使用广角时一再提醒我，拍摄角度不能太低，目的还是让画面形象忠实于生活，这种造型是符合《西安事变》整体导演构思的，成荫导演强调的就是真实。

（三）张世澂

我跟高老拍片，也发现他使用的镜头一般在 32 毫米至 75 毫米这幅度内，变焦距也用得很慎重。此外，他在组织画面时，构图上人为摆布痕迹较少，没有什么"扎"眼睛的画面。他始终淡化摄影的主观表现成分，让自己躲藏起来，使观众的注意力集中于影片内容。

高老与上海的老摄影师一样，对照明要求很细，有时他自己布灯。用光上他也追求生活化，记得在拍《拔哥的故事》时，他对我详细讲了点油灯的光影变化。他对生活观察很细心，用灯光也非常

熟练，所以拍各种特殊光影非常真实。

　　高老还曾传授过这么一句话：摄影选景，过场戏要美，重点戏要平。这也是同他的美学观念分不开的。过场戏，由于没有什么矛盾冲突，没有精彩表演，他就是让造型来丰富画面；而重点戏呢，摄影过分跳出来，就会喧宾夺主，造型上越朴实，越增加戏剧表演的可信性。

（四）杜煜庄

　　我认为朱今明的摄影风格充满着浪漫主义的激情。《风暴》中，他对几位主人公的处理，着重表达情绪和意境，不太拘泥于生活原样。最明显的是施洋被捕，他将场景改在房顶上，低角仰摄，脚光、风吹动施洋大律师的头发以及色光等诸造型因素，使画面形象充满了张力。工人领袖林祥谦就义和孙玉亮战死，他突出了红色的旗、红色的火光……夸张的人为造型因素给人物性格增色不少。

　　我还记得，他在《西沙儿女》选外景时，也是注意景对人的情绪直觉，不太死抠具体地点的细节真实。《西沙儿女》中有一段回忆童年弄潮嬉水的戏。他在西沙转了好多地方找一个海滨，非常辛苦。后来他选中了一个不太大的地方，原来那里海浪冲上来后会形成一团团白泡沫。他觉得用白泡沫的海水作背景，可以表达人物情绪，描绘意境。

（五）曹作宾

　　我过去是拍新闻片的，留校当教员后去北影参加《林家铺子》摄制组，跟钱江同志学习拍故事片，我才跨入故事片创作的大门。钱江是我的老师。

　　钱江摄影艺术最鲜明的特色是，具有中国气派和民族风格。记得苏联著名摄影师安德烈卡涅茨（曾拍《奥赛罗》《伟大的战士》）

看了钱江的作品曾说："他的电影，一看就知道是中国人拍的。"他在民族化方面是有贡献的。

他坚持从中国人民的喜闻乐见出发来处理摄影造型。具体体现在银幕上，一是继承中国美学传统，追求"意到笔不到"的韵味，他的影片造型注重写意，比较淡雅、含蓄，令人回味甚多；二是热衷于表现中国特有的景色和人物形象，他特别喜欢抓取乡土特色、民情风俗，使影片富有中国情调。这两点在《林家铺子》里体现得尤为充分，他选的景、取的角度，味儿足极了。同时，在色彩基调控制上他故意要降低色彩饱和度。摄影造型技巧运用上也注意分寸，不是把一切和盘托出，像国画留"空白"一样，有很多令人想象的地方。

坚持革命现实主义创作道路，是钱江摄影艺术的又一鲜明特征。他塑造摄影形象（包括人物和环境），总是从生活出发，寻觅时代脉搏，追求典型意义。在形式处理、技巧运用上，强调与影片内容和谐统一，不搞哗众取宠的噱头。

他的现实主义手法，不是冷漠的记录演出。他通过画面表现自己的爱憎，但主观情感绝不跳出来抢戏，而是和画面内容融成整体，自自然然地流露。《林家铺子》中开端的一组水乡环境介绍镜头最有代表性，从湖面推进河道、支岔分流，最后泼来一盆污水。当时他坐在船头用手提摄影机拍摄上述内容，我给他撑船做机位纵深移动。他使画面构图从天地开阔，变得越来越堵，色调阴暗死气沉沉、节奏缓慢。这一切都很巧妙地表现出 20 世纪 30 年代旧中国的典型环境。

还有对林老板双重性格的表现，他在造型上也有画龙点睛的神笔。在水镇的实景茶馆里，他采用大俯高角度拍摄了商会会长提亲之事，林老板听到国民党党棍打他女儿的主意，失魂落魄地站了起来，此时林老板在银幕构图上显得可怜又渺小；反之，当林老板准

备卷资逃跑，坑害小老百姓时，钱江利用油灯的脚光及夹光的反常效果来刻画他残酷不仁的另一面性格。

（六）黄心一

钱江、聂晶两位大师我都跟过，我切身体会到他们的风格是不一样的。艺术作品，越有个性越好，所以我对他们的作品都喜爱，百花齐放嘛！

钱江的作品有画意，继承传统绘画的构图法则，画面比较工整、稳定，主陪体关系呼应对照。我记得他从苏联回来时，常说：每个镜头应该成为一幅绘画，追求审美价值。我认为，绘画派或画意摄影风格还是有生命力的，只要和题材内容相和谐，很有感染力，很有美感。

聂晶的创作，追求现代味儿，偏重于表现，突出摄影的能动再创造。如果说，钱运用技巧是讲究藏的话，聂则是主张露。他喜欢难度较大的运动摄影；喜欢色彩艳丽，表达情感；喜欢用两极镜头（大广角、长焦）来创造和人视觉不同的空间感，聂晶总在想办法创新。钱江的作品隽永、耐人寻味；聂晶的作品赏心悦目，令人叹为观止。真是各有千秋。

（七）邹继勋

聂晶还有一个特点，就是不知疲倦地创新，尽力使造型语言更有现代感。

拍《小兵张嘎》时，他探索水上运动摄影，真是敢想敢干，用八块大地板连成浮排，然后架升降车。用这个土办法，拍了白洋淀的好多镜头。拍《天山上的红花》，他平地跟拍，然后跳上汽车移动拍摄，并且打破故事片摄影的常规，不用三脚架，手握机器拍片。

再有，他那时就敢用大广角镜头，如18毫米他爱不释手。在

20世纪60年代，大家受传统技术框框束缚，觉得变形不是件好事，他就敢闯一闯。《小兵张嘎》中古庙的内景，就是用了18毫米广角拍，空间处理才别开生面，前景有黑影物体，后景有天窗投进来的光芒。

（八）黄心一

说起广角镜头，我想起1958年聂晶拍《山里来的人》，当时北影仅有一个20毫米广角，他就把它当宝贝。

聂晶不但故事片拍得好，而且戏曲片也有创新突破。他的《野猪林》，在解决电影造型（纪实）和戏曲程式（虚拟）的矛盾上有重要贡献，当然这里也有导演和美工师的功劳。《野猪林》的前景应用，打破了舞台三面墙的框架；后景应用大面积背景纱，虚化了空间实体。在用光上，他抓住每场戏的整体气氛，追求整体色调，既不同于舞台灯光，又不是故事片中生活化的打光。

三、勤奋钻研·精益求精

（一）杜煜庄

四位大师认为摄影是门艺术，但并不忽视对技术的掌握，他们恰恰在钻研技术和技巧上比一般人更用功、更认真。记得拍《西沙儿女》时朱今明曾要求我们摄影组，详细记录一天日照的变化，色温的变化，他要寻找光线运动的规律。

（二）于振羽

今明同志拍试验片也极为认真，他要试出不同亮度的消色，在底片上相应形成多少密度。目的是他在实拍中可以自如地布光，用多少亮的光在画面上拍出什么影调，他一清二楚。正因为他技术过

硬，艺术意图才能得以体现。

（三）张世澂

朱老拍电影真是讲究，不怕麻烦。不像我们这一代的有些人，能对付就对付。

可能是老上海传统，他对布光特别认真。记得拍林祥谦烈士英勇就义的一个中近镜头，大约用了十多台 750 小灯，气氛足极了。他的长移动镜头也是创纪录的，有两个数字我是不会忘记的：一是工人纠察队冲开反动军队戒严线，拍那个场面用了 18 节轨道，场面调度太复杂啦；二是一气呵成拍施洋大律师的演说，一个镜头约长 100 多米。这些场景，摄影师要是没有熟练的操作经验、布光水平是很难成功的。

（四）黄心一

老一辈摄影师的钻研精神是非常值得学习的，说实在的，由于旧社会的条件所限，他们年轻时不如现在的青年人，没有机会进正式科班学习，文化的起点并不算高，但他们自学精神非常顽强。

聂晶在"文化大革命"中被抄家，搜出他大批笔记本，一看真是感动人。一类是学习笔记，他摘录很多业务著作中的要领、观点；一类是他翻译日文资料的手记，他在东北上过国高，有点日语基础，他常翻阅日本"映画技术"；还有一类是他的创作手稿，镜头设计等，他拍摄前的案头工作做得很仔细，事后还做小结。

聂晶过去是学表演的，后来改行当摄影，发奋学习，是他成功的原因之一。

（五）邹继勋

老聂在白洋淀拍《小兵张嘎》时天天熬夜。白天拍戏够累的，晚上又闷又热，还有蚊子叮人，他也不休息，钻在蚊帐里"开夜车"，不是搞镜头设计，就是写笔记。

他在技术上也是一丝不苟的。《小兵张嘎》他故意要拍黑白片，为了出特殊影调，各种滤色镜就试了二十多块。拍白洋淀湖面，他要拍出深沉的水、耀眼的光斑，需要在太阳刚出地平线那几分钟拍。给他当助理，是够辛苦的，常常要天不亮就爬起来。

（六）王兆麟

钱江虽说是画画出身，但摄影业务也十分精通。拍《林家铺子》时，他对底片格码系数 (r) 和色彩饱和度控制得极为成功。他一方面常去洗印车间，调整洗印条件；另一方面他在曝光上有他自己的标准，他喜欢底片稍偏薄，人脸密度控制在 1.06。记得那时，聂晶要求色彩浓郁，要求底片曝光充分，人脸密度控制在 1.21。技术上不同处理，形成各自不同的色彩效果。

（七）曹作宾

《林家铺子》拍摄时，曾搭了一条江南小镇的街道，有许多日光照明的场地外景镜头，而从林老板店堂向外的镜头又是在摄影棚里拍的。两者如何做到光影统一、景深感统一、色彩统一，这方面钱江有很大成绩，解决了不少技术上的难题。

钱江一贯讲究画面构图。为了获得好画面，他善于发挥不同镜头的光学特性，在透视、空间、虚实等方面，创造不同的造型效果。

（八）黄心一

我记得在拍《祝福》时，他有一次极成功地应用了广角镜头。祥林嫂在河边洗衣，发现乡下有人来抓她，她慌慌张张逃进胡同。此时大广角镜头夸张了小胡同的纵深透视，两边围墙变得高大，道

路变得狭窄，对比之下，祥林嫂的形象就显得特别可怜，真是走投无路。

（九）张世漖

高洪涛一生拍的影片可能不下三四十部，有的连他自己都忘了名字。长期的创作实践，使他的基本功到了熟能生巧的境界。他晚年就不太依靠测光表，照明师傅布好光，他可以用眼睛来感觉哪里需要调整。推、拉、摇、移……把机器绝对有把握，试镜头、走地位，很少听他说："不行，不行，我需要多练几遍。"

拍摄《山花》时，也有一个280多呎的长镜头，先降下、跟移、上小车、直角轨转变，然后又升起。他很快就能掌握画面，而演员老不习惯拍长镜头，不是忘台词，就是走错位置。

（十）韩健文

老高拍大场面很有办法。在拍《万水千山》时，经常碰到千军万马的戏，如何来构图布局，如何来调度队伍，是件很烦心的事。我发现他在现场从不慌乱，也不声嘶力竭，处理得井然有序。这是与他事先苦心构思、周密设计分不开的。他的才能，出自于认真。

高洪涛同志生前没有写下很多手稿，也很少讲学，但是他在实践中磨炼出很多很多好经验，这也是需要我们去整理、发掘的。

一丝不苟的精神是不落的太阳

文 / 杨静、于洋 ①

我们可敬的老大哥朱今明离开我们二十多年了，不觉已步入了他的百年诞辰，转眼之间我们也已是耄耋之年的老人了，感慨光阴似箭啊！

然而，我们似乎觉得他依旧在我们身旁，他那和蔼可亲的笑容，他对待电影事业的忘我精神，他在工作中一丝不苟的认真态度，始终萦绕在我们脑海里。

曾记得 1953 年我们一起在涉县拍外景的日子，如同一张生动的照片永远定格在我年轻时代的记忆中。

当时，我在电影《结婚》一片中担任女主角杨小青。这是我从文工团调到东北电影制片厂后参演的第二部影片。片子是根据著名作家马烽的原著改编的，描写追求上进的女青年杨小青为了学习和实践新的接生技术，一再推迟婚期，一波三折，后来皆大欢喜的故事。导演是严恭，摄影本来是另外一位同志，不知什么原因中途走了，这可把严恭导演急坏了，赶紧搬救兵，就这么把今明大哥给请来了。后来，我才知道，今明大哥是拍摄《一江春水向东流》的摄

---

① 杨静、于洋，著名电影表演艺术家。

影，是大名鼎鼎的摄影师，严恭导演和今明大哥新中国成立前合作拍过《三毛流浪记》，有过默契合作，所以他在最难的时候首先想到了今明。

涉县是个柳林环抱的村庄，渠水纵横，风景如画。清晨，我们在村路的渠道中洗涤，等待冉冉升起的太阳；傍晚，我们在流水潺潺的清漳河漫水桥上踏步，手捧着流水，清洗掉劳碌一天的尘土，痛痛快快地戏水，送走红彤彤的落日，晚霞映照着我们每一张愉快的笑脸。张张图片中最难忘的还是大师一丝不苟地工作着的形象。

记得在拍摄现场，平日乐呵呵的今明大哥一进场便严肃起来，对摄影调度、画面构图、灯光照明陈设以及人物形象的塑造等等环节逐一认真完成。令我意想不到和特别感动的，是他对演员的表演也十分关注。他会指出："你应该更明确你的动作是什么？"在拍摄演员的特写镜头时，他常常会对演员提出"你的眼神里看不出目的性"等问题，对我的特写镜头一再提出要有明确的目的。其实，他这是要求演员的内心独白和潜台词。这本来应该是由导演向我指出的，但今明大哥提出来了，让我特别感动。我体会到，电影是一门综合艺术，一个严谨的电影艺术家，不会仅仅僵化地掌握和使用技术，应该是全方位地思考和诠释每一个镜头。今明在那个时代就做到了，他不愧是人们眼中的大师。

同样，于洋也有很深的体会。他和今明大师合作拍摄过《飞越天险》。《飞越天险》讲的是空军健儿在试航北京到拉萨的航线时克服各种困难终于飞越天险的故事，于洋在其中扮演一名英武的飞行员，拍摄中他感觉今明大师在摄影机面前，不仅熟练把握拍摄现场的进度，而且非常懂得演员表演这一行，这大概跟他青少年时代从事舞台艺术的经历有很大关系。谈到北影厂著名的四大摄影师，于洋说他们各有独特长处，而朱今明关注演员的戏也是很受大家称赞的。特别是他从苏联学习回来后，更是在拍摄中大显身手。

1959 年，拍摄影片《风暴》我得以再次和今明大哥合作。《风暴》是以 1922—1923 年江汉铁路工人大罢工为原型的一部革命历史巨片，我在片中扮演一名工人的妻子，戏不算多，但整部戏特别是群众场面仍然要全部跟下来。还记得拍工人集会时场面很大，演员众多，因为该片导演金山又在影片中扮演主角施洋律师，所以场面上照顾不过来，导演的很多活儿都委托今明来替他完成。今明和金山过去就是朋友，合作非常融洽，他非常了解今明掌控调度现场的能力，这也是金山点将让今明承担《风暴》摄影的原因。

记得今明对现场的气氛很讲究，为营造江汉区雾蒙蒙的气氛，他经常在开拍前要求背景街道或房屋院内都要洒大量的水。还记得那次在表演现场，大家说："摄影师要求洒水，马上就要开拍了！"只听他大叫一声"放烟"，戏就开机了……俨然一副统率千军万马的气势。

他的事迹像滔滔江水说不尽，但滴滴水珠中我们看到的是朱今明大师一丝不苟为人民追求艺术的高尚精神。

（2015 年 3 月 20 日）

忆《孔雀公主》：与今明导演合作的日子

文 / 田联韬 [①]

一、序奏

我和今明导演结缘于 1980 年，缘起于电影《孔雀公主》。

1980 年的夏季，我接到老一辈作曲家李群同志的电话，说是焕之同志（当时的全国音协主席）推荐我为北影著名的电影艺术家朱今明先生导演的影片《孔雀公主》作曲，问我的意见如何。我当然十分乐意接受这项创作任务。不久就接到剧组的邀请，去北影参加讨论剧本。在北影我认识了影片创作组的今明、苏菲、邢榕三位导演和剧作家白桦。

得到这次为影片创作的机会，非常难得。时处"文化大革命"初罢、百废待兴，每年全国几个电影制片厂拍摄的故事片屈指可数。作为年轻的作曲家，我们当时很难有机会使自己创作的音乐得到实际的演奏，特别是需要动用数十人组成的交响乐队演奏的大型器乐作品，更是难以得到实践的机会。电影音乐的创作为作曲家提供了一切可能的演奏条件，让作曲家可以运用多种条件充分发挥艺术创造的想象力，可以听见自己写在乐谱纸面上的实际音响。因此

---

① 田联韬，中央音乐学院博士生导师、研究员。

当时每当有影片筹备拍摄的消息，许多作曲家都期望得到这项工作。而我却意外地获得这个宝贵的机会，难抑心中的兴奋和喜悦。

而使我更为兴奋的原因是，我多年从事西南地区少数民族音乐的考察、收集和创作活动，对许多少数民族的音乐有着深厚的感情，也积累了许多第一手的音响与乐谱资料。其中，我特别钟情于藏族、傣族和苗族的音乐。1977 至 1978 年，我刚刚与谢飞、郑洞天两位青年导演合作了一部描写苗族儿童参与革命斗争的影片《火娃》。创作电影音乐时，我尽可能吸收苗族音乐的元素，在传统的基础上加以发展，创作了民族色彩比较浓郁的电影音乐。通过《火娃》的创作，也使我积累了一些电影音乐的写作经验。而《孔雀公主》的题材，是以傣族长篇史诗《召树屯与喃穆诺娜》为基础的创作。剧情、人物更加丰富，色彩更为绚丽。我初看剧本，内心就升腾起饱满的创作热情。

记得第一次在北影厂二楼上的会议室讨论剧本，参加者有今明、苏菲、邢榕三位导演，剧作家白桦，上海美术制片厂动画指导陈正鸿，天津歌舞艺术剧院舞蹈编导齐兰，还有演员唐国强（召树屯王子）、李秀明（喃穆诺娜公主）、戴兆安（猎人岩坎）和我。今明导演主持会议，组织大家对剧本总体和各场各段的情节、人物等方面都做了细致的研究，同时也对影片中的音乐创作提出了要求，他希望音乐能够和剧情、人物融合在一起，为整个影片服务；同时希望音乐具有傣族的风格特色。在讨论剧本的过程中，今明导演时不时地提示我哪些地方音乐可以进入和退出，甚至他还提出哪些地方希望是强起或是弱起，哪些地方希望是强收或弱收。从这些地方可以看出今明导演掌控创作全局的经验和能力，他对电影音乐也有十分清晰的理解和要求。我通过剧本的讨论获益匪浅，对以后的创作大有裨益。那时今明导演已是六十多岁高龄，仍然精力旺盛、头脑清晰。他平易近人、亲切友好的作风也给我留下深刻的印象。

在这次讨论会上，还确定我要在影片开拍之前，写出四段需要先期录音的音乐：一段是孔雀公主将被作为祭坛牺牲品而处死的前夜，表现喃穆诺娜公主悲痛心情的女声独唱《在这里留下我美丽的梦》；一段是体现公主在祭坛上悲痛难抑的独舞《祭坛牺牲之舞》；一段是召树屯王子在王宫选美的女子群舞《王宫选美舞》；还有一段是描写王子为寻找公主而翻山越岭，披荆斩棘，克服重重阻碍与诱惑的《仙人掌妖女舞》。记得当时我在短期内就写出了这四段音乐，10月份进棚录音，保证了此后在云南外景现场拍摄时带音乐表演的需要。很可惜，由于原定的上下集拍摄计划被厂领导要求压缩为一集，因而需要大大地减缩影片原有的长度，已经拍摄的第四段《仙人掌妖女舞》和其他许多已经拍摄的段落都被删减。我觉得非常可惜，因为创作时为了使音乐体现出"仙人掌""妖女""诱惑"的非人间世俗的和异域的特色，我吸取了云南彝族音乐的音调、西班牙民间舞曲的节奏型和西方音乐意外转调的手法，把这段音乐写成一首比较精致的、风格独特的乐曲。这段妖女群舞的影片在前期就已拍摄完成，舞蹈的编排、表演也颇具特色。这段舞蹈和音乐的插入，可以使整体是傣族风格的影片中出现一段新颖的、对比的段落，从而丰富全片的风格、色彩。记得那时今明导演和录音师傅英杰也对删减这段音乐与舞蹈感到惋惜和无奈。

二、在外景地

此前几年，我已经去过云南的西双版纳傣族自治州和德宏傣族景颇族自治州两次，收集了许多傣族的民间音乐素材和创作资料，如果我留在北京进行电影的音乐创作也没有太多困难，但为了对傣族音乐做更深入的了解，使《孔雀公主》的音乐创作更为精彩，我向剧组提出希望提前去傣族地区采风，这想法得到今明导演的大力支持。我在剧组尚未出发前往外景地时，1980年12月就直接去德宏自治州进行创作的准备工作。前后两个多月，我走遍了全自治州的五个县份，深入最基层的村寨，访问了许多民间艺人、歌手和农民，甚至采访了当时还被视为禁忌的傣族巫师和巫婆，采集到跳神祭祀时演唱的歌调。此外，还在1981年春节时意外地采录到境外的傣族歌舞班到我国表演的歌舞剧"喊扎（音lā）"。他们演唱的音调和表演的舞蹈，与我国傣族具有不同的风格特色，令我耳目一新。

此次采风对我而言，是一次极其丰硕的艺术丰收，使我对傣族音乐有了更为全面、更为深入的了解，并收集了极为丰富的创作素材。这些材料的精华部分大多被我吸收、运用于音乐创作之中。我为影片中几个主要人物形象创作的音乐主题，虽然已经经过艺术加工而性格化，已与民间音乐素材的原型发生较大的变化，但仍然可以发现它们是根植于傣族传统音乐的基础之上，保存了傣族音乐的神韵。

当1981年春，摄制组大队人马在今明导演的率领下到达云南时，我已经完成采风工作。摄制组很快就来到位于中缅边境的瑞丽县，在风光绮丽的大登罕村安营扎寨，搭盖起宏伟、华丽的王宫布景，开始了外景拍摄。我也来到拍摄的现场直接体会影片的人物角色、环境与现场气氛。多彩的形象和生动的感受，对后来的音乐创作极有助益。

当时的大登罕成为瑞丽县大型节日活动的场合，周边村寨，甚至有些外县的傣族乡民都到现场来观赏电影拍摄，村寨内人山人海，热闹非凡。我以前曾多次参加傣族的节日活动，还没有见过如此轰动的场面。

我在外景地只做了短短几日的逗留，即返回北京开始写作音乐。在外景地，我看到整个摄制组紧张、有序的工作，也看到作为摄制组核心领导的今明等三位导演更是重担在身，日夜辛劳。

三、中、后期工作

《孔雀公主》的音乐创作，是我一生中一次十分享受的艺术创造经历。那一段时间，我每天都沉浸在剧本的故事情节和傣族音乐的氛围当中，体会剧中人物思想、感情的变化，用音乐语言表现人物的欢乐与悲伤。创作进行得比较顺利。

1981年的下半年，《孔雀公主》的内景拍摄已基本完成，开始进入后期制作。我写作的钢琴缩编谱和交响乐队总谱也已基本完成。但在影片进行后期剪接工作阶段，直到正式录音之前，这段时间是作曲家十分忙碌、紧张的阶段。因为电影音乐创作与一般音乐创作最大不同之处，是音乐与影片剧情需要十分密切的配合，不单是需要音乐与剧情与人物的感情密切的配合，而且对于每一段电影音乐的长度都有严格的要求，既不能过长也不能过短，经常需要作曲家使用秒表来计算每段音乐的长度。各段音乐的长度随时可能要根据影片各个段落胶片长度的改变而调整。

记得当时今明导演和我多次坐在剪辑机前，从片头起，逐段研究影片中音乐的运用和影片长度的尺数（用尺数换算时间长度）。之后，我再去修改或调整乐谱。

1981年12月，音乐正式录音的时刻到了。音乐由郑小瑛指挥的中央歌剧院交响乐队演奏。实录的前一天，先由乐队在录音棚排练。三位导演都坐在录音控制室监听。那时，我的心情有些紧张，不知导演们对音乐是否满意，也不知各段音乐是否能恰当地、准确地配合好画面。结果还不错，排练之后，今明导演只对其中一段音乐的写法有意见，这段音乐的标题是《嬉游金湖》，是描写七位孔雀公主初次来到金湖，在湖中游泳的音乐。今明导演说，"这段音乐怎么像是大气球在滚动？"这个意见提得很准确，是我的乐队配器出了问题。这段影片是七位孔雀公主从天际飞来在湖水中游泳的画面，带有虚幻的色彩和浪漫的气质，音乐本应具有轻柔、抒情的气质，和透明、清亮的色调，而我在乐队的伴奏声部中用了过多的木管乐器与弦乐器重复演奏分解和弦式的织体，因而产生了混浊的、滚动的音响效果。对于这段音乐的修改，我把伴奏声部的木管乐器全部撤销，弦乐器的伴奏声部也由拉奏改为拨弦的演奏法。整段音乐以弦乐器与竖琴，以及个别木管乐器为主，使音响效果彻底改变而比较符合影片的画面，达到了导演的要求。

除了这一段音乐有较大改动之外，还有一些音乐段落的长度与画面配合不够准确。在第二天即将正式录音的情况下，我一人留在录音棚通宵赶着修改乐队总谱和改写每位乐手使用的分谱，直到黎明时分，才完成全部修订工作，保证了第二天的工作。

录音完成后，音乐得到导演、录音师和指挥的肯定。乐团的指挥郑小瑛说，她最喜欢《召树屯王子进龙宫》那段音乐，音乐好像真把人带到海底的龙宫去了。据录音师傅英杰告诉我，《孔雀公主》的音乐被评为北影厂当年最佳音乐创作。

四、尾声

《孔雀公主》上映后，受到广泛好评。在云南的傣族地区更是成为群众极为热爱的影片。当年摄制组曾带着刚完成的影片，前往云南德宏州瑞丽县放映，表示对当地群众的答谢。据说有许多群众跟着放映队，一个一个村寨地走，连续多次观看影片。据我所知，《孔雀公主》至今仍是德宏州和版纳州电视台经常播放的保留节目，长盛不衰。当年摄制组在大登罕搭盖的王宫布景也一直在当地保留着。大登罕已经成为德宏州一个颇受游客欢迎的旅游景点。

影片上映后，云南的音乐家对影片的音乐也给予比较高的评价。在《人民音乐》上发表了评论文章，认为本片的音乐"是体现民族音乐风格的范例"。德宏州的作曲家王育民当年曾陪我去各县

采风，他说，《孔雀公主》的音乐对于傣族音乐的运用是"写神了"。据州文化局的朋友们告诉我，德宏州的傣族群众说："这是我们傣族的音乐。"

1983 年，香港唱片公司发行了《孔雀公主》电影音乐的盒式带和密纹唱片。1985 年，中国唱片总公司发行了《孔雀公主》音乐盒式带。1996 年，中国唱片总公司又以"中唱典藏"名义发行了《孔雀公主》音乐的精装光盘。

我认为，艺术创作能够得到群众，特别是本民族群众的喜爱与肯定，是对艺术家分量最重的褒奖。

今明导演能够选择我担任影片《孔雀公主》的作曲，和他共同经历了一次非常愉快、非常融洽的合作，使我完成了一部具有一定保留价值的电影音乐作品，这种可贵的缘分是要永志不忘的。

在纪念今明导演百年诞辰之际，我以这篇短文表达深切的怀念。

点滴教诲　铭记心间
——怀念朱今明老师

文 / 周坤 ①

这已经是半个世纪以前的事了。

记得好像是 1955 年冬，当时我正在苏联莫斯科电影学院学习。一起学习的还有两位，一位是新闻电影制片厂的摄影师刘洪铭，一位是长春电影制片厂的美工吕志昌。我们分别在电影摄影和美工专业学习。有一天晚上接到驻苏使馆通知，让我们去见见国内北影厂来莫斯科电影厂学习交流的电影实习团的同志们。我们兴冲冲地赶去了他们下榻的宾馆，见到由汪洋厂长亲自带队来的各专业大师们，真是国外见亲人格外亲切、热情。大家都很关心地问起我们学习、生活的情况，招待我们喝茶吃糖，还分给我们不少从北京带来的食品，诸如酱油、味精、咸菜、小零食等等。久未见这些日常食品真比见了山珍海味还高兴。那时我只认识朱今明和周从初两位老师，和朱老师更熟悉一些。他们让我坐在靠窗口的沙发上，问长问短，关心备至，还给我留下了一台照相机，让我多拍些照片积累素材。朱老师问我说你来学摄影？怎么不学表演啊？哈哈，我也笑了。说起这提起了一段故事，我和朱老师的夫人赵元曾经有过一段

---

① 周坤，北京电影学院教授。

"姐弟情缘"，说来让我记忆犹新。

那还是1946年抗日战争刚刚胜利时期，演剧九队在四川万县演出郭沫若名剧《孔雀胆》。我小学的音乐老师史丹（也是演剧九队的）把我带去队里，让我出演剧中的男孩"段宝"（当时我十岁），演我姐姐的就是赵元。天天她带着我，教我演戏，唱歌讲故事，进进出出的很是关爱。那时演剧队天天演出，慰问部队、探望伤员，忙得不亦乐乎。我跟着他们，朝夕相处，受到了颇深的爱国主义教育。和九队的这段小小的"戏缘"，也是对我走向艺术殿堂的启蒙吧！

朱老师问我指导老师是谁？我说是鲍里斯·沃尔切克。他拍拍头说，噢，前两天我们还见过，不错不错，他很有名气啊！听说是犹太人，功勋艺术家，两次获得列宁勋章，作品不少，经验很丰富。在肖像用光、群众场景、广角镜头等的使用方面都有创新，很好，很好，你们太幸运了，好好学！

之后，朱老师说他们交流中很深的一个体会是苏联的摄影师们很重视和导演、美工的合作。他们在对戏、场景、镜头构思的研究中虽各抒己见，各司其职，但最终可谓是三位一体，融洽如一，经典的画镜就是这样构成的。朱老师的这番理解和谈话，我深有所悟，也是我在五年学习中逐渐深入，刻意追寻的方向。回国后在创作中、教学中，也不断地和学生们一起探索、发展。

朱老师的作品中完美地展示出了造型表现的魅力，粗犷、大度、充满激情的大手笔是他特有的风格之一，在经典影片《风暴》中更为突出。凝重深厚的氛围准确地展示了"二七"罢工特定的时代气息，浓郁阴沉的光影、起伏动荡、长长的运动镜头、流畅的调度，动人而激情的表演……全部融化呈现在镜画中。特别令人难忘的施洋大律师在广场与魏处长争辩的那场戏中，流畅的运动镜头紧随人物前行、转身、挥手、昂头、握拳高呼……连续变化着构图，激情而精准地传达了人物情绪的转折和起伏跌宕的内心愤慨，如此精彩，一气呵成的镜头表现，在当时的影片中甚是少见，精彩至极，片中的这四分二十秒可谓是华彩篇章。我觉得这也正是导、摄、美、演……的高度融合。而我更想夸赞的是唯一能在镜框中准确地把控、表达人物激情的摄影师朱今明老师，这正是他丰厚的艺术功力的展现，非是一个"摄影匠人"所能完成的。

记得朱老师在和我们座谈时仍满怀激情地细心描述并在黑板上画出镜头调度、光线布局，犹如还沉浸在摄影取景器里似的那般情景。

朱老师为人朴实诚挚、做事认真、平时待人亲切，见我总是小周小周地招呼。常常关心地问起我的教学，并嘱咐我说教学间隙中争取多拍片。他说没有自己动手的实践就不会教学，不能去凭空讲授。创作中的失败失误之笔更是好教材，记下来讲给学生听。我一直很重视朱老的提示，为此在课堂上确实谈失误失败之处远多于成功。

几十年来，电影事业有了飞越的发展，中国电影摄影翻开了历史上迄今为止最为辉煌的一页。第五代、第六代继承传统，突破创新，标新立异……年轻的一代冲出亚洲，直奔世界影坛，登上了一个新的高峰。

我们感恩前辈大师们的教诲！

点赞年轻一代的卓越成就！

向我敬爱的朱今明老师致敬！

我们永远怀念您！

（2015 年 3 月）

亲爱的今明叔叔，您永远活在我心中

文 / 赵青[1]

今年是中国著名电影摄影大师朱今明叔叔诞辰 100 周年，也是我父亲、中国著名电影表演艺术家赵丹诞辰 100 周年。

作为赵丹长女的我，想起心中深爱的父亲和亲如家人的今明叔叔，我的心有多痛！思念有多深！泪水流淌不止……

今明叔叔和我爹爹，同年出生、同在南通长大、同为中学时代同窗好友、同演进步话剧、同接受革命思想。这里不得不提到，和他们俩同年出生的同乡，今年同是诞辰 100 周年，却早已在"文化大革命"中遇难的中国电影界著名演员、导演顾而已伯伯（他比爹爹大几个月），还有前几年刚刚去世的中国电影界著名演员、导演钱千里叔叔，他们四人被电影界称为"南通帮"（因为只要这四人在一起，就会说谁也听不懂的南通话而得此"美称"）。他们四人情同手足，其中尤为今明叔叔和我爹爹感情最深，可谓生死之交。

抗战胜利后，爹爹曾带我和弟弟苗子回过南通老家，讲了许多他们四人小时候的故事，他们四人一起在而已伯伯父亲办的"崇敬中学"上学，因此校方对他们经常开绿灯，让他们组织起"小小剧社"。他们常旷课，排演田汉的进步话剧，他们又经常在我爷爷开

---

① 赵青，赵丹长女，著名舞蹈表演艺术家，中国舞蹈家协会副主席。

的"新新大戏院"看卓别林的电影、梅兰芳大师演的京剧。业余时间还在"新新大戏院"举办他们自己排演的歌舞、魔术以及进步话剧演出。爹爹说："我们四人从小的爱好，决定了我们一生在艺术上的选择。你今明叔叔从小就拿方盒子当摄影机，假装给我们拍电影，怪了，也没人教他；我总演正面小生，顾而已总演地主豪绅，大了也老演老板；你千里叔叔爱跑腿，当剧务，大了果然不是剧务就是演跑龙套的小角色……后来因为我们演反抗地主豪绅的话剧《五奎桥》，官方说我们有'赤色宣传'，要抓我们，这时我们才一个个离家逃往上海。"

在上海，顾而已伯伯进了别的影片公司，今明、千里两位叔叔随我爹爹进了"明星公司"。后又一起参加了由中共地下党领导的"上海剧联"，除拍电影就经常演进步话剧。今明叔叔开始学摄影，演话剧时他搞灯光。一直到1937年抗日战争爆发，日本法西斯侵华，将整个中国拖向了国破家亡的灾难中。为了把日本侵略者赶出中国，上海成立了"抗日救亡协会"，组织了十三个抗日救亡演剧队，前往后方进行抗日宣传。我的父母将出生不久、刚满十一个月的我留在上海，交给阿婆抚养。之后他们便毅然参加抗日救亡演剧队，去往后方。同去的有而已伯伯夫妇、千里叔叔、今明叔叔等。在周恩来副主席的直接领导下，由阳翰笙伯伯带领演剧队，一路演抗战戏，唤起民众。

直到1939年，爹爹他们听说新疆盛世才进步，"联俄""联共"，还送不少人去苏联学习，天真的爹爹他们，幻想到新疆后可以去苏联学习"斯坦尼斯拉夫表演体系"。就这样爹爹妈妈带着他们在重庆刚出生的年幼的弟弟苗子、今明叔叔和他夫人，加上爹爹当年上海美专的同学、领导兼导演徐韬夫妇，和我国著名导演王为一伯伯和夫人，以及一名年轻作曲家易烈，一行十人直奔新疆。

当周恩来副主席得知此事后，立即指示阳翰笙伯伯指派专人

去把爹爹他们追回来。怎奈爹爹他们十人早已西出阳关，追不回来了。此行果真凶多吉少。到新疆不久，盛世才撕下假革命嘴脸，露出反动本性，以抓共产党托派名义，把大批共产党人和进步人士诬陷为"共党托派"抓进监狱。我爹爹、阿韬叔叔、王为一伯伯、今明叔叔和易烈五人先后全都被抓进了新疆监狱。五年的冤狱，他们在人间地狱中受尽严刑拷打，度日如年、生不如死，年轻的易烈因病被注射毒针，早早被害死在狱中。

最可怕的是其间谣传出我爹爹、今明叔叔他们五人全被枪毙的噩耗，我的妈妈和他们几人的妻子如临灭顶之灾，就连在外的千里、而已、金山、阳翰笙等几位叔叔伯伯也都信以为真，还为他们开了隆重的追悼会。随着日子迁移，为了生存、为了孩子，在大家的关心相劝下，我的妈妈和三位阿姨相继都改嫁了……

直到1945年，抗战胜利前夕，爹爹、今明叔叔、阿韬叔叔、王为一伯伯他们竟然奇迹般地活着出狱了。听说是周恩来副主席出面，经多方调停，才将他们四人从新疆解救出来接回重庆，还为他们四人举办了盛大的欢迎会。

他们的政治生命、艺术生涯重获新生，但他们日夜思念的妻子却再也回不来了……地狱的磨炼让他们更坚强了，很快挺过去，回到上海。老天还眷顾他们，爹爹把孤儿院托养的弟弟苗子带回上海，又从阿婆那把她一手带大的我接回身边，还把"甜姐儿"黄宗英娶进家，组成新家庭。不久，今明叔叔也把他新娶的媳妇赵元阿姨带来给我爷爷奶奶看，因为我爷爷奶奶对今明叔叔视如自己亲儿子一样，赵元阿姨活泼、开朗、长得标致，又是演剧队队员，全家老小都十分满意，阿婆甚至将自己的金戒指摘了下来，戴在了赵元阿姨的手上。阿韬叔叔的新夫人、王为一伯伯的新夫人也都相继带家来让爷爷奶奶过目，大家都为他们有了新家庭而高兴，尤其老人更感欣慰。他们四人终于开始新的生活，并立即投入为解放全中国而奋斗的革命斗争中。

新中国成立前夕，在"上海昆仑影业公司"，今明叔叔当摄影师，拍摄了当时影响极大的《一江春水向东流》《三毛流浪记》……爹爹则成功地主演了反映抗日战争的《丽人行》和揭露国统区黑暗统治的影片《乌鸦与麻雀》①。

但天有不测风云，爹爹由于主演了《武训传》，该片遭到了极不公正的批判，爹爹人生再次跌入低谷……直到1953年，由周恩来总理推荐，让爹爹、白杨阿姨、顾而已伯伯等从上海来北京"青艺"为"纪念世界文化名人屈原"排练演出话剧《屈原》，由爹爹扮演"屈原"。

爹爹又可以重登舞台了，他的发小该有多高兴啊！在北京的今明叔叔和特从上海赶来的千里叔叔，两人专挑顾而已伯伯新婚第二天的早上，七点多到北京中山公园，找到正在大松柏树下练习朗诵屈原《桔颂》的爹爹。爹爹见到这两个前来祝贺的发小，兴高采烈，不练了，要请他俩吃早点，两人不去，非要爹爹带他们去青艺宿舍，到而已新房去掀这对新婚夫妇的被子。这三个捣蛋鬼果然行动了，先由爹爹用小树枝挑开而已伯伯的新房门，今明叔叔、千里叔叔进门不管三七二十一就掀开这对正熟睡新婚夫妇的鸳鸯被。当时什么情景，可想而知，我听了哄堂大笑……这就是这帮永远长不大、生死之交的发小、挚友的深情厚谊啊！

国庆十周年，今明叔叔在北影厂拍摄的由金山伯伯主演的《风暴》，上海海燕厂拍摄的由我爹爹主演的《林则徐》《聂耳》两部影片，加上我在上海天马厂拍摄主演的《宝莲灯》舞剧艺术片，都被列入国庆十大献礼片。1959年10月2日晚，周恩来总理在人民大会堂宴会厅亲自设宴招待十大献礼片主创人员和主角，当晚我就坐

---

① 新中国诞生后，在周恩来总理建议下，由于该片是在白色恐怖下拍摄，意义非凡，荣获了新中国影片"一等奖"。

在周总理身边。

周总理举起茅台酒向《风暴》等十大献礼片表示祝贺！总理还让我代表未能从上海赶来的爹爹，接受他的祝贺。

这是多么大的荣誉啊！

第二年（1960年），今明叔叔从北影厂打电话通知我，说他要拍一部建国十周年最优秀歌舞艺术片，片名《百凤朝阳》，由陈怀皑担任导演，他担任摄影，并说周总理关照要拍你一段独舞，有没有，赶紧准备！得此重任，我连日将我为演《宝莲灯》学练的长绸，自编独舞《长绸舞》，选自刘行作曲《飞天》音乐，构思一仙女从天而降，为翻天覆地变化的美丽人间，翩翩起舞。专请今明叔叔到排练厅看我表演。今明叔叔说他要把近几年在苏联学到的摄影技术全部用上。开场放烟雾，如同仙女从天下凡，之后摄影棚地上全铺上玻璃地板，苏联就用这办法拍舞蹈，非常好看，服装重新设计成飞天式，化妆请北影最好的化妆师之一孙鸿魁。到开拍那一天，一切都按今明叔叔预先设计进行，拍摄十分顺利，一气呵成。影片出来，众口叫绝，我的化妆竟然成了孙鸿魁大师对外讲课的典型案例。

后来这《长绸舞》成了我此生代表作，舞遍祖国大江南北，还舞出国门，美国、俄罗斯、丹麦、意大利、日本等国，外国朋友为我精彩的《长绸舞》，不仅掌声雷动，还在庄严神圣的大剧院内破格吹哨，跺地板，甚至有的外国观众随音乐节奏直呼"赵青"名字。回想这一切，这些成功还应包含当年花心血为我拍电影的今明叔叔、陈怀皑导演、孙鸿魁化妆大师和全体摄制人员的功劳啊！

1964年由于极左思潮干扰，爹爹的《鲁迅传》被停拍，刚拍完的《青山恋》又挨批了，爹爹又再次陷入了极端苦闷中，是于蓝阿姨代表北影厂汪洋厂长、水华导演、摄影今明叔叔和副导演赵元阿姨他们，特邀爹爹在电影《烈火中永生》扮演许云峰，交给爹爹他们所写的一封邀请信，点燃了他心中的光明。正如爹爹自己的形容：这是同志们把我从痛苦的大海中拉上了岸，给予我精神上莫大的支撑，于是我怀着感激之情，兴奋地立即答允了。

爹爹立即前往重庆，直奔拍摄现场，在银海的战场上，和他心中尊敬、喜爱的同仁们，尤其是和他的患难兄弟今明叔叔，担任副导演的弟妹赵元阿姨并肩战斗。他的心有多舒畅啊！今明叔叔和爹爹用他们一生血和泪的经历和体验，拍摄出了这部永垂青史的《烈火中永生》，以及在银幕上成功塑造了在烈火中永生的江姐和许云峰。这是我爹爹此生给国家、人民留下的最后一部电影；是他在银幕上最后塑造的一位光辉的银幕形象；是今明叔叔和爹爹这对难兄难弟今生合作留下的最后一部电影；也是我此生唯一一次，也是最后一次来到摄影棚亲眼观看自己爹爹实拍许云峰被捕下楼、视死如归的精彩镜头。

这"最后"的精彩，都是至今健在的于蓝阿姨、赵元阿姨以及先后故去的汪洋伯伯、水华叔叔和今明叔叔，以及不论健在的还是故去的《烈火中永生》摄制组全体人员给予我爹爹的。

在此，我代表在天之灵的爹爹，向你们——所有帮助过他的每一位，致敬！致谢！感恩不尽！

总之，对于今明叔叔的感恩，今明叔叔和我爹爹深厚友情是永远说不尽、道不完的……

今明叔叔和我爹爹用他们一生血和泪的体验，以至生命换来了对中国电影事业的卓越贡献，如同天上的恒星，永放光芒。这光芒将一直会照到中国梦——天下大同，天下都乐——实现的那一天！

亲爱的今明叔叔，您和我爹爹一样，永远活在我心中！

2015 年 3 月 16 日写于北京乐城

我的童年因有你而温暖

文 / 赵矛 ①

我认识今明叔叔是在 1945 年，从那时起，他在我心中就是亲人。当时，我对自己的年龄和身世是稀里糊涂的；时至今日，我对儿时的记忆也是碎片状的、懵懵懂懂的；我对自己的来龙去脉，是在长大以后才逐渐了解到的。

我有一个不幸的童年。农历 1938 年 8 月 25 日，我出生在重庆。童年的记忆很模糊。长大以后，我才知道，在我出生的前一年抗战爆发，父母随即和叔叔阿姨们一起投入抗日救亡演出活动。先是在上海、镇江、武汉等地演出，后又从武汉溯长江而上，经宜昌、三峡、万县，一路演到重庆。我就是在父母抵达重庆后，在抗日救亡的演艺洪流中降生的。

今明叔叔和爸爸从上海一路演出到重庆。他们从小一起读书，情同手足，还是在读中学的时候，就在南通老家一起搞戏剧，后来到上海发展，直到抗战爆发。他们在重庆期间，听说了新疆社会环境好，有利于开拓进步戏剧道路的信息，就充满了美好的憧憬。其实，是新疆统治者盛世才搞的假象，他对外宣称"联苏，亲共"，其实骨子里很反动。但他那些外表进步的假象迷惑了很多人，爸爸

---

① 赵矛，赵丹长子，上海电影制片厂演员、导演，现移居美国。

他们也被蒙蔽了。于是就和阿韬（徐韬）、阿王（王为一），还有今明叔叔等人结队去了新疆。爸爸他们是坐汽车走的，妈妈带着我和几个阿姨是坐飞机去的。没想到去了不久，盛世才就逐渐暴露出反动的本质，很快就变了脸，找借口将正在开展进步戏剧活动的爸爸他们抓起来，投入"迪化监狱"。爸爸入狱后，妈妈在焦急而痛苦的心情中煎熬着。第二年，不知盛世才又变出什么花样，他下令驱赶妈妈和其他阿姨带着孩子离开新疆。不久，妈妈她们就听到了爸爸他们死亡的传闻。重庆文艺界还为爸爸开了追悼会。在这种情况下，组织上安排地下党员、剧作家桂苍凌伯伯照顾妈妈。不久，妈妈和桂伯伯去了昆明。

爸爸是 1940 年 5 月被关进监狱的，直到 1945 年春，经周恩来和阳翰笙多方营救，爸爸他们才得以逃脱魔掌，从新疆回到重庆。爸爸从监狱一出来，就四处打听妈妈和我的下落，听说妈妈已经改嫁到昆明，他几乎要疯掉，立即准备动身去昆明。今明叔叔见此情况，二话不说，陪着爸爸去了昆明。

当时，桂苍凌伯伯任《评论报》总编辑，妈妈也在编辑部工作，他们工作繁忙，便把我托付给一个飞行员叔叔。后来，那个飞行员叔叔准备完婚，无暇照顾我，只得把我送进坤维慈幼院。慈幼院里有很多很多的小孩，大部分都是在战争中失去了亲人的孤儿和流浪儿，看护阿姨有许多都是国际友人，对我们很和善，但那个时候，物资匮乏，我们的生活很艰苦，卫生条件差就不用说了，因为孩子多食物少，也不能填饱肚子。记得有一次圣诞节，大家都盼着发礼物，可能因为礼物数量少，阿姨把准备好的礼物藏到花园里，让我们分头去找，我什么也没有找到。一个年级比我小的孩子找到了礼物，是一个彩蛋。那个孩子是慈幼院里年龄最小的孩子，我是年龄第二小的孩子。我虽然很羡慕他，但我不会欺负比我小的，反倒是经常和那些比我大的孩子打架。

　　正是战乱时期，慈幼院收容的孩子多，阿姨看不过来，我们都是自己在院子里摸爬滚打，和泥玩土，整天蓬头垢面，浑身黑不溜秋。我这个人从小就有姐姐缘，小伙伴里有个不知名的大姐姐对我特别好。那段时间，不断会有一些大人到慈幼院里来寻找或者收养孩子，有的是没有孩子的人真心来收养，而有的人却是把小孩领回家当用人。所以，我们对那些来认领的大人没有什么兴趣。那一天，当爸爸和今明叔叔出现在我面前的时候，我是很迟疑的。我倔强地看着"陌生人"，心想：我的爸爸早就死掉了，什么人要收养我呢？

　　这个时候，只见他用舌头舔了舔食指，然后用潮湿的食指擦去我左耳屏和脸颊中间的泥巴，露出我耳屏根部的黑痣，一般人不大会注意到我这颗黑痣，只有亲人才能如此熟悉我的身体。他看到了黑痣便惊喜地张开双臂，一下把我抱了起来，一个劲儿地叫我："儿子，儿子！"而我呢？却依然有些麻木。站在一旁的大姐姐又惊又喜地喊着："这回是真的！这回是真的！"大姐姐热泪盈眶地抱着我，舍不得我离开。

　　今明叔叔在一旁说："苗子，快叫爸爸，叫爸爸！"当时，我对爸爸的感觉是陌生的，是排斥的。因为从我记事起，我的生活里就没有爸爸。后来听说有飞机坐，我这才高兴起来，跟着他们去了机场。在飞机上，我东瞧西看，终于坐上真的飞机，我兴奋得不得了。可是一下飞机，我就不干了，大哭大闹，一定要坐飞机回昆明去。

　　别看我爸爸风趣智慧，演电影啊，搞戏剧啊，有得是办法，但是对我这个脾气倔强的小孩子，却一点儿办法也没有。还是今明叔叔有办法，特别会哄小孩。他跟我说："苗子啊，你看飞机到站了，飞行员叔叔也都走了，今天就不能飞回去了，要回昆明去得明天才行。"他还说，明天他可以带我坐飞机回昆明。听今明叔叔这么说，我便紧紧跟着他，寸步不离。接下来都是今明叔叔带我，哄着我玩。在我跟爸爸还很生分的时候，是今明叔叔的慈爱化解了我与亲人之间的隔膜。

到了晚上，我一定要跟今明叔叔钻一个被窝。第二天，重庆的朋友要给爸爸和今明叔叔他们接风，去了重庆最大的餐馆，面对一桌子的美食佳肴，我却闹着要吃排骨面。爸爸赶紧让厨师给我做面，但不是排骨面我还不干。后来，又吃又喝的，一高兴我就把回昆明的事儿忘掉了。渐渐地，我和爸爸也熟络起来，但还是坚持要跟今明叔叔睡一个被窝，他哪里知道，因为昆明慈幼院卫生条件差，我长了一身的癞疮，结果惹得今明叔叔身上也长了癞疮。以后，他见了我就跟我开玩笑，说小癞疮，长大喽。现在，提起这个事儿，心里头还觉得特别亲切。

后来，按照周恩来的指示，由阳翰笙、史东山、宋之的、郑君里、徐韬、赵丹、陈鲤庭、王为一、朱今明等组成了"青鸟社"，开始在上海筹建昆仑影片公司，我也跟着爸爸和今明叔叔他们回到了上海，与爷爷、奶奶和姐姐赵青团聚在一起了。

新中国成立后，今明叔叔从上海调到了北京电影制片厂，我们见面的机会就少了，但在心里，我始终感觉今明叔叔就是我的亲人。今明叔叔去世以后，埋在心底的那种亲情愈发强烈。

我爸爸这一生，一直都在拍戏，塑造各种形象。今明叔叔主要是搞摄影，后来做了导演工作。在我心目中，今明叔叔是中国最棒的摄影师，他在 20 世纪 40 年代使用那么简陋的设备，就拍出那么多旷世之作，达到了中国电影摄影艺术的巅峰。

朱今明摄影艺术初探 ①

文 / 于振羽

朱今明是我国老一辈摄影家兼导演。从 20 世纪 40 年代到 70 年代他拍摄了近三十部影片，其中《一江春水向东流》《万家灯火》《三毛流浪记》《风暴》和《烈火中永生》是有口皆碑的传世之作，他的创作道路是我国革命现实主义摄影家的典型缩影，他对待摄影工作精益求精，勇于开拓创新，他的影片是我国 20 世纪五六十年代电影摄影的杰出代表。

一、坎坷的经历

朱今明一九一五年农历八月十四出生于江苏省南通市的一个知识分子家里。父亲曾经当过秀才、小学校长和官吏，家里藏书很多。在朱今明十四岁时母亲病故，这时期他在一个寄宿制学校读书，课余他读了许多书，像高尔基的《母亲》《童年》《我的大学》，鲁迅先生的《彷徨》《呐喊》《祝福》《药》……

在这些精神食粮的孕育下，他萌发了反帝、反封建和反对国民党反动派的革命思想。朱今明的总角之交赵丹，中学同学顾而已、钱千里和他兴趣一致，都喜欢文学艺术。课后他们聚在一起探讨着

---

① 本文原载于《北京电影学院学报》1987 年第 1 期。

所学的知识。后来，由于志趣相投就共同办起了《枫叶》刊物，朱今明在这个刊物上写了不少稿子，不断提高自己的写作水平。

朱今明与赵丹从小就有着一样的爱好——看戏。那时西洋影戏在南通市已流行起来，美国影片也演了不少。当赵丹忘情地仿效着银幕上的形象时，朱今明就紧紧跟随着他，手里捧着一个方铁盒当摄影机，做着摇机器把的动作，赵丹走到哪里，朱今明"拍摄"到哪里。就这样"拍摄"了一个时期，他俩都感到假的没劲儿，就与同学钱千里、顾而已商量成立一个剧团，这种想法得到了这个学校校长顾敬基（顾而已的父亲）的支持，经赵丹提名，"小小剧社"就这样诞生了。这个"小小剧社"演出了话剧《艺术家》《热血忠魂》等，并有魔术节目的演出。

1933 年，朱今明和赵丹由章泯介绍参加左翼剧联，并排练了洪深编写的剧本——《五奎桥》。该剧描写在干旱的日子里，地主周乡绅为了保存象征封建势力的五奎桥，蛮横阻止农民拆桥救灾，因而引起双方激烈冲突的故事。朱今明在这出反封建的《五奎桥》话剧中，担任布景工作。《五奎桥》的排练使南通的反动当局惊恐万状，说《五奎桥》宣扬暴动，剧社里有共产党，并预谋在演出时抓人。

这个消息由"小小剧社"的一个成员通报了朱今明等人，朱今明立即把赵丹送去上海的码头，然后自己也去了上海。当时，他年仅十七岁就离开故乡，走上了"十里洋场"这个既繁华又复杂的社会——大上海。朱今明到上海后，为了生活，经同学介绍在电机厂找到工作，业余时间去电机专科学校学习，在此期间还参加了"左翼剧联"的活动，到农村、学校去演出。

1933 年底至 1934 年初，电机厂内正在酝酿罢工，不料警察局将朱今明和一些人抓了起来，并说朱今明是领头人（实际不是）。后因无真凭实据而只好将这些人放了出来。1934 年夏天，朱今明受"左联"组织的委派，带领几个人到某大学干扰"蓝衣社"组织的剧团

演出，遭到第二次被捕。两个月后从狱中放出，朱今明这时早已被工厂开除，失业了。

过了一段时间，赵丹将朱今明介绍给明星电影公司老板，老板得知朱今明具有大专水平，很是高兴，决定让朱今明做摄影工作，但同时要求朱今明在搞摄影工作以前，全面了解一下电影工艺过程。于是他在洗印车间、字幕车间、录音车间都工作了一些时候。这一段时间里，朱今明抓紧时间学习、研究电影技术和电影摄影，还看了不少苏联影片，他对《战舰波将金号》和《生活》这两部片子特别赞赏。

1935年，朱今明抽出时间为"上海业余剧人协会筹备委员会"做舞台照明工作，一直到1937年剧团正式成立为止。这段工作为朱今明在后来的摄影用光上，奠定了很好的基础。他一向对工作认真，总是想方设法地把布景的气氛搞得尽善尽美，力求生活化。朱今明说："艺术就是要讲求真实。"他从深入地观察生活着手，把自己生活中的体验，创造性地运用到舞台上。

1934年在演出《天外》一剧时，巨大的银幕从棚顶上往下降落，在快落到地面时，银幕的一角意外地被拆卸灯光的梯子给支住了，照明光束正射在这歪斜不平的银幕上，就出现了明暗不均匀的斑纹，这奇异的光彩被朱今明发现，他高兴地喊了起来："快来看呀！多么美的浮云啊！"是的，真像天空的条云。他立即联想到把这条云加工，用在演出的幕布上该有多好。朱今明由此得到启发，他想开阔舞台创作的意境。

在他不断研究、不断探索下，终于在1936年"上海业余剧人协会"第三次公演，演出奥斯特洛夫斯基的名著《大雷雨》，就在这次的演出中，出现了中国舞台艺术首创的第一块舞台天幕的境界：夜色朦胧的伏尔加河岸（格吉林娜与鲍里斯幽会场景），天空暗淡的月光与悠扬的吉他声浑然一体，创造了一幅境界幽静的图景，引起观众的凝思和向往。这美好的真实气氛赢得观众暴风雨般的掌声。

1937年，抗日战争的烽火遍地燃起。各地爱国志士纷纷起来抗日，朱今明同赵丹等一起参加了抗日救亡演出队，赴各地演出。1938年，抗日救亡演出队辗转到达四川，因为演出的收入不够支出，只好解散了。朱今明与赵丹一起加入了中央电影制片厂。

1939年夏，为宣传抗日，朱今明与赵丹等一行十人从重庆奔赴新疆。不料，第二年当地反动军阀盛世才扔掉了亲苏联共的假面具，露出狰狞的面目，大肆逮捕革命人士，朱今明等一行也被关入狱，时间竟长达五年之久，受尽种种折磨，直至1945年春才出狱回到重庆。

抗战胜利后，朱今明开始深入研究电影艺术，不仅看了大量电影，而且学习摄影技术书籍。他当时对美国导演 J. 福特的作品最为赞许，悟出了今后自己追求的风格："我搞摄影，一个是掌握光，一个是构图。不搞虚假，追求真实。"不久，根据周恩来同志的指示，阳翰笙同志组织王为一、赵丹、朱今明等人成立"青鸟社"，筹备赴上海建立革命的电影阵地——昆仑影片公司。朱今明被分工负责这个公司的技术工作。经过三十多年的风风雨雨，朱今明在政治上和艺术上日趋成熟，成为革命电影运动的一名自觉战士。这些坎坷的经历，不仅形成了他革命的文艺观，而且为他后来的创作，奠定了扎实的生活基础和丰富的经验。

二、出手不凡

1946年朱今明与吴蔚云合作拍摄《遥远的爱》之后，又创作了《一江春水向东流》。尽管他当时从影不久，年纪又轻（才三十多岁），但作品一鸣惊人，达到了黑白摄影的优秀水平。

朱今明拍《一江春水向东流》时，在摄影上力求把环境气氛与影片中人物心情的发展变化联系起来。他应用自己的舞台照明经验，很重视对人物的塑造、对生活真实感的追求。也正如法国摄影

家罗伯法兰克所说的："对我而言，摄影即生活，它总得和生活打交道。"

下面以《一江春水向东流》中两场截然不同的戏为例，来看朱今明对摄影艺术的探索。

第一场戏，影片中女主人公素芬，是个受日本侵略者铁蹄蹂躏的无数善良人中的一员。劳累一天，夜幕降临了，简陋的小屋内只有窗外的月光映入，她思念着分别八年的丈夫。

窗外，一轮明月挂在天上，皎洁的银光泻入晒台楼的小窗里。素芬眼含着晶莹的泪，轻吻着抗儿的头发，这静谧的月夜，又使她回想起了往事。闪回：窗前景色如旧。只是柳枝儿已脱尽了叶儿。还是那一轮明月，还是那一颗颗星星……远处传来了隐隐的炮声。

这已是一个不平静的、动荡不安的夜。忠良与素芬并肩坐在床头。洋油灯已熄了，清冷的月光穿过窗根，投射在他们身上。他们没有一点儿睡意，似乎有许多话要倾诉，可是却又一句话都说不出来。忠良终于依恋地说："今天晚上又是这样好的月亮，可是我们就要分别了。"他看看手表："现在是十一点钟，素芬，你记住，以后每逢月圆的时候，我一定是在想念你们的。"

镜头回到现实。仍然是美好的月色之夜，也是这般夜凉如水，可是素芬的身边却没有忠良，只有这寂寞的深夜，这时月光上几缕浮云轻轻掠过，这云正像素芬那悲戚哀怨的心情。也正是这几缕淡淡的白云，更增添了多少妻子的思念。这场戏的夜景拍得相当成功，从物景中升华出意境，情景交融，使观众感受到几乎是愁肠百结的感情。

第二场戏，影片中写主人公张忠良，抗战来到重庆后，经不住艰苦的生活考验，在交际花王丽珍的色和利的引诱下走上苟且偷安、堕落的生活道路。

与上述那场戏完全相反，正当素芬母子、祖孙相依为命挣扎在苦难之中时，张忠良与王丽珍公开同居，迁入华丽的新房。这一天，贺客盈门，大摆筵席，正在庆祝他俩的乔迁之喜。在酒宴上，白少魂、崔经理、林老板、柯局长拥着庞浩公、张忠良、王丽珍与客人对饮，觥筹交错，四座欢笑之声不绝。

朱今明为了拍摄出这些发国难财、醉生梦死的偷生者们的灵魂，采用了软调子造型，恰到好处地描绘了他们靡烂的生活气氛。朱今明常说："我不考虑正光、反光，而是从气氛来搞光。"以上两场戏正是他这一艺术主张的体现，既保持生活的真实性，又挖掘内在的意境，不是搞模式的布光，不是单纯地追求影调、光比和外表的形式。

《万家灯火》是继《一江春水向东流》之后，朱今明的又一部力作。在"万"片中，他又有很多创造性的贡献。《万家灯火》中男主人公智清生活在抗战后的上海，在"伟达贸易公司"当一名职员，每月的薪水在他的妻子精打细算下三口人勉强维持温饱。

不料，乡下的老母、弟弟、弟媳穷困已极，三个人就带着破旧的家什投奔到智清家里。突然的人口增加，使住房紧张拥挤，妻子因家庭矛盾争吵引起流产，更不幸的是智清这时又失了业，老的老，小的小，要填饱肚子，怎么办？怎么办？

朱今明为了拍摄出智清对生活失去了信心，感到前途渺茫、无所适从的心情，选了一条很窄的巷子作为景地，长长的窄巷子里只打一个照明灯，给人造成走入死胡同的境地。剧中要求的情景是："他从巷子里跑出来、气几乎都喘不过来了，头昏眼花，抬头看看天，天黑黝黝的，像要向他压下来；低头看看地，地像在摇荡着，使他有点站不住。在这天旋地转中，智清像游魂似的晃荡着。"

为了拍摄出摇摇晃晃的真实感，朱今明冥思苦想，最后终于想出了办法，他把摄影机的三脚架架在一个大铁锅里，拍摄时大铁锅因底下不平而摇晃着，就是这摇晃的摄影机拍出的镜头，达到了剧

中主人公智清无路可走、陷入绝境的感情真实写照。这样的拍摄技巧，在当时是一个创新之举，也是朱今明用画面节奏的变化来表现人物内心变化的一种表现方法。

三、新的创作课题

朱今明不但是艺术家，而且是革命文艺战士，他的摄影创作从不脱离时代、不脱离火热的革命生活。

随着革命形势的发展，过去关在摄影棚里拍家庭戏、拍市井生活的技巧显然不够用了，如何来表现轰轰烈烈的解放战争和伟大的历史变革？这是他在20世纪40年代末50年代初遇到的新课题，勇于开拓创新的朱今明在实践中交出了优秀的答卷。

1948年上海解放前夕，中共上海地下组织给朱今明一个重要任务，拍摄上海地区国民党溃退前的狼狈样。朱今明把一台手提摄影机装进了一个手提木箱子里，箱子的一侧开了个孔，他提着伪装过的摄影机在上海市区内走着，暗自拍下了国民党兵溃退前的一些真实写照。朱今明还提着木箱登上外滩自由女神的石阶上，居高临下大胆地拍摄了当时外滩的混乱局面的镜头。这些举动，在那时是太冒险了，一旦被敌人发现，马上就有生命危险。朱今明用不怕牺牲的精神偷拍的两组珍贵镜头，解放后都被编在由朱今明参加拍摄的《百万雄师下江南》大型纪录片中，此片获得1957年文化部优秀影片一等奖。

如果说，新闻片拍摄主要靠勇敢和牺牲精神，那么新中国成立后，他拍摄《南征北战》，不仅包含着他作为共产党员对革命事业的炽热感情，而且还有艺术上的可贵探索。

我们来看一下《南征北战》以下两场戏：

第一场戏，"桃村转移"。

八个小时打退了敌人五次冲锋，战士们仍然斗志昂扬，虽然酣战后战士们已疲惫不堪，可又下达了转移的新任务。这时银幕出现的画面：东方鱼白，白雾弥漫着山麓、石崮、河水、树丛。一列纵队身着伪装走出果园，穿过树林向白河口方向走去。这里的白雾弥漫是通过放烟造成的。它大大增强了栉风沐雨、酣战后又进军的艰苦气氛。拍摄中放烟，后来成为朱今明创造气氛的常用手法。

第二场戏，在拍摄影片《南征北战》的高潮戏时，朱今明花费了很大的精力。

他后来给学生们讲摄影构思时说："为展示人民解放军向敌军进行反攻，打得敌军溃如山倒的真实情景，导演希望能在一个连续性的画面中，既看到我军英勇作战的磅礴气势，又看到敌人丢盔弃甲的各个细部的狼狈之状。结果经过研究，认为要达到这样的银幕效果，用以往惯用的方法（把摄影机架在普通移动车上进行推、拉、摇、移）是远远不够的了，必须借助于起重机拍摄才能完成任务。可是，解放初期的技术条件很简陋，为摄影机服务的起重机尚未在我们的摄影棚出现。为了追求理想的艺术效果，我们就自行设计、土法上马，制造了一台木制起重机。"

我国电影史上第一台起重机就这样诞生了。别看它既粗糙又笨重，还真解决了大问题。就用这台机器安上摄影机拍下了在硝烟弥漫的原野上，我军英勇的步兵、炮兵、骑兵，向敌人发起势不可挡的攻势，扫尽残敌。然后摄影机下降，拍摄我军押解大批俘虏由远而近，纷纷而过。随着人物的流动，镜头摇摄，画面中呈现出大批枪支弹药、大炮坦克……战利品堆积如山。接着人声鼎沸，镜头迅速升起摇成俯摄：我大批支前部队和民兵及乡亲们从四面八方蜂拥而来，欢呼胜利。然后镜头摇摄下降，落在被人群包围着的敌军坦克中，推近，坦克的顶盖掀开了，伸出一面摇摆着的降旗，敌军司令张军长灰溜溜地从"乌龟壳"内钻了出来，举手待擒。

上面一系列复杂的内容，能在一个镜头里一气呵成地拍摄出来，

在当时确实是很不容易的。这种通过摄影机的运动加强画面的内部调度和用连续性局部构图取得完整造型的手法，表现出了解放战争的宏伟气势。这种气派在当时的影片上是不多见的。

四、描绘时代风云的巨片

朱今明结束《南征北战》的拍摄工作后，随中国电影学习团赴苏联学习电影摄影（1954 年初至 1955 年底）。从苏联学习回来，朱今明的水平又有提高，相继拍摄了许多部影片，如《上海姑娘》《风暴》《春雷》《烈火中永生》《东方歌舞》…… 每一部都渗透着朱今明的心血，特别是《风暴》这部史诗样式的巨片映出后，国内外反响很大。

苏联的一位摄影师看完《风暴》这部影片说："从《风暴》这部影片中看出了中国发展了彩色片。这部影片色调浑厚浓郁，很有力量。"《风暴》之所以成为隽永的作品，这与朱今明严肃的创作态度是分不开的。首先，他在接受剧本后认真研究，正像朱今明在给电影学院导演系、摄影系学生的一次讲课谈到的："剧本是电影创作的基础；是影片的思想；是作品的灵魂；是摄影师进行创作的主要依据。如果剧本没搞好，那么其他劳动全白费，会造成艺术上的歪曲或导致脱离思想内容的倾向，因此，要求摄影师必须严肃认真地研究、分析剧本，特别是历史题材的剧本，一定要看许多历史资料，以便熟悉当时的时代、社会、政治生活各方面的情况，丰富生活知识，作为艺术创作的素材，否则将有损于时代气氛和人物性格的真实刻画。"在吃透剧本精神的基础上，朱今明同志与导演一起探索分镜头、了解导演意图、研究戏剧冲突、人物性格、人物造型、环境气氛等，并与美工师一起研究布景设计、外景选择…… 经过了与其他创作人员的合作、探讨，逐步完成了较为成熟的摄影创作构思，并在分镜头过程中，把一系列场面调度设计出来。

在与导演研究分镜头中，朱今明建议：把原来《风暴》分镜头剧本中的六百个镜头减到四百个。要根据剧情的需要，该长则长，该短则短。[①] 导演采纳了朱今明的建议，与他一起重新分镜头。依据这个分镜头剧本拍摄出的影片其主题思想、人物形象、风格式样都达到了预想效果。

影片《风暴》是反映 1923 年 2 月 7 日，江岸车站工人罢工的真实历史事件。这部影片突出表现了中国共产党成立后，领导着工人阶级第一次登上历史舞台，对帝国主义、封建势力进行了一次英勇的、规模巨大的、打击沉重的政治斗争。

关于影片《风暴》的造型风格和色彩基调，朱今明是这样处理的："以极其简练、概括、粗犷和色彩浓郁的笔触，来描绘工人阶级'疾风骤雨'式的斗争力量和勇气。在情节处理上要有革命的现实主义的求实精神和严肃态度。细致地刻画矛盾，塑造英雄人物的斗争精神和无产阶级的气质。""强调画面内部调度和节奏感、远近感，扩大空间视觉运动的速度感，使快和慢随着情节发展和变化，当快则快，当慢则慢，服从表达内容的需要，使每个细节之间做到有机发展和显著变化，避免千篇一律、平铺直叙。"强调色彩处理的绘画感和时代感。"影片用暗蓝色的基调来反映旧社会暗无天日的生活状况和反抗精神，它是《风暴》的彩色基调。同时注意色彩的生活真实感，不同阶级、不同人物都有不同的生活色彩，都要讲究色彩的真实感。采用大量烟雾减弱画面的清晰度，使其有时代感。注意生活气氛，雾气、潮湿笼罩着暗无天日的生活……""作为蓝色对立色的红色，要用得节约、用得突出。工人纠察队用红旗，它是象征着革命的旗帜。火烧工人区才出现大量的红色，它是群众反抗的怒火。熊熊火焰将要烧毁这个吃人的旧世界。赤红，是革命的象征。

---

① 在朱今明的上部戏还没拍完时，《风暴》摄制组已经成立了并分好了镜头。

'红'是革命色彩的主题"。"因此要求少而精,突出红色。"为了有利于掌握主题和导演意图,朱今明总是习惯把全戏的内容分若干单元给予命名,借以细致地构思、设计。《风暴》中他分了九个单元:①泥流生涯;② 组织起来;③ 密议;④总工会成立;⑤ 不畏强暴,勇往直前;⑥黑夜中展望黎明;⑦ 罢工和示威游行;⑧搏斗、血洗;⑨ 革命烽火,前赴后继。

(1)泥流生涯。从字幕衬底开始至黄德发事件引起福建街的骚动为止。摄影重点意图是表现暗无天日,苦难人民,贫困的工人住宅区。

以浓烈的黑白灰的弥漫烟雾展现时代特点:苦难的中国,饥贫的人民流离失所,他们拖着沉重的步履,漫无目地沿着死亡的道路蠕动着。以泥泞、阴暗、潮湿展现工人住宅区。

(2)组织起来。从施洋在车站说理至工人清晨奔赴俱乐部止。

主要的意图是达到一个灭敌人的威风、长工人阶级志气的效果。以阴暗的色调烘托压抑的说理斗争的气氛和力量;以黎明的阳光透过晨雾,喻示工人觉醒,象征希望与光明。这个单元的重点是江岸车站施洋讲理斗争。要以长达一百余米的胶片,四分钟的连续性场面调度,一气呵成地完成。

(3)密议。这一节主要是:描写工运领袖地下会议,意图是创造一种机密的气氛。环境不求深度和广阔,选取一个小屋的角落,以一盏小小的油灯为深夜的光源,使小屋显得宁静、单一。画面以油灯为中心,人物成三角形构图,主要人物老何站在灯前,施洋、林祥谦一背一侧,突出主要人物老何。由于光源置于人群中心,整个环境与人物形成明暗的强烈对比,气氛显得更加严肃。以纵深的暗蓝背景衬托老何,稍亮的背景衬托施洋的剪影,使画面的影调深沉而不呆板。

(4)总工会成立。这个单元是:夜晚工人们在老君庙工人俱乐部内，施洋、林祥谦给工人们宣传革命道理。意图是表现工人们追求革命，热爱革命的赤诚、迫切情绪以及工人运动的领导的真挚友爱，紧密联系群众的革命精神。这是一组群像，在场面的安排上以施洋、林祥谦为核心分为两个群体，使宣传的静止场面活泼有变化。在构图上，力求绘画性，使画面在线条、光影的明暗上有呼有应、均衡平稳，以阴冷的色彩为基调，造成一种庄严、肃穆的气氛。以点点烛光为衬托，造成寂静之中的波动，阴暗之中的星光，喻示群众在发动，希望之光在闪动。

（5）不畏强暴，勇往直前。普乐戏园内外。这一单元的内容是：发动起来的工人群众要求成立总工会，组织起来的浩浩荡荡的人群遭到阻止，愤怒的群众冲占戏园。这是一个群众运动的场面。朱今明在这个单元的意图是：拍出运动的节奏。他划分了三个层次：第一个层次是去往普乐戏园的各路工人队伍的行进；第二个层次是行进的工人队伍受到军警阻止停滞；第三个层次是冲占普乐戏园。以轻快的节奏、中速的镜头、欢跃的动作、明快的色彩为第一层次，以较长的静止镜头、缓慢移动镜头为第二个层次，以躁动的、急促的短节奏镜头为第三层次。造成一起一伏，一伏速起，一浪高过一浪，达到斗争向前迅速发展、不畏强暴、勇往直前的艺术效果。

（6）黑夜中展望黎明。这场林祥谦家、夫妻憧憬未来的戏，朱今明原意想以革命浪漫主义的色调处理，但由于前无铺垫，又加之人物刻画不细，使预想的效果没能实现。

（7）罢工和游行示威。这个单元是工人群集广场，冲向英租界，在使馆门前大示威。朱今明在这一单元仍然抓运动的节奏，以开始的一系列短促的镜头，展示一场大动荡的到来；然后连续摇镜头，以缓慢的节奏给人一种潜在的、巨大的力量感；林祥谦、施洋在广场带领大家誓师，使节奏变得铿锵有力；当工人队伍冲向英租界，冲向使馆游行示威时，节奏急剧上升、加快。镜头随着湍急的人流急摇

另一路驰突的人流，再随着这一路人流，急促地摇回到汇成的巨大人流。镜头再从近景奔泻的人流急升，变为翻江倒海的人流，再摇成汹涌澎湃、无边无际的人海，使画面气势磅礴，推向胜利的顶点。朱今明非常注意运动节奏的应用。这两个单元是朱今明运用节奏变化来表现气势的范例。

（8）搏斗，血洗。这个单元是孙玉亮带领工人们与军警展开一场浴血奋战及福建街的工人区被火烧。朱今明在这个单元着重注意"红色"的运用。在整个影片色彩中的主要基调是黑、灰、黄、褐。红色几乎见不到，这是他的创作意图。朱今明在这部影片中视"红"色为革命的象征。红旗象征革命的意志，火焰象征革命人民的愤怒、仇恨。孙玉亮身中数枪倒下了，而战斗的"工人纠察队"的红旗却依然不倒，它挺立着，在黑烟翻滚的劲风烈火中抖动着。福建街工人住宅区的通天火焰，冒着红色烟雾，形成一片凶恶的火海，给人增添了无限的愤怒与仇恨。将彩色予以艺术的思想性，这也是《风暴》影片中的一个显著特色。

（9）革命烽火，前赴后继。这是影片的尾声。一个人倒下去，千万个人站起来。"为有牺牲多壮志，敢教日月换新天。"阳光灿烂，光辉普照，画面以明朗的影调和浓重鲜亮的色彩表现雄伟壮观的群众场面，浩浩荡荡的革命队伍前进，前进！气势澎湃。

《风暴》是朱今明摄影创作的一次大飞跃，使他的名字列入我国电影大师的行列，标志着他形成了个人风格和独特的创造。这时，他拍摄电影，已进入"喜怒哀乐皆文章"的自由王国，有胆有识，敢于突破常规。我当时跟他拍摄施洋大律师车站说理斗争那场戏，时隔28年，至今仍记忆犹新。这是一个长达340英尺的长镜头，拍摄表演艺术家金山的长篇演说，不仅人物调度变化多端，而且摄影机先后移动了十个镜位，景别有全景，也有特写，难度不是一般的大。在他带领下，我们摄影组全力以赴，一次成功。这恐怕也是打破了当时国产电影长镜头的最高纪录。由于连贯不停地拍摄施洋的控诉,使金山的表演情绪层层推进,越演越激动,若用分切拍摄是难以达到这种水平的。也由于连贯拍摄,在造型上一气呵成,有助于表现剧中人施洋律师的雄辩口才,很好地刻画了人物的性格。这个长镜头,充分说明了朱今明的摄影技巧达到了炉火纯青的境界。

苏联著名摄影师 B. 莫纳霍夫在《摄影师手记》中写道:以1923年2月7日的真实历史事件拍摄的影片《风暴》中的故事特别可信。充满着艺术家的高度激情的、在运动中发展着的剧情吸引着观众的注意,金山的智慧的、无可指责的导演艺术,摄影师朱今明的富有表现力和创造性的摄影,金山、吴雪、李翔和张平等的优秀演技,这一切,在统一的整体中交织在一起。谁也没有为自己而"叫嚣",每个人都做着自己的事情。同时,大家又都把力量用在表现影片的思想这一方面。在我看来,各个组成部分的统一一致是影片成功的主要功绩。导演金山同时扮演了影片中的一个主角,这一点,使得摄影师承担了另一项责任,摄影师必须似乎是用导演的目光来看未来的这部影片。而做到这点,唯有在创作上真正互相了解、意见一致。同时,又对影片进行认真的准备工作的前提下,才有可能。我在拍摄影片《一个人的遭遇》时,也有过相似的工作体验,因为在那部片子里,演员邦达尔丘克也同样地兼为导演。在苏联电影的实践中,有不少导演和摄影师进行多年合作的范例,这种合作是摄制出好影片的保证。这就像爱森斯坦和基赛、普多夫金和格洛夫尼亚、罗姆和沃尔切克、杜甫仁科和捷木茨基。每一个摄影师,都应当找到一个自己的导演;反之,每一个导演也应当找到一个自己的摄影师。因此,我真诚地希望导演金山和摄影师朱今明在他们未来的影片中也进行创作上的合作,并祝他们在工作中获得成功。

20世纪60年代,朱今明的代表作是《烈火中永生》。"文化大革命"后,朱今明担任了导演,完成了《蔡文姬》和《孔雀公主》

两部影片,这些影片的摄影造型各具特色。《孔雀公主》是一部以傣族民间传说为题材的故事片,朱今明在造型处理上富有浪漫主义抒情色彩。该片获第二届马尼拉国际电影节特别奖、捷克斯洛伐克十四届儿童电影节首奖("水晶蝴蝶杯"奖)。

朱今明在中国影坛辛勤耕耘了将近半个世纪,为繁荣和提高电影艺术事业,作出不可磨灭的贡献。他在回顾自己的电影生涯时,常说:"摄影创作不是工匠,要参与艺术创作。摄影师是影片的主要创作者,应对艺术负责。"他还教育我们:"艺术就是要辩论、探索。要把自己放到剧本中去,与剧中人共呼吸,共命运。我不喜欢老一套,要出新,没有新就没有创造,也就不是艺术。"朱今明在实际创作中也是这样做的。他在与导演合作中,从不把自己放在被动地位,从不只管技术不问艺术,经常主动设计很多造型处理的方案,来为影片增色。为了艺术质量,他不达目的誓不罢休,有时与人争得不可开交。上述那些朱今明的真知灼见,既反映出他的创作个性,也道出了他获得成功的秘密。

朱今明20世纪40年代摄影风格论①

文 / 蒋俊

朱今明，中国著名电影摄影大师之一。20世纪40年代，他先后完成《遥远的爱》（与吴蔚云合作）《一江春水向东流》《万家灯火》《三毛流浪记》（与韩仲良合作担任摄影指导）等中国电影史的重量级作品。

新中国"十七年"，他完成《南征北战》《风暴》《烈火中永生》等重要影片的摄影工作，成为北京电影制片厂摄影"四大金刚"之一。新时期，因年龄原因改做导演，完成《孔雀公主》《蔡文姬》等影片。探讨他在20世纪40年代几部电影作品的摄影风格，可以发现他对中国电影影像之美的形成所做的努力。

朱石麟先生导演的《慈母曲》开场表现了乡村清晨清新的乡土气息，屋内母亲忙着照料几个孩子，屋外母鸡带小鸡觅食，一幅和谐自然的乡村生活图景，真正是"鸡鸣早看天"。朱今明先生参与摄影的两部作品《万家灯火》《三毛流浪记》也都有"鸡鸣早看天"的景象。只是这两部影片中都市晨起的景象为各自影片引发了不同的兴味。《万家灯火》故事起于和谐怡然的家中，镜头从万家推进

---

①本文原载于《南京师范大学文学院学报》2014年9月第3期。

到胡家，再从胡家窗户拉开。明亮的视觉感受，让观众感受到胡家舒适的生活状态。虽不富有，却其乐融融。相较于《慈母曲》中父亲打儿子的情节，《万家灯火》的"晨起"有助于影片形成欲抑先扬的视觉效果，为后面八九人共挤一屋埋下了伏笔。《三毛流浪记》同样选择"晨起"作为故事的开篇，只是三毛从垃圾车里的滑稽出场，更让观众心生酸楚。同样是用"晨起"为影片开场，却存在着乡村与都市的差别，存在着表现伦理和现实的主题差异，但这些影片的画面和谐美与含义深刻性的统一，无不体现出 20 世纪三四十年代中国电影人在民族影像风格上的探索和创造。而朱今明作为当时的青年摄影师，在实现民族影像风格上，既努力学习，又思考创造独特的影像美。

朱今明于 1934 年在同乡好友赵丹的介绍下到上海明星公司学习摄影，真正让观众知道他的，倒不是在吴蔚云指导下完成的第一部作品《遥远的爱》，而是他在 31 岁时完成的第二部作品《一江春水向东流》。这两部作品都是在吴蔚云这样的摄影师和蔡楚生这样的导演的提携和鼓励下完成的。很多电影研究都喜欢将《一江春水向东流》《万家灯火》这样杰出的成就归功于导演和演员。这恐怕是中国电影创作偏重影戏的结果，也是中国电影研究对技术较强的摄影等领域忽视的结果。创作偏重影戏，导致电影史研究中言必称导演、演员或剧本，忽视电影技术，导致对早期中国电影的美学思考局限于文学层面。讨论朱今明先生 20 世纪 40 年代电影摄影创作，也可为中国电影美学的研讨找个切入点。

分析 20 世纪 40 年代朱今明先生参与创作的《遥远的爱》《一江春水向东流》《万家灯火》《希望在人间》《三毛流浪记》以及《百万雄师下江南》片段，可以发现：光影设计与构图处理的并重、运用光影构图技术实现单一场景的丰富表意效果、运动镜头的平顺处理、偷拍技术体现纪实美学风格，都是朱今明大师对中国电影美学的杰出贡献。

光影与构图的独特运用是朱今明先生 20 世纪 40 年代摄影风格的主要特征。他从约翰·福特的作品中得出了一条对他创作一直产生影响的规律："我搞摄影，一个是掌握光，一个是构图。不搞虚假，追求真实。"而从美式的"调子好"到苏式的"构图"，是朱今明在新中国成立后电影摄影风格的变化。形成这样转变的根本原因是朱今明对中国传统文化的参悟。突出光影造型与强调构图，在摄影的本质上并不矛盾。从美式到苏式，朱今明不是彻底地摒弃，而是发展地改进。其实，在 20 世纪 40 年代的摄影创作中，我们已经能够清晰地看到朱今明在光影调子和光影构图上的相辅相成。在沈浮导演的影片《希望在人间》中，叛徒学生在监牢中向邓庚白教授套口供那场戏，朱今明设计镜头从邓教授被关进铁牢，镜头从邓教授向画框深处倒在地上的学生，学生被特务拖出明亮的监狱大门。明亮的光线因透视关系而显得较小，只占很小画幅，是近景中的两格铁栅栏空隙。这种构图的意境，让观众在心理上产生悲凉感。接着叛徒学生对老师诱供，从监狱门外照进来的光在监牢的壁上映出铁栅栏的影子。这个影子又映照在叛徒学生的脸上，叛徒学生的恶毒又显在光影的表述中。这样的摄影对情节和主题的表现效果，可谓自然巧妙。

美国好莱坞电影在黑白片创作中注重影调的作用，这是基于好莱坞电影发展过程中摄影棚拍摄的优越条件。中国电影在 20 世纪 40 年代创作中，受制于现实环境，许多场景不可能像意大利新现实主义那样把摄影机公开地搬到街上，让演员在街头表演。在制片厂里通过布景完成逼真的场景拍摄则成为重要的制作方法。而制片厂里的摄制，布景、摄影、灯光等一系列制作环节，都更利于学习好莱坞电影的光影技术。这也就是 20 世纪 40 年代中国电影人摄制过程中注重美式"调子"的重要因素。

美式的"调子好"，其实就是光影表现出的效果。中国电影人注重影调效果，也即是通过光影设计表现出电影独特的视觉美。这种表现，从 20 世纪三四十年代中国经典电影作品中可以清晰地感受到，例如《渔光曲》《马路天使》《八千里路云和月》《乌鸦与麻雀》《太太万岁》《哀乐中年》等。

从民国时期中国电影人的创作现状来看，中国电影的黑白片创作，不管其故事情节是否合理，影片的思想深度达到了忧国爱国的程度，其影像风格上特别注重表现中国水墨画的意境。"这种水墨意境也映射出中国电影人自身的传统文化厚度。"水墨风格的中国绘画和黑白电影之间在美学上是相通的。这就使得受传统中国文化影响的电影人创作时，会在影像表现上自然而然地凸显光影的水墨感。

朱今明在 20 世纪 40 年代摄影的风格，除了采用中国电影人普遍采用的美式影调，已经下意识地把自己从舞台设计那里习用的构图设计运用到他的摄影创作。如《希望在人间》中由蓝马饰演的邓庚白教授被捕前对热血青年们的那段讲话。中景构图中，邓庚白教授居中，左后有一学生靠近阁楼的窗边，教授身后右边窗户透进过曝的光线。如果运用纪实手法拍摄，邓教授的面部会偏暗，但通过美式的调子光，让教授面部有一定的光线。这既让观众看见他们所处的残酷现实，又让观众感受到以邓庚白教授为代表的勇士们在逆境中的抗争。

朱今明对舞台灯光的处理能力和悟性，使其在电影摄影上体现出更卓越的影调处理功力。他在 1936 年话剧《大雷雨》中的舞美设计得到一致的佳评，其中最重要的设计便是利用光影对天幕、夜、云、月的处理。根据朱今明夫人赵元导演的口述（央视 6 套《电影人物·朱今明篇》），朱先生在拍摄《一江春水向东流》上集时，导演蔡楚生从镜头调度、光影运用、演员走位等拍摄工作都亲自告知当时的青年摄影师朱今明。试想，朱今明当时如果没有《大雷雨》的成功经验，处理《八年离乱》中的四段月夜的戏份，镜头运用将会是多么生涩。然而，我们从影片中看到的那些月夜的画面，无处不多情，无时不感伤。月下定情，月下别情，月下思亲，月光冷暖，月儿弯弯照九州，几家欢乐几家愁。

很多电影工作者尊称朱今明为"水火摄影师"，其原因还在于他对于光影的独特思考。在舞台设计中对光影的敏感，是他从事摄影工作能够成功的重要原因；另外，早年在上海学习电机的经历是他能够将技术与艺术巧妙结合的又一原因。当前，我们的影视教育在这方面恰恰是有所欠缺的。而电影摄影工作者和学生恰恰应该从朱先生的这种经历中学到有用的东西。《万家灯火》是朱今明真正意义上独立完成的摄影作品，又是与《一江春水向东流》风格迥异的作品，他在摄影上的贡献就是让胡智清的家成了影片的主场景。这个家是从和谐怡然到拥挤困窘，空间与人情都在转变着的家。从文字上写这样的一个家的变化是容易的，可是，电影的视觉真实要求的是你可以添加东西，但绝不可随意加减，不能导致不真实的视觉感受，不能影响观众对影片的认可度。

影片一开场，一家三口各有一床，视觉空间还显得宽敞有余。及到胡母及二弟一家入住，三床变三家，还加地铺，以两床帘隔断，空间顿时变得逼仄，这也与剧情的发展遥相呼应。这样的视觉变化，除了用物件形成"满"的感觉，朱今明更是利用光影创作出多个有意味的视觉构图。

等到屋内已经无法再变化出新鲜的视觉效果，镜头就随胡智清和夫人走出房间，来到室外阳台。中景里的两人交谈，配合着他们身后远处的万家灯火，将一个家庭的生活困境辐射到都市里的千万家庭，以此形成韵味深远的意蕴。可以说，《万家灯火》中的胡家，是青年朱今明光影与构图共谋风格的自为，为其后来从苏联学习归来更为自觉地运用光影与构图的共谋提供了实践训练和心理准备。

20 世纪 40 年代中国电影在镜头运动的处理上显得自然平顺。这固然和当时的拍摄条件有关，但也和摄影师们努力发掘民族风格的电影影像有关。这种平顺，在朱今明任摄影师的几部作品中都有所表现。《希望在人间》中，邓庚白教授在阁楼上与热血青年一番讲话后分别，镜头从楼梯口摇到邓教授，邓教授和一对青年夫妇正在话别，之后镜头随这对夫妇又摇回到楼梯口。这一个简单的镜头运用，将环境和剧情自然地交织在一起，简洁明了。这种欣赏水墨长卷的镜头运动，特别贴合中国观众的视觉习惯。观众的视觉习惯和导演要表现的主要情节在自然的运动中发挥了作用。这样的镜头，虽不是特殊技术镜头，但运用的方法是否得当，恰恰体现出摄影师对作品的理解和表现能力。

谈到朱今明对运动镜头的处理，很多文章和资料都介绍了《万家灯火》中胡智清被误当小偷后从街头逃开的那个运动镜头的处理方式。在技术条件极简陋的环境下，朱今明能够想到将摄影机支在锅上，并利用锅的不平制造出失魂落魄的视觉感受，这是长期镜头思考的结果。看到那个场景，很容易让人想到茂瑙 1924 年导演的《最卑贱的人》中门倌醉酒后外化的心理活动。那是一种表现主义风格的心理处理方式。我们无从知晓朱今明是否看过《最卑贱的人》，但两部作品对于相似的心理表现的效果是相似的。如果，用同样的技术设备同样的拍摄方法，那么《万家灯火》中胡智清的"失魂落魄"处理便无甚高明。可是，在落后、简陋的摄影设备条件下，恰好说明了朱今明极认真的创作态度和极深厚的创作功力。此时他仅 33 岁，而且抗战前后，他约有十年时间没有接触过摄影机，真是难能可贵。

说到朱今明在 1949 年最重要的电影技术实践，往往会提到《百万雄师下江南》中的几个偷拍片段。他将摄影机藏着，自己夹在逃难的人群里，偷偷拍下了国民党士兵溃亡的真实影像。这样的偷拍方式，更早的法国电影《尼斯景象》里有。但这样的拍摄难度更大，因为被发现的后果可是性命不保。从影片中，我们显然可以发现这种偷拍的水平相当高，影像在构图和光影上都是一流。影片片段里，我们有前景后景的比对，构图有纵深，构图平稳清晰。这绝非当下那些电视新闻中偷拍可比的。除了有胆识，这里更需要的是技术和艺术的共谋。这种共谋也绝不是灵机一动的结果，这在《三毛流浪记》拍摄中就已经有所实践的。

《三毛流浪记》中大量运用了纪实性的拍摄手法，尤其是当下电视界盛行的偷拍手法在影片摄制过程中多处使用。三毛是流浪儿，其故事的场景自然多在街头，上海街头的人对摄影机是极度敏感的，如果堂而皇之地在街头拉开架式拍摄，不要说演员没法表演，连街头场景的真实性都会大打折扣。三毛在街头流浪的情节特别多，而且内容各异，几乎没有重复。这大大增加摄影师的工作难度。"像三毛逃离小偷家庭再次流浪在街头，饥寒交迫沿街乞讨，无人理睬"这个镜头段落，光从三毛身后投射而来，造成背光的三毛极度的孤苦伶仃。光影的设计让观众更加同情生存艰难的三毛。正是在街头偷拍三毛的大量实践，才为朱今明其后不久完成街头偷拍国民党士兵溃逃的纪录内容做了准备。

朱今明一直强调每一部作品都要有独特思想，要有新的艺术思考和艺术表现方法的实践。从《遥远的爱》的习作实践到《一江春水向东流》的悲剧的浪漫美学影像风格，再到《万家灯火》的心理现实主义的外化，再到《三毛流浪记》的喜剧感强烈的现实主义讽刺，到《希望在人间》的革命浪漫主义的写照，最后到《百万雄师下江南》的纪实风格，无不体现了一位电影摄影大师的电影创作态度和艺术魅力。朱今明的创作展示了中国电影人从 20 世纪 30 年代开始延续至 40 年代对民族电影美学风格的追求和实践。

影坛老友相聚组图

>> 与老友王为一合影

>> 劫后余生，与老友赵丹重逢

>> 与老友合影, 一排左起: 伊明、王为一、白杨、赵明、朱今明; 二排左一汪洋、右一张客

>> 与吴蔚云 (左一)、钱江 (左二)、徐肖冰 (右一) 合影

>> 与北影同志合影，汪洋（右三）、朱今明（左四）、马德波（后排右一）

>> 与白杨合影

>> 与陈强（中）合影

>> 与何文今合影

>>1982 年 6 月，凌子风（左三）、朱今明（左六）、黄宗江（右四）等在北影接待美国导演丹尼尔夫妇等

>> 与王雄合影

>>1955 年，在苏联实习时，与实习时的老师——摄影师普罗沃罗夫合影

>> 与郭维、于洋合影

>> 朱今明、赵元夫妇与钟敬之（中）、王为一（左二）、卢怡浩（右一）合影

>> 朱今明与汪洋（左二）、钱筱章（右二）、徐桑楚（右一）合影

>>1961年7月，访问莫斯科电影制片厂，田方（右三）、于蓝（右五）、水华（左三）、朱今明（左二）与摄影师普罗沃罗夫、莫奈霍夫和导演吉干合影

朱今明先生年谱

　　朱今明先生曾任中国电影家协会第一至三届理事，第四届常务理事，第五届荣誉理事，中国电影摄影师学会名誉会长。

朱今明先生年谱

1915年，农历八月十四，生于江苏南通。父亲系旧职员，家境清贫。

1927—1932年，在南通崇敬中学求学时与爱好文艺的同窗好友赵丹、顾而已、钱千里等组织小小剧社演出进步话剧，并创办新文艺刊物《枫叶》。

1932年夏，赴上海电机制造厂做工，同时在电机工程专业夜校读书，周日参加左翼剧联领导的话剧活动，到工厂、学校演出。

1933年夏，在电机厂酝酿罢工时被捕，数月后获释，被工厂开除。

1933年8月，由章泯介绍参加左翼剧联。

1934年，为阻挠国民党蓝衣社在宁波同乡会演出话剧《油漆未干》被捕。因敌方未掌握证据，两个月后开庭释放。

1934年秋—1937年，由赵丹介绍进明星电影公司当练习生，先学洗印，后学摄影。同时参加左联组织的剧人协会，演出世界名著。在《大雷雨》演出中，首创中国舞台第一块天幕。

1937年7月，"七七"事变，抗日战争爆发后，参加中国共产党领导的上海救亡演剧第三队，辗转宁沪，进行抗日宣传演出活动。

1938年，赴汉口参加恢复上海业余剧社的演出，负责舞台照明

和舞美工作。

1939年初，随剧团入成都、重庆，后由孟君谋介绍入中电摄影科当助理。

1939年8月—1941年2月，与赵丹、徐韬、王为一等赴新疆开展抗日宣传工作，先后组织实验话剧团、儿童剧团，负责舞台设计和照明，并讲授有关课程，培养少数民族进步戏剧人才。

1941年—1945年2月，被反动军阀盛世才陷害，被捕入狱。

1945年5月，经多方营救出狱回渝。在宋之的、于伶领导下恢复中国艺术剧社，筹备演出茅盾新作话剧《清明前后》，并回中电摄影科。

1946年，抗日战争胜利后回上海，拍摄由陈鲤庭导演的影片《遥远的爱》，与吴蔚云联合摄影；参加组建昆仑影业公司，负责技术工作；协同吴蔚云在技术、设备极其简陋的条件下，仿制出我国第一台"维纳氏"摄影机。

1947—1949年，在昆仑影业公司任摄影，先后拍摄了《一江春水向东流》《万家灯火》《希望在人间》《三毛流浪记》（与韩仲良合作）等片。

1948年底—1949年初，接受中共上海局文委交给的重要任务，偷拍国民党溃退时的狼狈景象。所拍素材编入大型纪录片《百万雄师下江南》，该片获1949—1955年文化部优秀影片一等奖。

1949年7月—1949年9月，赴北京参加中华文学艺术工作者代表大会，会后赴东北各地学习参观。

1949年10月，参加筹备上海电影制片厂，任制片处处长。

1950年，加入中国共产党，被选为上海市第一届人民代表大会代表。

1951年，在上影拍摄冯雪峰编剧，沙蒙、张客导演的影片《上饶集中营》。

1952 年，拍摄沈西蒙编剧，成荫导演的影片《南征北战》，与顾温厚联合摄影。

1953 年，拍摄严恭导演的影片《结婚》，与鲍杰联合摄影。

为拍摄我国第一部彩色影片《梁山伯与祝英台》，组织有关技术人员进行试验，完成了"阿克发"系统彩色片的拍摄与洗印。

1954 年初，拍摄白沉导演的戏剧片《盖叫天舞台艺术》，与王敏生联合摄影。

1954 年 5 月—1955 年底，参加"中国电影实习团"，赴苏联学习。

1956 年，回国后由上海电影制片厂调入北京电影制片厂，任厂技术委员会主任、总摄影师，后兼任北京电影学院摄影系主任。

1957 年，拍摄张弦编剧，成荫导演的影片《上海姑娘》。

1958 年，拍摄李恩杰导演的影片《飞越天险》。

1959 年，拍摄金山编导的影片《风暴》。

1959 年，拍摄纪录片《苏联艺术大师——乌兰诺娃》。

1960 年，拍摄陈怀恺导演的影片《百凤朝阳》，与聂晶联合摄影。

1960 年，拍摄李恩杰任总导演的大型纪录片《红旗飘飘》，与高洪涛等联合摄影。

1961 年，拍摄凌子风导演的歌剧片《春雷》。

1962 年，导演《东方歌舞》，因故未出品。

1962 年，与赵慧琛创作古典舞剧《白娘子》剧本。

1963 年，导演民间歌舞集锦片《彩蝶纷飞》。

1964 年，拍摄水华导演的影片《烈火中永生》。

1965 年，拍摄李准编剧，石一夫导演的影片《龙马精神》。

1966—1975 年，"文化大革命"中受冲击。

1975 年，拍摄董克娜导演的影片《烽火少年》。

1976年，拍摄石一夫导演的影片《牛角石》。

1976年，拍摄浩然编剧、水华导演的影片《西沙儿女》，因形势变化停拍。

1977年，与谢添、潘文展、陈光忠联合导演舞台艺术片《春天》。

1977—1978年，与金山导演筹备拍摄反映大庆油田的影片《初升的太阳》，后因故停拍。

1978年，与陈方千联合导演，拍摄郭沫若名著历史剧《蔡文姬》。

1982年，与苏菲、邢榕联合导演神话故事片《孔雀公主》，获第三届中国电影金鸡奖最佳特技奖、1983年第二届马尼拉国际电影节特别奖、1985年捷克斯洛伐克第十四届儿童电影节目头等奖——水晶蝴蝶杯奖。

1983—1984年，与何黄彪、申述、霍庄（执笔）创作电影剧本《炼狱》。

1989年6月10日，因病在北京逝世，享年74岁。

生平掠影组图

>>20 世纪 30 年代，在上海业余剧社时期

>> 抗战爆发前在上海

>>1948 年，与妻子在上海徐家汇合影

>> 新中国成立初期，上海电影制片厂时期

>>1975 年 12 月，摄于西沙，时年六十岁。本人在照片上题诗：

南海风浪势汹涌
巍峨崖头不老松
狂风呼啸千重浪
乌云压顶涌又汹
青松隐在疾云中

雨过天晴彩云飘
浩瀚南海露真容
天涯海角系彩虹
青松苗壮英姿雄

一九七五年十二月为影片《西沙儿女》于西沙拍摄镜头

>>"团圆饭"，子孙满堂，天伦之乐。左起：卢小飞（长媳）、朱晓明（长子）、朱玛（孙女）、朱今明先生、夫人赵元、石欣（外孙）、朱加加（女儿）、朱晓力（二子）、刘岚岚（儿媳）

>> 晚年的音容笑貌

>> 朱今明先生塑像，作者：杨予和（北京电影制片厂著名美工师），作于 20 世纪 80 年代中叶

后　记

　　为今明百年诞辰编撰的《光影人生》一书即将付梓，虽心里仍有压力，但终于可以松口气了。

　　两年前，孩子们跟我提起要在今明诞辰百年时搞个纪念活动，以寄托亲人们的思念。当时，做什么和怎么做，我心里还没有一点底数。今明留下的文字和照片都不多，虽然有一些老友的纪念和研究文章，但总觉得还不够丰富。最初的想法是在他百年诞辰时搞一个亲友的小型纪念会，编印一个纪念折页，并将他的电影生涯编成一个短片在会上放放，仅此而已。

　　在动手准备编辑的过程中，再次翻阅今明留下的各种老旧笔记本，还真是发现了不少有价值的东西，尤其是翻出他压在箱底的拍摄手记和导演阐述后，孩子们觉得有内容、有分量，可以从电影摄影艺术的角度，编辑成册，奉献给中国电影史，充当百年战车上的一个齿轮。这些发现和进展也不断地给我原本并不自信的内心打气。

　　这本书凝聚了很多人的心血。人民出版社的责任编辑始终积极主动与我们保持联系，美术编辑、法律顾问等从专业角度提出很好的建议，不愧是出版行业的优秀团队。在此，对他们表达我深深的敬意。

　　今明和我的不少好友都已陆续过世，他们生前对于今明追思

的文章成为我们编撰这部书的重要内容。封面素描是 1937 年舒强先生（解放后曾任中央实验话剧院院长、总导演）作于业余实验剧团。这既是一件艺术珍品，也是一段历史记忆。依然在世的老友们以带病之身积极出力，于蓝给影协有关负责人打电话，联系上影厂收集资料；袁月华从家里翻出当年老伴儿何文今与今明的合影；同今明共事过的祖绍先、田联韬、杨静、于洋等老同志听说我们要出版这本纪念文集，专门写来文稿；老友赵丹的长女赵青连夜赶写出感情真挚的文章，儿子赵矛两度从美国打来越洋电话表达对今明叔叔的思念。曾长期跟着今明的几位摄影师于振羽、杜煜庄、黎锡先后著文。今明拍摄的电影剧照还是于振羽生前为他整理的。李晨声虽没有跟今明拍过片子，但对今明的感情深厚，除了撰写文稿，还为书中涉及摄影技术的篇章加以整理和把关。"三毛"的扮演者王龙基用快递从上海寄来了拍摄《三毛流浪记》的珍贵资料。在此，我要对他们表达深深的谢意。

今明的有些手稿是提纲式的，字迹比蝇头小字还小，加上岁月风尘的磨砺，已经难以辨认。好在孩子们还有耐心，一点点地辨认，一篇篇地整理。长子晓明负责全书的统筹，长媳小飞负责编辑整理文稿，女儿加加和外孙石欣则负责照片的收集和处理。次子晓力远在国外，也不断来电提出建议。外甥小文专程从杭州赶来帮忙整理文稿，孙女朱玛和孙女婿宋阀利用空余时间用电脑录入手稿。儿孙辈们对今明的深厚感情，给了我许多动力。编辑这本纪念文集的过程也成了家人们精神团聚的过程，这是让我倍感欣慰的。

赵元

2015 年 4 月 16 日

封面素描:舒　强
责任编辑:吴炽东
装帧设计:肖　辉　欢　欢

图书在版编目(CIP)数据

光影人生——纪念朱今明先生百年诞辰/朱晓明 主编.
　－北京:人民出版社,2015.8
ISBN 978－7－01－015111－3

Ⅰ.①光… Ⅱ.①朱… Ⅲ.①朱今明(1915~1989)－纪念文集
　Ⅳ.①K825.78-53

中国版本图书馆 CIP 数据核字(2015)第 174388 号

光　影　人　生
GUANGYING RENSHENG
——纪念朱今明先生百年诞辰

朱晓明　主编

人民出版社 出版发行
(100706　北京市东城区隆福寺街99号)

北京中科印刷有限公司印刷　新华书店经销

2015 年 8 月第 1 版　2015 年 8 月北京第 1 次印刷
开本:787 毫米×1092 毫米 1/16　印张:23.25
字数:290 千字　印数:0,001-1,500 册

ISBN 978－7－01－015111－3　定价:75.00 元

邮购地址　100706　北京市东城区隆福寺街99号
人民东方图书销售中心　电话 (010)65250042　65289539